プリント形式のリアル過去問で本番の臨場感！

佐賀県

東明館中学校

2025年春受験用

解答集

本書は，実物をなるべくそのままに，プリント形式で年度ごとに収録しています。
問題用紙を教科別に分けて使うことができるので，本番さながらの演習ができます。

■ 収録内容

・解答集（この冊子です）

書籍ＩＤ番号，この問題集の使い方，最新年度実物データ，リアル過去問の活用，
解答例と解説，ご使用にあたってのお願い・ご注意，お問い合わせ

・2024（令和６）年度 ～ 2021（令和３）年度　学力検査問題

JN131602

○は収録あり　年度	'24	'23	'22	'21		
■ 問題(A日程)※	○	○	○	○		
■ 解答用紙	○	○	○	○		
■ 配点						

算数に解説
があります

※社会または英語を選択して受験（英語の問題は非公表）
注）国語問題文非掲載:2023年度の〔問題二〕，2021年度の〔一〕と〔二〕

問題文の非掲載につきまして

著作権上の都合により，本書に収録している過去入試問題の本文の一部を掲載しておりません。ご不便をおかけし，誠に申し訳ございません。

本文の一部を掲載できなかったことによる国語の演習不足を補うため，論説文および小説文の演習問題のダウンロード付録があります。弊社ウェブサイトから書籍ＩＤ番号を入力してご利用ください。

なお，問題の量，形式，難易度などの傾向が，実際の入試問題と一致しない場合があります。

教英出版

■ 書籍ＩＤ番号

入試に役立つダウンロード付録や学校情報などを随時更新して掲載しています。
教英出版ウェブサイトの「ご購入者様のページ」画面で，書籍ＩＤ番号を入力してご利用ください。

書籍ＩＤ番号　103441

（有効期限：2025年9月30日まで）

【入試に役立つダウンロード付録】
「要点のまとめ(国語／算数)」
「課題作文演習」ほか

■ この問題集の使い方

年度ごとにプリント形式で収録しています。針を外して教科ごとに分けて使用します。①片側，②中央のどちらかでとじてありますので，下図を参考に，問題用紙と解答用紙に分けて準備をしましょう（解答用紙がない場合もあります)。

針を外すときは，けがをしないように十分注意してください。また，針を外すと紛失しやすくなりますので気をつけましょう。

① 片側でとじてあるもの

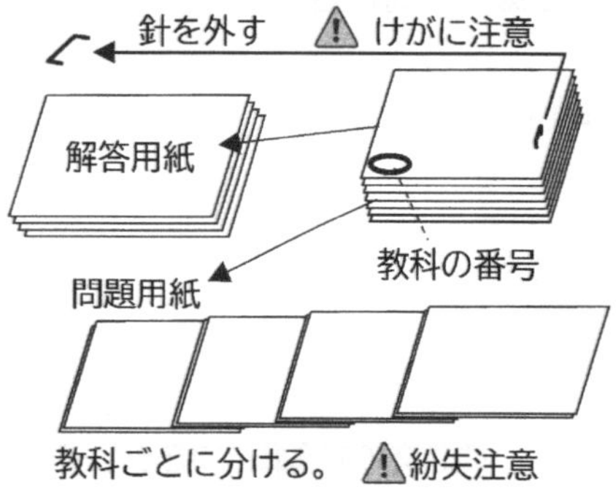

② 中央でとじてあるもの

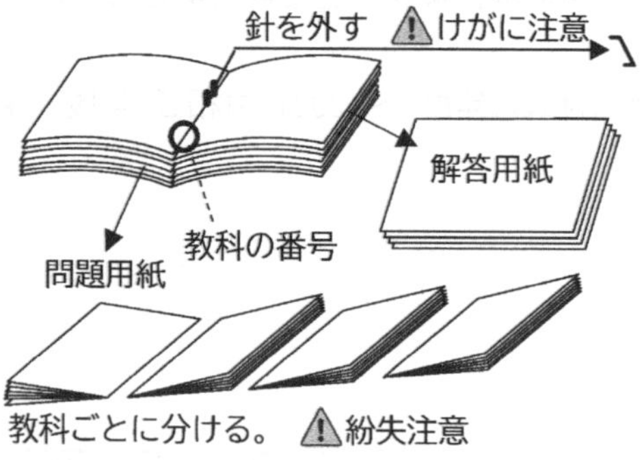

※教科数が上図と異なる場合があります。
解答用紙がない場合や，問題と一体になっている場合があります。
教科の番号は，教科ごとに分けるときの参考にしてください。

■ 最新年度 実物データ

実物をなるべくそのままに編集していますが，収録の都合上，実際の試験問題とは異なる場合があります。実物のサイズ，様式は右表で確認してください。

問題用紙	Ａ４冊子(二つ折り)
解答用紙	Ａ３片面プリント

リアル過去問の活用

～リアル過去問なら入試本番で力を発揮することができる～

✿ 本番を体験しよう！

問題用紙の形式（縦向き / 横向き），問題の配置や余白など，実物に近い紙面構成なので本番の臨場感が味わえます。まずはパラパラとめくって眺めてみてください。「これが志望校の入試問題なんだ！」と思えば入試に向けて気持ちが高まることでしょう。

✿ 入試を知ろう！

同じ教科の過去数年分の問題紙面を並べて，見比べてみましょう。

① 問題の量

毎年同じ大問数か，年によって違うのか，また全体の問題量はどのくらいか知っておきましょう。どのくらいのスピードで解けば時間内に終わるのか，大問ひとつにかけられる時間を計算してみましょう。

② 出題分野

よく出題されている分野とそうでない分野を見つけましょう。同じような問題が過去にも出題されていることに気がつくはずです。

③ 出題順序

得意な分野が毎年同じ大問番号で出題されていると分かれば，本番で取りこぼさないように先回りして解答することができるでしょう。

④ 解答方法

記述式か選択式か（マークシートか），見ておきましょう。記述式なら，単位まで書く必要があるかどうか，文字数はどのくらいかなど，細かいところまでチェックしておきましょう。計算過程を書く必要があるかどうかも重要です。

⑤ 問題の難易度

必ず正解したい基本問題，条件や指示の読み間違いといったケアレスミスに気をつけたい問題，後回しにしたほうがいい問題などをチェックしておきましょう。

✿ 問題を解こう！

志望校の入試傾向をつかんだら，問題を何度も解いていきましょう。ほかにも問題文の独特な言いまわしや，その学校独自の答え方を発見できることもあるでしょう。オリンピックや環境問題など，話題になった出来事を毎年出題する学校だと分かれば，日頃のニュースの見かたも変わってきます。

こうして志望校の入試傾向を知り対策を立てることこそが，過去問を解く最大の理由なのです。

✿ 実力を知ろう！

過去問を解くにあたって，得点はそれほど重要ではありません。大切なのは，志望校の過去問演習を通して，苦手な教科，苦手な分野を知ることです。苦手な教科，分野が分かったら，教科書や参考書に戻って重点的に学習する時間をつくりましょう。今の自分の実力を知れば，入試本番までの勉強の道すじが見えてきます。

✿ 試験に慣れよう！

入試では時間配分も重要です。本番で時間が足りなくなってあわてないように，リアル過去問で実戦演習をして，時間配分や出題パターンに慣れておきましょう。教科ごとに気持ちを切り替える練習もしておきましょう。

✿ 心を整えよう！

入試は誰でも緊張するものです。入試前日になったら，演習をやり尽くしたリアル過去問の表紙を眺めてみましょう。問題の内容を見る必要はもうありません。どんな形式だったかな？受験番号や氏名はどこに書くのかな？…ほんの少し見ておくだけでも，志望校の入試に向けて心の準備が整うことでしょう。

そして入試本番では，見慣れた問題紙面が緊張した心を落ち着かせてくれるはずです。

※まれに入試形式を変更する学校もありますが，条件はほかの受験生も同じです。心を整えてあせらずに問題に取りかかりましょう。

2024 解答例
令和6年度

東明館中学校

《国　語》

〔問題一〕　問1．あすぐ　いきび　う進化　え性格　　問2．エ　　問3．エ　　問4．イ　　問5．ウ

問6．ア　　問7．A．ウ　B．ア　C．イ　D．カ　　問8．材／所　　問9．イ　　問10．ウ

問11．〈作文のポイント〉

・最初に自分の主張、立場を明確に決め、その内容に沿って書いていく。

・わかりやすい表現を心がける。自信のない表現や漢字は使わない。

さらにくわしい作文の書き方・作文例はこちら！→https://kyoei-syuppan.net/mobile/files/sakupo.html

〔問題二〕　問1．あ責任　いちゃか　う異常　えしんけん　　問2．エ　　問3．ア　　問4．ウ

問5．エ　　問6．イ　　問7．しびれをきらしたようにいった　　問8．ア　　問9．吹奏楽部に入部したいという気持ちに気がつくことができたから。　　問10．イ

〔問題三〕　問1．①州→秋　②点→転　③辞→事　④朝→鳥　⑤台→代　　問2．①改善　②復興　③講話　④支店　⑤寄付

《算　数》

〔1〕　(1)2　(2)$8\frac{1}{2}$　(3)1　(4)39　(5)6÷(1＋1)＋7　(6)12　(7)75　(8)36　(9)4月13日　(10)午前7時35分

〔2〕　(1)37.68　(2)310.86　(3)$3\frac{1}{3}$　(4)12.28

〔3〕　(1)240　(2)8　(3)160

〔4〕　ア．136　イ．8　ウ．253　エ．126　オ．127　カ．119　キ．134

〔5〕　(1)60　(2)6.28　(3)$\frac{1}{3}$

《理　科》

〔1〕　(1)食物連鎖　(2)ア　(3)イ　(4)エ　(5)イ　(6)6000　(7)ウ

〔2〕　(1)①ア　②ウ　③イ　④ア　(2)ウ

〔3〕　(1)c　(2)エ　(3)カ　(4)a．イ，ウ　c．ア　(5)ウ

〔4〕　(1)火山A…ア　火山B…イ　(2)ウ　(3)エ

(4)①図2…深成岩　図3…火山岩　②マグマが冷え固まるはやさが違うから。

〔5〕　(1)C　(2)ア　(3)ウ　(4)ウ　(5)ア

〔6〕　(1)エ　(2)ア　(3)A．イ　B．エ　C．エ　(4)カ

〔7〕　A．エ　B．キ　C．キ　D．イ　E．オ　F．カ

〔8〕　(1)エ　(2)イ，ウ　(3)ウ　(4)①30　②右グラフ　③7.5　④0

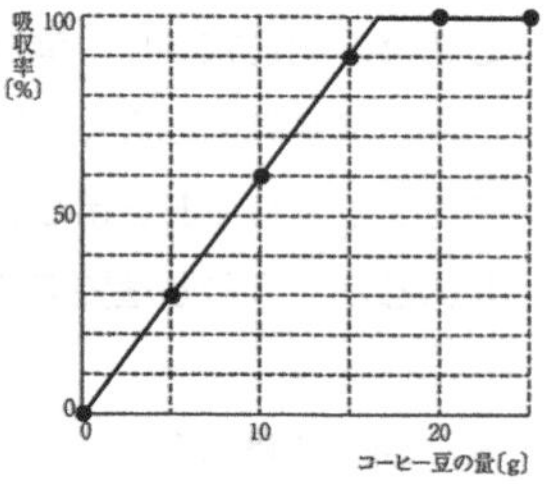

《社　会》

〔1〕　1．山口市／津市／鳥取市 のうち2つ　2．V字谷　3．④　4．⑥　5．③　6．①　7．④　8．③　9．屯田兵　10．①

〔2〕　1．ウクライナの首都…キーウ／キエフ／キーヴ のうち1つ　ロシアの首都…モスクワ　2．小麦の価格が高とうした。　3．NATO　4．1月4日午後10時　5．北方領土　6．①

〔3〕　1．ペリー　2．関東大震災　3．③　4．武器として供出するため。　5．20　6．②　7．①

〔4〕　1．太政大臣　2．④　3．源義経の追討のため。　4．④　5．御成敗式目〔別解〕貞永式目　6．フビライ・ハン　7．③　8．足利義満　9．足軽　10．①

〔5〕　1．④　2．②　3．EU　4．④　5．自由にモノ・サービスの取り引き　6．②　7．③　8．③　9．リーマン・ブラザーズ　10．②

〔１〕

(1) 与式＝(15÷３×９)÷９－３＝45÷９－３＝５－３＝**2**

(2) 与式$=\frac{8}{3}\times\frac{13}{4}-\frac{13}{10}\times\frac{5}{39}=\frac{26}{3}-\frac{1}{6}=\frac{52}{6}-\frac{1}{6}=\frac{51}{6}=\frac{17}{2}=\mathbf{8\frac{1}{2}}$

(3) 与式$=\frac{6}{5}\times 3\times\frac{5}{12}-\frac{1}{2}=\frac{3}{2}-\frac{1}{2}=\frac{2}{2}=\mathbf{1}$

(4) 与式より，{75－(□－14)×２}×３＝75　75－(□－14)×２＝25　(□－14)×２＝50　□－14＝25

□＝**39**

(5) **【解き方】○－□＝10 または○÷□＝10 になるような○と□を作るのは難しい。○×□＝10 となるような○と□は１×10，２×５のどちらかであり，これらの式を作るのも難しいとわかる。よって，○＋□＝10 となるような○と□を考える。**

○＋□＝10 となる組み合わせは，１＋９＝10，２＋８＝10，３＋７＝10，４＋６＝10，５＋５＝10 の５通りある。この中で作れるものは，**6÷(1＋1)＋7**＝３＋７＝10 のみであり，その他は作ることができない。

(6) **【解き方】樹形図を利用する。**

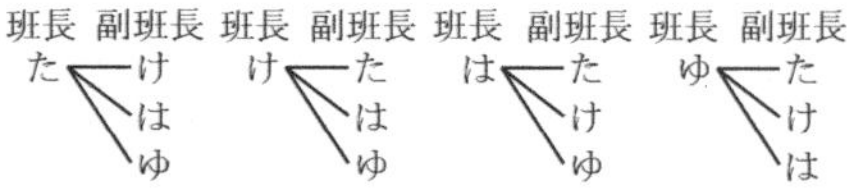

たろうさん，けんたさん，はなこさん，ゆきさんをそれぞれ，た，け，は，ゆと表して樹形図をかくと，右図のようになる。よって，班長と副班長の決め方は **12** 通りある。

(7) **【解き方】つるかめ算を利用する。買ったえんぴつとペンの合計金額は 10000－2500＝7500(円)である。**

ペンを 100 本買ったとすると，合計金額は 120×100＝12000(円)となり，実際より 12000－7500＝4500(円)高くなる。ペン１本をえんぴつ１本に置きかえると，金額は 120－60＝60(円)だけ安くなるので，買ったえんぴつの本数は 4500÷60＝**75**(本)である。

(8) **【解き方】何年経ってもゆきさんとお父さんの年れいの差は変わらず 30－３＝27(才)である。**

数年後，ゆきさんとお父さんの年れいの比は１：４となるから，比の数の差の４－１＝３が 27 才にあたる。

よって，このときのお父さんの年れいは，$27\times\frac{4}{3}=\mathbf{36}$(才)である。

(9) **【解き方】たかしさんは３日，けんたさんは４日，ひできさんは６日ごとに同じ周期で走るから，３人は３，４，６の最小公倍数の 12 日ごとに同じ周期で走る。よって，走り始めて 12＋１＝13(日目)までについて，表にまとめて考える。**

走り始めた日を１日目として表にまとめると右のようになる。表の色付き部分が３人いっしょに走る日なので，求める日付は４月７日の７－１＝６(日後)の**４月 13 日**である。

(日目)	1	2	3	4	5	6	7	8	9	10	11	12	13	…
たかし	○	×	×	○	×	×	○	×	×	○	×	×	○	…
けんた	○	○	○	×	○	○	○	×	○	○	○	×	○	…
ひでき	○	○	○	○	×	×	○	○	○	○	×	×	○	…

(10) **【解き方】時計の進む速さと，時間が進む速さの比を求め，午前９時の何分前に時計を合わせたか考える。**

実際の時間が，午前 11 時 45 分－午前９時＝２時間 45 分＝(60×２＋45)分＝165 分進んだとき，この時計では，午前 10 時 55 分－午前８時 43 分＝２時間 12 分＝(60×２＋12)分＝132 分だけ進んだ。よって，時間が進む速さと時計の進む速さの比は，165：132＝５：４である。時計を合わせてから午前９時までの間に，

午前９時－午前８時 43 分＝17 分だけ遅れているので，時計を合わせたのは午前９時の $17\times\frac{5}{5-4}=85$(分前)，

つまり，午前９時－１時間 25 分＝**午前７時 35 分**である。

〔２〕

(1) **【解き方】色付き部分の面積は，大きさが異なる２つの円の面積の差である。**

大きい円と小さい円の半径はそれぞれ４cmと４÷２＝２(cm)だから，求める面積は，

４×４×3.14－２×２×3.14＝(16－４)×3.14＝**37.68**(cm²)

(2)　**【解き方】回転体は右図のように①円すい，②円柱，③大きな円すいから④小さな円すいを切断した立体，の３つの立体がつながった図形である。**

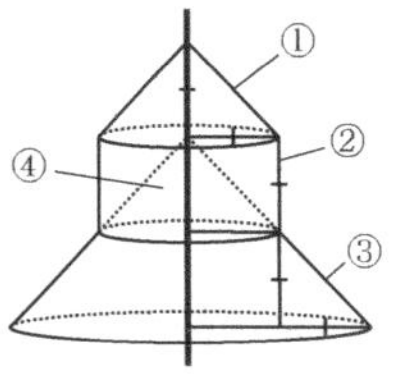

①と④はともに，底面の半径と高さがともに３cmの円すいで，体積が等しい。

よって，求める体積は，底面の半径が３cm，高さが３cmの円柱の体積(②の体積)と，底面の半径が３×２＝６(cm)，高さが３×２＝６(cm)の円すいの体積(③の体積)の和だから，３×３×3.14×３＋６×６×3.14×６÷３＝**310.86**(cm³)である。

(3)　正方形の角を切り取って，ふたのない立方体の容器を作るには，右図のように正方形を９個の合同な正方形に分け，角を切り取ればよい。よって，立方体の１辺の長さはもとの正方形の１辺の長さの$\frac{1}{3}$倍だから，$10\times\frac{1}{3}=\frac{10}{3}=$**$3\frac{1}{3}$**(cm)である。

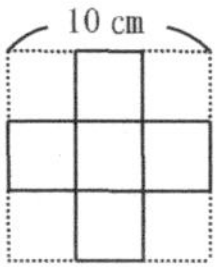

(4)　**【解き方】右図で，３つの円の中心を結んだ三角形は正三角形だから，ひもの長さは半径が１cm，中心角が360°－(90°＋90°＋60°)＝120°のおうぎ形の曲線部分の長さ３つ分と，円の半径の２倍の長さが３つ分の和である。**

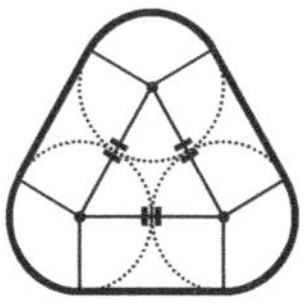

120°×３＝360°より，３つのおうぎ形の曲線部分の長さは半径１cmの円の円周の長さに等しい。よって，ひもの長さは１×２×3.14＋１×２×３＝**12.28**(cm)

〔３〕

(1)　**【解き方】弟が水とうを忘れたことに気付いたのは，家を出発してから1500÷60＝25(分後)である。**

母親は弟が家に引き返し始めるまでに25－23＝２(分間)だけ野球場に向かって進んだ。よって，家から120×２＝**240**(m)だけはなれたところにいる。

(2)　**【解き方】兄と弟が家を出発して25分以降，母親と弟の間の道のりは１分間に90＋120＝210(m)ずつちぢまっていく。**

(1)より，兄と弟が家を出発して25分後の母親と弟の間の道のりは1500－240＝1260(m)である。ここから１分間に２人の間の道のりは210mずつちぢまるから，２人が出会うのは母親が家を出発してから，２＋1260÷210＝**８**(分後)である。

(3)　**【解き方】弟が水とうを受け取ったとき，兄はあと何分で野球場に到着《とうちゃく》するかを考える。**

弟が母親から水とうを受け取ったのは家を出発してから23＋８＝31(分後)である。よって，兄はあと2400÷60－31＝９(分)で野球場に到着する。

弟は水とうを受け取ったとき，野球場から2400－120×８＝1440(m)はなれたところにいる。よって，兄と弟が同時に野球場に到着するとき，弟は，1440÷９＝160より，分速**160**mの速さで走ればよい。

〔４〕　１から16までの和について，はるなさんの考え方にしたがって計算すると，１＋２＋３＋４＋５＋６＋７＋８＋９＋10＋11＋12＋13＋14＋15＋16＝(１＋16)＋(２＋15)＋(３＋14)＋(４＋13)＋(５＋12)＋(６＋11)＋(７＋10)＋(８＋９)＝17×８＝**136**である。また，和が17になる組は全部で**８**個ある。

2024÷８＝**253**であり，253÷２＝126余り１だから，253＝126＋(126＋１)＝126＋127である。よって，となり合う数字どうしで，和が253になるのは**126**と**127**である。126から１ずつ減らし，127から１ずつ増やしていくと，和が253になる組は，126と127，125と128，…，119と134が見つかる。よって，**119**から**134**までの和が2024となる。

〔５〕

(1)　**【解き方】加速した分の速さと，メーターの針が回転した角度の比を求める。**

時速０kmから時速 180 kmまで加速したとき，メーターの針は $360° - 60° \times 2 = 240°$ 回転するから，加速した分の速さと，回転したメーターの針の角度の比は，$(180-0) : 240 = 3 : 4$ となる。

よって，時速０kmから時速 45 kmまで加速したとき，メーターの針は $(45-0) \times \frac{4}{3} = \mathbf{60°}$ 回転する。

(2)　**【解き方】(1)の解説をふまえる。**

時速 40 kmから時速 100 kmまで加速したとき，メーターの針は $(100-40) \times \frac{4}{3} = 80°$ 回転する。

よって，メーターの針が動いた部分の面積は，半径が３cm，中心角が 80° のおうぎ形の面積に等しいから，

$3 \times 3 \times 3.14 \times \frac{80°}{360°} = \mathbf{6.28}$(cm²)である。

(3)　**【解き方】２つのメーターにおいて，針が動いた角度を具体的に求める。**

図１のメーターで時速 50 kmから時速 60 kmまで加速したとき，メーターの針は $(60-50) \times \frac{4}{3} = \frac{40}{3}$(°)回転する。

図２のメーターで時速０kmから時速 260 kmまで加速したとき，メーターの針は $360° - 50° \times 2 = 260°$ 回転する。

加速した分の速さと，回転したメーターの針の角度の比は，$260 : 260 = 1 : 1$ だから，時速 40 kmから時速 80 kmまで加速したとき，メーターの針は $80-40=40$(°)回転する。

よって，$(\frac{40}{3})° \div 40° = \mathbf{\frac{1}{3}}$(倍)である。

東明館中学校

《国　語》

〔問題一〕 問1．(あ)なや　(い)努力　(う)つ　(え)成績　問2．エ　問3．ア　問4．ア　問5．ウ
問6．手段に目を奪われなかったから。　問7．方法　問8．ウ　問9．ウ
問10．〈作文のポイント〉
・最初に自分の主張、立場を明確に決め、その内容に沿って書いていく。
・わかりやすい表現を心がける。自信のない表現や漢字は使わない。
さらにくわしい作文の書き方・作文例はこちら！→https://kyoei-syuppan.net/mobile/files/sakupo.html

〔問題二〕 問1．(あ)しせい　(い)返事　(う)おうえん　(え)真顔　問2．イ　問3．ウ　問4．首〔別解〕頭
問5．ア　問6．ウ　問7．弟が自分の気持ちを理解できていないことに、いら立ちを感じているため。　問8．イ　問9．エ

〔問題三〕 問1．①移　②写　③映　④保健　⑤保険　問2．①子→己　②使→私　③画→我　④九→急
⑤句→ロ

《算　数》

〔1〕 (1)48　(2) $2\frac{11}{12}$　(3) $\frac{5}{6}$　(4)5　(5)130　(6)90　(7)66　(8)日　(9)51　(10)65，70

〔2〕 (1)360　(2)36　(3)9.12　(4) $\frac{5}{6}$

〔3〕 ①33　②2　③5　④3　⑤532

〔4〕 (1)2300　(2)2300　(3)7

〔5〕 (1)底面の半径12㎝，高さ4㎝の円柱から底面の半径10㎝，高さ4㎝の円柱をくり抜いた立体　(2)552.64
(3)828.96

《理　科》

〔1〕 問1．ウ　問2．ア　問3．屈折　問4．全反射

〔2〕 問1．ア．支　イ．力　ウ．作用　問2．5　問3．15　問4．5g…C　10g…K　30g…P

〔3〕 問1．イ，カ　問2．ア　問3．ウ

〔4〕 問1．塩酸　問2．黄色　問3．A．200　B．2.24　問4．2→1→3　問5．二酸化炭素
問6．a．ア　b．エ

〔5〕 問1．(1)ペプシン　(2)十二指腸　問2．(1)肺胞　(2)エ　問3．(1)エ　(2)ア　問4．ウ
問5．(1)イ　(2)ウ

〔6〕 問1．エ　問2．イ　問3．イ，エ，ク

〔7〕 問1．イ　問2．(1)①西　②東　(2)0.62　問3．ウ　問4．ア

〔8〕 問1．侵食作用　問2．山の寒暖差により，鉱物ごとの膨張収縮率に差が出るため，すき間ができ，そこから崩れやすくなるため。　問3．①角ばって　②大き　③丸みを帯びて　④小さ　問4．イ

《社　会》

〔1〕　1．(1)新潟県〔別解〕岐阜県　(2)②　(3)④　(4)自動車産業が盛んに行われているため。　(5)①　2．⑤
3．④　4．②

〔2〕　1．乾燥する盆地に位置するため，火事の延焼を防ぐ役割。　2．③　3．②　4．③　5．④
6．④　7．③

〔3〕　1．②→⑤→③→①→④　2．①　3．②　4．(1)カ．聖武　キ．国分　(2)③　5．①　6．②
7．応仁

〔4〕　1．フビライ　2．元　3．ザビエル　4．イエズス　5．①　6．ペリー　7．日米和親条約
8．③→②→①→④　9．ヒトラー　10．④

〔5〕　1．(1)51　(2)安全保障理事会　(3)ユネスコ　(4)③　2．冷戦　3．(避)難民　4．①　5．③

〔１〕

⑴　与式＝$(15-12)\times11+20\times\frac{1}{8}\times6=3\times11+15=33+15=$**48**

⑵　与式＝$\frac{5}{4}\times3-\frac{5}{2}\times\frac{1}{3}=\frac{15}{4}-\frac{5}{6}=\frac{45}{12}-\frac{10}{12}=\frac{35}{12}=$**$2\frac{11}{12}$**

⑶　与式＝$\frac{3}{8}\times32-\frac{1}{2}\times\frac{7}{3}-\frac{5}{8}\times16=12-\frac{7}{6}-10=2-\frac{7}{6}=\frac{12}{6}-\frac{7}{6}=$**$\frac{5}{6}$**

⑷　与式より，10×(17－□×３)＋２＝22　　10×(17－□×３)＝22－２　　17－□×３＝20÷10

□×３＝17－２　　□＝15÷３＝**5**

⑸　**【解き方】定価は仕入れ値の１＋$\frac{2}{10}=\frac{6}{5}$(倍)で，売り値は定価の１－$\frac{15}{100}=\frac{17}{20}$(倍)だから，売り値は仕入れ値の$\frac{6}{5}\times\frac{17}{20}=\frac{51}{50}$(倍)である。**

利益は仕入れ値の$\frac{51}{50}-1=\frac{1}{50}$(倍)だから，仕入れ値の合計は，2600÷$\frac{1}{50}$＝130000(円)　　よって，１個あたりの仕入れ値は，130000÷1000＝**130**(円)である。なお，１個あたりの売り値が130×$\frac{51}{50}$＝132.6(円)となり整数にならないが，少なくとも５個をセットで売ったと考える。

⑹　**【解き方】ある交差点への行き方の数は，その交差点の左側の交差点までの行き方の数と，その交差点の下側の交差点までの行き方の数の和に等しくなる。**

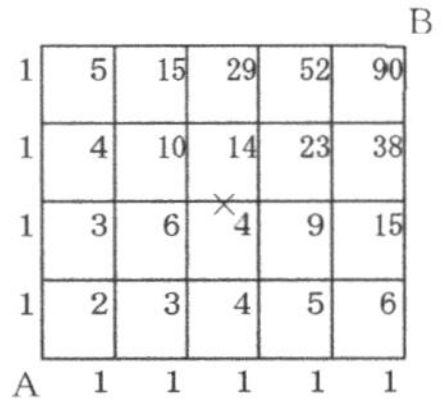

それぞれの交差点への行き方の数は右図のようになるから，Ｂへの行き方は**90**通り。

⑺　**【解き方】４つの数の平均は246÷４＝61.5であり，これは真ん中の２つの数の平均でもある。**

３÷２＝1.5より，真ん中の２つの数は，61.5－1.5＝60と61.5＋1.5＝63で，最も大きい数は，63＋３＝**66**

⑻　**【解き方】12月18日が７月16日の何日後かを求め，その日数を７で割ったときの余りを考える。**

12月18日は７月16日の，15＋31＋30＋31＋30＋18＝155(日後)である。155÷７＝22余り１より，155日後は22週と１日後だから，曜日は土曜日の次の**日**曜日となる。

⑼　**【解き方】かかる時間の比は速さの比の逆比となることを利用する。**

歩く速さと走る速さの比は，80：200＝２：５だから，かかる時間の比はこの逆比の５：２となる。この比の数の５－２＝３が９時６分－８時57分＝９分にあたるから，走るときにかかる時間は，９×$\frac{2}{3}$＝６(分)

よって，自宅を出発した時刻は，８時57分－６分＝８時**51**分

⑽　男性も女性も人口が１番目に多いのは，70才以上75才未満であり，２番目に多いのは65才以上70才未満なので，人口の合計が２番目に多いのは，**65**才以上**70**才未満である。

〔２〕

⑴　**【解き方】角ア～セがふくまれる７つの三角形の角の和から，七角形の角の和をひいて求める。**

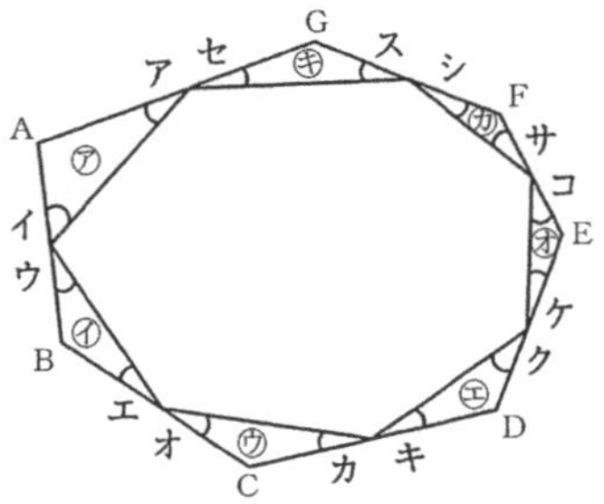

右の図のように作図をする。角ア～セの大きさの和は，三角形㋐～㋖の角の和から，七角形ＡＢＣＤＥＦＧの角の和をひくことで求めることができる。

三角形の角の和は180°で，七角形の角の和は180°×(７－２)＝900°だから，180°×７－900°＝**360°**

⑵　色のついた部分の面積は，縦の長さが２cm，横の長さが12cmの長方形と，底辺が２cm，高さが８cmの平行四辺形の面積の和から，重なっている部分である底辺が２cm，高さが２cmの平行四辺形の面積をひくことで求める

ことができる。よって，求める面積は，２×12＋２×８－２×２＝**36**(㎠)

⑶　**【解き方】右図のように補助線を引き，記号をおく。色のついた部分の曲線部分１つぶんの長さは，１つの円の円周の半分の半分だから，円周の$\frac{1}{4}$である。したがって，おうぎ形ＯＡＢの面積は円の面積の$\frac{1}{4}$である。**

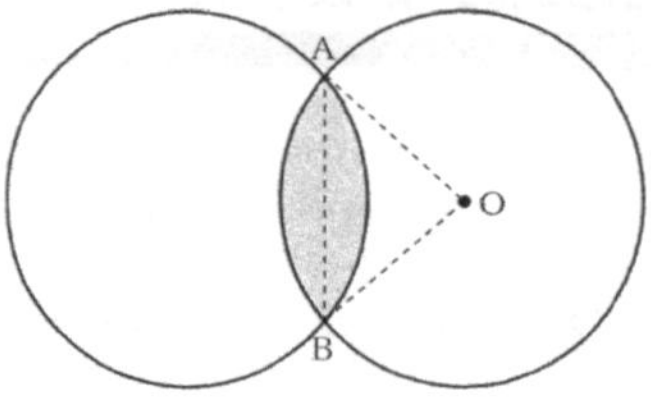

色のついた部分の面積の半分は，半径が４㎝の円の面積の$\frac{1}{4}$から，

直角二等辺三角形ＡＢＯの面積をひいて求めることができるので，

求める面積は，$(4\times4\times3.14\times\frac{1}{4}-4\times4\div2)\times2=8\times3.14-16=$**9.12**(㎠)

⑷　**【解き方】容器をかたむけたときの水の形は三角すいであり，体積は(底面積)×(高さ)÷３で求められる。**

水の体積は，$(3\times5\div2)\times7\div3=\frac{35}{2}$(㎤)だから，水の高さは，$\frac{35}{2}\div(3\times7)=$**$\frac{5}{6}$**(㎝)

〔３〕

200÷６＝33余り２より，ふくろは**33**個できて，ボールは**２**個余る。この33個のふくろを６個ずつ箱に入れると，

33÷６＝５余り３より，箱は**５**個できて，ふくろは**３**個余る。よって，10進法の200を６進法で表すと，**532**となる。

〔４〕

⑴　午前６時から午前８時までの２時間は「夜」の料金で400×２＝800(円)かかり，午前８時から８時間後の午後４時までは「昼」の料金で，300×(８×２)＝4800(円)より，最大料金の1500円かかる。

よって，料金は，800＋1500＝**2300**(円)

⑵　**【解き方】かかる料金を最も安くするとき，「昼」か「夜」の時間帯で12時間利用して，残りの２時間をもう一方の時間帯で利用する。**

「昼」で12時間，「夜」で２時間利用すると，1500＋400×２＝2300(円)となり，「夜」で12時間，「昼」で２時間利用すると，1200＋300×(２×２)＝2400(円)となる。よって，最も安くなる料金は**2300**円である。

⑶　午後６時からＡとＢに車を同時に停めたときの料金を表にすると，右のようになる。Ｂは午前６時から次の１日としてさらに料金がかかっていくので，Ａの方がかかる料金が安くなるのは**午前７時**からである。

駐車場	午後７時	午後8時	午後9時	午後10時	午後11時	午後12時	…	午前6時	午前7時	午前8時
A	600	1200	1600	2000	2400	2400	…	2400	2400	2400
B	500	1000	1500	2000	2000	2000	…	2000	2500	3000

〔５〕

⑴　１回転してできる立体は右図のような，**底面の半径12㎝，高さ４㎝の円柱から底面の半径10㎝，高さ４㎝の円柱をくり抜いた立体**となる。

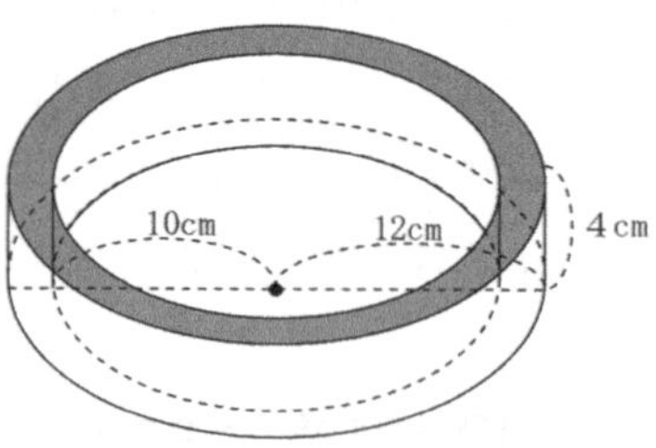

⑵　⑴より底面積が，12×12×3.14－10×10×3.14＝(144－100)×3.14＝44×3.14(㎠)で，高さが４㎝の柱体だから，体積は，

44×3.14×４＝176×3.14＝**552.64**(㎤)

⑶　**【解き方】底面積は⑵より44×3.14(㎠)で，側面積は底面の半径12㎝，高さ４㎝の円柱の側面積と，底面の半径10㎝，高さ４㎝の円柱の側面積の和である。柱体の側面積は，(底面の周の長さ)×(高さ)で求められる。**

２つの底面積の和は，44×3.14×２＝88×3.14(㎠)

２つの側面積の和は，(12×２)×3.14×４＋(10×２)×3.14×４＝(96＋80)×3.14＝176×3.14(㎠)

よって，この立体の表面積は，88×3.14＋176×3.14＝264×3.14＝**828.96**(㎠)

2022 解答例 令和4年度　東明館中学校

《国　語》

〔問題一〕　問1．(あ)簡単　(い)かっこう　(う)はず　(え)しきさい　問2．A．ウ　B．イ　C．エ　問3．イ　問4．ウ　問5．ア　問6．もとくらし　問7．自分の好きなこと、興味があることを話題にされる会話　問8．ア　問9．エ

問10.

〈作文のポイント〉

・最初に自分の主張、立場を明確に決め、その内容に沿って書いていく。

・わかりやすい表現を心がける。自信のない表現や漢字は使わない。

さらにくわしい作文の書き方・作文例はこちら！→

https://kyoei-syuppan.net/mobile/files/sakupo.html

〔問題二〕　問1．(あ)笑顔　(い)かま　(う)精　(え)激　問2．A．エ　B．ア　C．イ　D．ウ　問3．エ

問4．だれもいやな思いをしなくてすむようにうそでも夢を発表しよう　問5．イ

問6．⑤エ　⑥ウ　⑦ア　問7．空気がピンッと張りつめて　問8．イ

〔問題三〕　問1．1．雨　2．風　3．光　4．雲　問2．1．(1)腹　(2)服　2．(1)警　(2)系　3．(1)辞　(2)磁

《算　数》

〔1〕　(1)6　(2)$2\frac{11}{12}$　(3)5　(4)70　(5)30　(6)4　(7)5.36　(8)17　(9)8　(10)25，30

〔2〕　(1)72　(2)13.76　(3)12.717　(4)4

〔3〕　①132　②10　③△×10＋○　④11　⑤(○＋△)×11〔別解〕11×(○＋△)

〔4〕　(1)110　(2)0，$32\frac{8}{11}$　(3)1，$54\frac{6}{11}$

〔5〕　(1)④，⑥　(2)$166\frac{2}{3}$　(3)36.5

《理　科》

〔1〕　問1．①オ　②ア　③ウ　問2．ア　問3．ウ　問4．30　問5．4／上

〔2〕　問1．C　問2．D　問3．①A　②D　問4．オ　問5．0.3

〔3〕　問1．動かっ車　はたらき…ウ　問2．B．165　C．97.5　問3．B．10　C．5　問4．40

〔4〕　問1．エ　問2．イ，エ　問3．170　問4．0.8　問5．ウ

〔5〕　問1．A．イ　B．オ　問2．ア　問3．シダ植物…c，d，g　裸子植物…b，f，j　問4．c　問5．b，c，e，g　問6．a，b，c，f，h

〔6〕　問1．ア，エ　問2．エ　問3．ア　問4．a，d，h，k　問5．c，f，i，j

〔7〕　問1．①イ　②ア　③カ　問2．7.2　問3．全周…46250　半径…7365　問4．16

〔8〕　問1．偏西風　問2．ウ　問3．①カ　②ク　③ケ　④シ　問4．進行方向と風向きが同じになり，より強い風が吹くため。

《社　会》

〔１〕　1．(1)富山県／山口県／福井県 のうち２つ　(2)②　(3)季節風が吹くため。(下線部はモンスーンでもよい)

2．④　3．①　4．④　5．②　6．③　7．③　8．ため池

〔２〕　1．(1)①　(2)②　(3)②　2．②→③→①→④　3．積雪の時に重要な歩行通路となるため。

〔３〕　1．卑弥呼　2．寝殿造　3．法隆寺　4．大仙古墳　5．聖武天皇　6．縄文時代

7．F→A→D→C→E→B

〔４〕　1．11，３　2．自衛隊　3．④　4．安保闘争　5．東京　6．大阪(市)　7．③

8．有機水銀による中毒　9．３　10．③

〔５〕　1．②　2．①　3．ア．戦争　イ．武力　ウ．戦力　エ．交戦権　4．違憲審査権

【算数の解説】

〔１〕

(1)　与式＝48÷(32－24)＝48÷８＝６

(2)　与式＝$\frac{5}{4}\times 3-\frac{5}{2}\times\frac{1}{3}=\frac{15}{4}-\frac{5}{6}=3\frac{9}{12}-\frac{10}{12}=2\frac{11}{12}$

(3)　与式より，{10×(17－□×３)}＋２＝22　10×(17－□×３)＝22－２　10×(17－□×３)＝20

17－□×３＝20÷10　17－□×３＝２　□×３＝17－２　□×３＝15　□＝15÷３＝５

(4)　**【解き方】ばねを１cm伸ばすのに必要なおもりの重さは，20÷(12－10)＝10(ｇ)である。**

17－10＝７(cm)伸ばすには，10×７＝70(ｇ)のおもりをつるせばよい。

(5)　**【解き方】できる３けたの偶数の一の位は０，２，４が考えられる。**

一の位が２のとき，102，132，142，302，312，342，402，412，432の９通りできる。

一の位が４のときも，一の位が２のときと同じ９通りできる。

一の位が０のとき，120，130，140，210，230，240，310，320，340，410，420，430の12通りできる。

よって，全部で９＋９＋12＝30(通り)できる。

(6)　**【解き方】平均点より96－76＝20(点)多い点を取ると，平均点が80－76＝４(点)上がる。**

今度のテストは，20÷４＝５(回目)だから，今までにテストは，５－１＝４(回)

(7)　**【解き方】Ａさんは，300÷５＝60(秒)で１周する。**

Ｂさんは，自分が走り始めてから60－４＝56(秒)で１周すると，Ａさんと同時にスタート地点に着くから，

300÷56＝5.357…より，小数第３位を四捨五入して，毎秒5.36秒以上で走ればよい。

(8)　**【解き方】つるかめ算で解く。**

１本140円のペットボトルのジュース30本では，140×30＝4200(円)になり，実際より4200－3350＝850(円)多い。ペットボトルのジュース１本を缶ジュース１本にかえると，代金は140－90＝50(円)少なくなるから，１本90円の缶ジュースは，850÷50＝17(本)

(9)　**【解き方】濃度がわからない食塩水の中に含《ふく》まれる食塩の量を考える。**

12％の食塩水250ｇには，250×0.12＝30(ｇ)の食塩が含まれ，10.5％の食塩水250＋150＝400(ｇ)には，

400×0.105＝42(ｇ)の食塩が含まれるから，濃度がわからない食塩水の中に含まれる食塩は，42－30＝12(ｇ)

よって，濃度は，$\frac{12}{150}\times 100=8$(％)

⑽　**【解き方】小さい方から人数を読み取っていく。**

10m以上 15m未満に５人，15m以上 20m未満に 13 人，20m以上 25m未満に７人いるから，ここまでで，５＋13＋７＝25(人)いる。次の 25m以上 30m未満に４人いるから，記録が低い方から数えて 28 人目は 25m以上 30m未満の階級にいる。

〔２〕

⑴　**【解き方】右図のように記号をおく。三角形の内角・外角の性質を使う。**

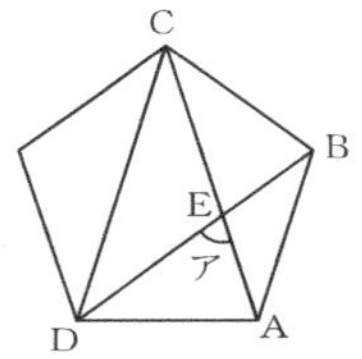

五角形の内角の和は 180°×（５－２）＝540° だから，正五角形の１つの内角の大きさは，540°÷５＝108° である。三角形ＡＢＣと三角形ＤＡＢは，角ＡＢＣ＝角ＤＡＢ＝108° の二等辺三角形だから，角ＣＡＢ＝角ＡＢＤ＝(180°－108°)÷２＝36°

三角形ＡＢＥで外角の性質を利用すると，角ア＝角ＡＢＥ＋角ＢＡＥ＝36°＋36°＝72°

⑵　**【解き方】右図１の色をつけた部分の面積を求める。**

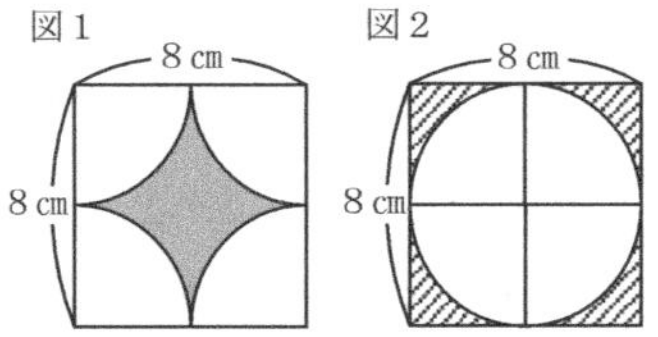

右図１の色をつけた部分と，右図２の斜線を引いた部分の面積は等しいから，求める面積は，８×８－４×４×3.14＝64－50.24＝13.76(㎠)

⑶　**【解き方】頂点Ｅは，右図の太線部分を動く。**

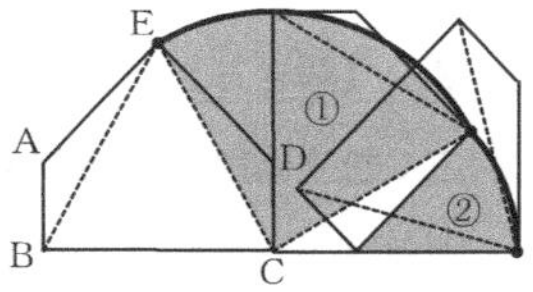

右図のように，辺ＣＤが直線ℓにぶつかるまでに動いてできる図形を①，辺ＤＥが直線ℓにぶつかるまでに動いてできる図形を②とする。

図形①の太線は半径が６㎝，中心角が 90° のおうぎ形の曲線部分，図形②の太線は半径が 4.2 ㎝，中心角が 180°－135°＝45° のおうぎ形の曲線部分である。

よって，太線部分の長さは，$6 \times 2 \times 3.14 \times \frac{90°}{360°} + 4.2 \times 2 \times 3.14 \times \frac{45°}{360°} = 9.42 + 3.297 = 12.717$(㎝)

⑷　**【解き方】容器Ａに入った水の体積は，４×４×3.14×９＝16×９×3.14(㎤)である。**

16×９×3.14(㎤)の水を，底面積が６×６×3.14＝36×3.14(㎠)の円柱の容器Ｂにうつしたら，高さは，(16×９×3.14)÷(36×3.14)＝４(㎝)になる。

〔３〕

39＋93＝①132 は 11 の倍数である。十の位が○，一の位が△の数は，○×②10＋△と表せるから，十の位と一の位を入れ替えた数は，③△×10＋○と表せる。

(○×10＋△)＋(△×10＋○)＝○×(10＋１)＋△×(１＋10)＝○×④11＋△×④11＝⑤(○＋△)×11 とできるから，○と△がどんな数でも 11 の倍数になる。

〔4〕

⑴　**【解き方】短針は1分間に0.5°，長針は1分間に6°回転する。**

正午には，長針と短針は重なっていて，そこから1分進むごとに6°－0.5°＝5.5°ずつ差が開いていく。

よって，午後0時20分までの20分間に，角ア＝5.5°×20＝110°になる。

⑵　**【解き方】⑴をふまえる。**

$180\div5.5=\frac{360}{11}=32\frac{8}{11}$より，求める時刻は，午後0時$32\frac{8}{11}$分

⑶　**【解き方】1時間に2回，角アの角度が90°になるから，4回目にアの角度が90°になるのは，午後1時から午後2時の間の2回目である。**

長針と短針が重なった状態から動き始めて，再び長針が短針に追いつくまでに，$360°\div5.5°=\frac{720}{11}=65\frac{5}{11}$(分)

長針と短針が重なってから，2回目にアの角度が90°になるまでに，$(360°-90°)\div5.5=\frac{540}{11}=49\frac{1}{11}$(分)

よって，4回目にアの角度が90°になるのは，午後0時の$65\frac{5}{11}+49\frac{1}{11}=114\frac{6}{11}$分後の，午後1時$54\frac{6}{11}$

〔5〕

⑴　右図の色をつけた面が重なってしまうから，④と⑥は立方体の展開図にならない。

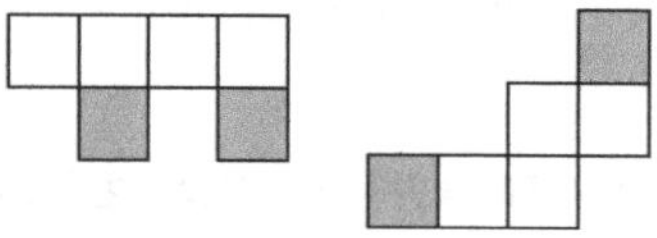

⑵　**【解き方】3つの頂点A，F，Hを通る平面でこの立方体を切ったとき，点Eをふくむ立体は，右図の太線部分になる。**

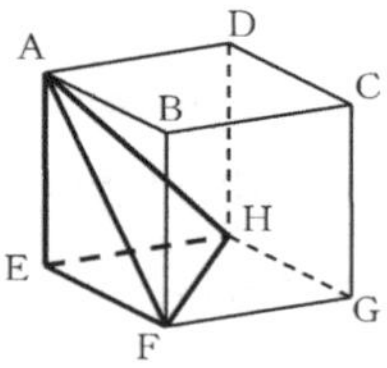

底面は，直角をはさむ2辺の長さが10㎝の直角二等辺三角形，高さは10㎝の三角すいだから，体積は，$(10\times10\div2)\times10\times\frac{1}{3}=\frac{500}{3}=166\frac{2}{3}$(㎤)

⑶　**【解き方】右図のように記号をおき，水の入っていない部分に着目する。同じ形をした立体の対応する辺の長さの比が，a：bのとき，体積の比は，(a×a×a)：(b×b×b)になることを利用する。**

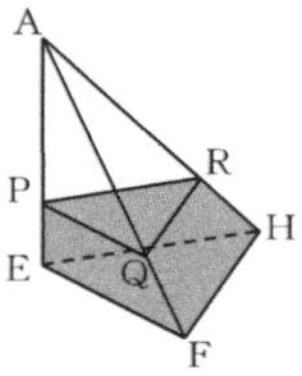

三角すいA－EFHと三角すいA－PQRは，同じ形の三角すいで，対応する辺の長さの比は，AE：AP＝10：(10－3)＝10：7だから，体積の比は，(10×10×10)：(7×7×7)＝1000：343になる。したがって，水の入った部分の体積と三角すいA－EFHの体積比は，(1000－343)：1000＝657：1000になる。高さが3㎝になったときの水の体積は，$\frac{500}{3}\times\frac{657}{1000}=\frac{219}{2}$(㎤)だから，毎秒3㎤のペースで水を入れると，$\frac{219}{2}\div3=\frac{73}{2}=36.5$(秒)かかる。

2021 解答例 令和３年度　東明館中学校

《国　語》

〔問題一〕　問１．(あ)痛感　(い)たがや　(う)きょうぐう　(え)ほうけん　　問二．A．ア　B．エ　C．イ　　問３．ア
問４．ウ　　問５．エ　　問６．イ　　問７．⑤イ　⑥ア　　問８．⑦消極的　⑨複雑　　問９．エ
問10．自分の子どもを残す
問11．
〈作文のポイント〉
・最初に自分の主張、立場を明確に決め、その内容に沿って書いていく。
・わかりやすい表現を心がける。自信のない表現や漢字は使わない。
さらにくわしい作文の書き方・作文例はこちら！→
https://kyoei-syuppan.net/mobile/files/sakupo.html

〔問題二〕　問１．(あ)確信　(い)肺　(う)めば　(え)ふる　　問２．１．期待に満ちあふれた目　２．光にリードを持たせてほしいということ。　　問３．イ　　問４．ウ　　問５．多聞と出会わせてくれたこと。
問６．追いかけっこをしよう　　問７．大震災の影響で声を出せなくなっていた光が内村に向かって呼びかけていることに感動したから。

〔問題三〕　問１．１．層　２．革　３．遺　４．善　　問２．１．(1)写　(2)移　２．(1)治　(2)値
３．(1)暖　(2)段

《算　数》

〔１〕　(1)1　(2)7　(3)$\frac{17}{30}$　(4)50　(5)46　(6)184万　(7)200　(8)2500　(9)91　(10)イ
〔２〕　(1)48　(2)128　(3)18.84　(4)8
〔３〕　(1)A．8　B．4　C．3　(2)25×５＝125で，それ以降の計算の答えは下２けたがすべて25　(3)25
〔４〕　(1)11　(2)32　(3)ウ　(4)15
〔５〕　(1)3　(2)B，D　(3)9

《理　科》

〔１〕　問１．塩酸／石灰石　　問２．イ　　問３．スチール缶は，鉄でできており，「磁石にくっつく」という特性を生かして，選別しやすいため。　　問４．ア　　問５．A．熱されて，気体になると体積が増え，缶が破裂するから。　B．凍ると缶の中の体積が増え，缶が破裂するから。
〔２〕　問１．61　　問２．37　　問３．マグネシウム／亜鉛／アルミニウム　などから２つ　　問４．鉄／464
問５．ア　　問６．発生した気体を冷やす操作
〔３〕　問１．ウ　　問２．(1)イ　(2)オ　　問３．イ　　問４．ア
〔４〕　問１．(1)ウ　(2)オ　(3)イ　(4)エ　(5)カ　(6)ア　　問２．0.1
〔５〕　問１．侵食　　問２．カ　　問３．エ　　問４．オ　　問５．(1)地層　(2)イ
〔６〕　問１．部分日食　　問２．ウ，オ，カ　　問３．ア　　問４．オ　　問５．一年で最も昼間の時間が長い日

〔7〕　問1．S　問2．エ　問3．くっつかない　問4．ア，イ　問5．くっつく

〔8〕　問1．ウ　問2．変わらない　問3．変わらない

《社　会》

〔1〕　1．九州…熊本県〔別解〕鹿児島県　関東…千葉県〔別解〕茨城県　2．②　3．⑥　4．火山活動　5．茨城県　6．(1)①　(2)①　(3)④　(4)④　(5)①

〔2〕　1．③　2．(1)⑦　(2)③　3．少子高齢化による人口減少を解決するため。

〔3〕　1．聖徳太子　2．小野妹子　3．①　4．平清盛　5．④　6．明智光秀　7．豊臣秀吉　8．②　9．東条英機　10．玉砕

〔4〕　1．(1)調　(2)年貢　2．(1)日本国憲法　(2)1947，5，3　3．(1)水俣病　(2)環境庁　4．戦時中に，強制連行されたから。　5．円高

〔5〕　1．ア．三権分立　イ．国会　ウ．内閣　エ．下級裁判所　オ．地方　カ．民事　キ．刑事　2．裁判員制度

【算数の解説】

〔1〕

(1)　与式 $=22-14\times15\times\frac{1}{30}-7\times2=22-7-14=1$

(2)　与式 $=\frac{21}{5}\div\{(\frac{12}{5}-\frac{8}{5})\times\frac{3}{4}\}=\frac{21}{5}\div(\frac{4}{5}\times\frac{3}{4})=\frac{21}{5}\div\frac{3}{5}=\frac{21}{5}\times\frac{5}{3}=7$

(3)　与式 $=\frac{11}{6}-(\frac{6}{5}-\frac{1}{4})\times\frac{4}{3}=\frac{11}{6}-(\frac{24}{20}-\frac{5}{20})\times\frac{4}{3}=\frac{11}{6}-\frac{19}{20}\times\frac{4}{3}=\frac{11}{6}-\frac{19}{15}=\frac{55}{30}-\frac{38}{30}=\frac{17}{30}$

(4)　与式より，$(155-\square)\times\frac{3}{5}=155\times\frac{3}{5}-\square\times\frac{3}{5}=93-\square\times\frac{3}{5}$ が $113-\square$ にあたるから，

$\square-\square\times\frac{3}{5}=\square\times(1-\frac{3}{5})=\square\times\frac{2}{5}$ が $113-93=20$ にあたる。よって，$\square=20\div\frac{2}{5}=20\times\frac{5}{2}=50$

(5)　**【解き方】求める数は，3の倍数より1大きく，5の倍数より1大きく，7の倍数より4大きい数である。**

3の倍数より1大きく，5の倍数より1大きい数は，3と5の最小公倍数である15の倍数より1大きい数だから，16，31，46，…となる。このうち，最初に出てくる7の倍数より4大きい数は，$7\times6+4=46$ より46だから，求める数は46である。

(6)　求める面積は，$2021\div11=183.7\cdots$ より，約184万㎢である。

(7)　**【解き方】列車がトンネルに入り始めてから完全に通り抜けるまで，列車は(トンネルの長さ)＋(列車の長さ)だけ進む(右図参照)。**

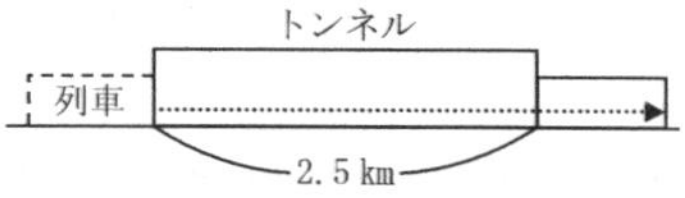

時速72㎞＝分速 $(\frac{72\times1000}{60})$ m＝分速1200mだから，列車は2分15秒＝$2\frac{15}{60}$ 分＝$\frac{9}{4}$ 分で $1200\times\frac{9}{4}=2700$(m)進む。これが(トンネルの長さ)＋(列車の長さ)であり，トンネルの長さは2.5㎞＝2500mだから，列車の長さは，$2700-2500=200$(m)

(8)　**【解き方】Aの定価を⑤円，Bの定価を⑥円として考える。**

Aの2割引は，⑤×(1－0.2)＝④(円)，Bの1000円引きは，(⑥－1000)円である。④と⑥－1000が等しいので，⑥－④＝②が1000にあたる。よって，⑤は $1000\times\frac{⑤}{②}=2500$ にあたるから，Aの定価は2500円である。

(9)　**【解き方】線で区切らない場合，数字の並びは，一番左の数が1で右に1つ進むたびに数字が $3-1=2$ だけ増えているから，左から□番目の数字は，$1+2\times(\square-1)$ と表せる。10組目の最初の数が左から何番目かを考える。**

1組目，2組目，3組目，…にある数字は，1個，2個，3個，…となるから，9組目までに数字が $1+2+3+4+5+6+7+8+9=45$(個)並ぶ。よって，10組目の最初の数は，左から46番目だから，

求める数は，１＋２×(46－１)＝91

⑽　17365÷２＝8682 余り１より，年れいを低い順に並べて，8683 番目にくる年れいを考えればよい。

０才～49 才までが 1469＋1529＋1668＋1964＋2043＝8673(人)，０才～59 才までが 8673＋2032＝10705(人)いるから，求める年れいは，50 才～59 才である。

〔２〕

⑴　**【解き方】右図のように記号をおく。三角形の１つの外角は，これととなりあわない２つの内角の和に等しいことを利用する。**

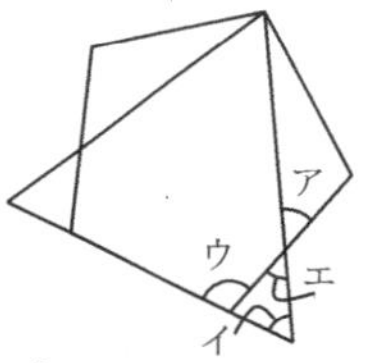

正三角形の１つの内角の大きさは 60°だから，角イ＝60°

正五角形の１つの内角の大きさは{180°×(５－２)}÷５＝108°だから，角ウ＝108°

三角形の外角の性質より，角エ＝108°－60°＝48°　　対頂角は等しいから，角ア＝角エ＝48°

⑵　右のように記号をおく。三角形ＡＢＣは二等辺三角形だから，角ＡＣＢ＝角ＡＢＣ＝75°

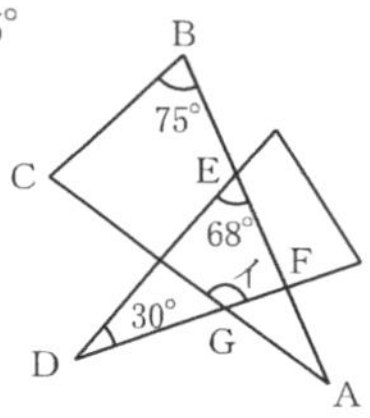

三角形ＤＥＦの内角の和について，角ＥＦＤ＝180°－30°－68°＝82°

四角形ＢＣＧＦの内角の和について，角イ＝360°－75°－75°－82°＝128°

⑶　**【解き方】ぬりつぶした図形は半径が２cmのおうぎ形４つと半径が(８－２－２)÷２＝２(cm)の半円である。台形(四角形)の内角の和は 360°だから，おうぎ形４つを合わせると，半径が２cmの円ができる。**

求める面積は，半径が２cmの円と半円の面積の和だから，２×２×3.14＋２×２×3.14÷２＝(４＋２)×3.14＝６×3.14＝18.84(cm²)

⑷　**【解き方】各列について，手前(問題の図では下)にある積み木より後ろにある低い積み木は見えない。**

一番左の列は，④だけ見える。左から２番目の列は，①，②，④が見える。左から３番目の列は，③，④が見える。一番右の列は，②，④が見える。よって，積み木は全部で８個見える。

〔３〕

⑴　**【解き方】一の位だけを考えればいいので，ある数を何回かかけあわせていくとき，計算結果の一の位だけにある数をかけることをくり返し，一の位の変化を調べる。**

２を何回かかけてできる数の一の位では，２，４，８，６という４つの数がくり返される。したがって，２を 15 回かけると，15÷４＝３余り３より，一の位では４つの数字が３回くり返され，その後２，４，８と変化する。

よって，一の位は${}_{\text{A}}\underline{8}$となる。

３を何回かかけてできる数の一の位は，$\underline{3}$→３×３＝$\underline{9}$→９×３＝2$\underline{7}$→７×３＝2$\underline{1}$→１×３＝$\underline{3}$，…となるので，初めて一の位が１になるのは，３を${}_{\text{B}}\underline{4}$回かけたときである。

また，一の位では３，９，７，１という４つの数がくり返される。したがって，３を 2021 回かけると，2021÷４＝505 余り１より，一の位では４つの数字が 505 回くり返され，その後３と変化する。よって，一の位は${}_{\text{C}}\underline{3}$となる。

⑵　⑴と同様に，下二けたについてのみ考えると，$\underline{5}$→５×５→$\underline{25}$→25×５＝1$\underline{25}$→25×５→1$\underline{25}$，…となるので，解答例のように説明できる。

⑶　**【解き方】これまでの解説をふまえる。下二けたが同じなのは５の倍数なので，下三けたが同じになるのも５の倍数だとわかる。あとは下３けたのみについて考えて，計算してみる。**

５→５×５→$\underline{25}$→25×５＝$\underline{125}$より，５は条件に合わない。

10→10×10→$\underline{100}$→100×10→1$\underline{000}$より，10 は条件に合わない。

15→15×15→225→225×15＝3375 より，15 は条件に合わない。

20→20×20→400→400×20＝8000 より，20 は条件に合わない。

25→25×25→625→625×25→15625 より，25 は条件に合う。よって，求める数は 25 である。

〔４〕

⑴　**【解き方】完全に重なるときは，右図のようになる。このとき，図形①は動き始めてから，５cm＋ＱＣだけ動いている。**

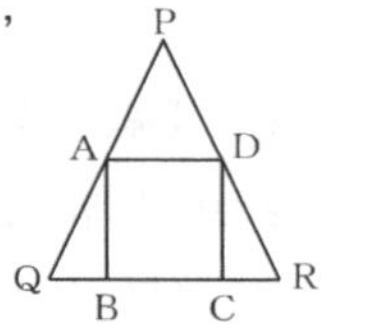

図形①は正方形，図形②は二等辺三角形だから，ＱＢ＝ＲＣであり，ＱＢ＋ＲＣ＝ＱＲ－ＢＣ＝８－４＝４(cm)なので，ＱＢ＝ＲＣ＝４÷２＝２(cm)，ＱＣ＝２＋４＝６(cm)

よって，図形①は出発から５＋６＝11(cm)進んでいるので，求める時間は，11 秒後である。

⑵　**【解き方】⑴の図について，右のように作図し，ＱＲ×ＰＨ÷２で求める。**

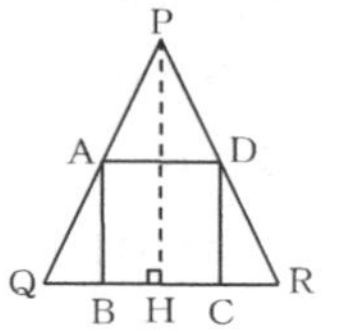

三角形ＰＱＲは二等辺三角形だから，ＱＨ＝ＱＲ÷２＝４(cm)

三角形ＡＱＢと三角形ＰＱＨは同じ形の三角形だから，ＡＢ：ＰＨ＝ＱＢ：ＱＨ＝２：４＝１：２より，ＰＨ＝ＡＢ×２＝４×２＝８(cm)

よって，三角形ＰＱＲの面積は，８×８÷２＝32(cm²)

⑶　できない図形はウ二等辺三角形である。重なった部分が正方形となるのは⑴のときであり，図ｉのようなときに直角三角形，図ⅱのようなときに台形，図ⅲのようなときに五角形となる。

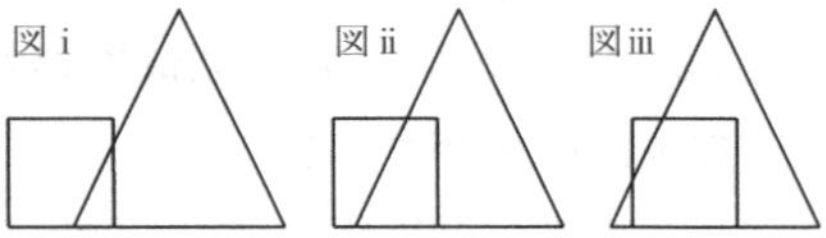

⑷　**【解き方】10 秒後は右図のようになり，ＱＣ＝10－５＝５(cm)である。**

重なっている部分の面積を，(四角形ＡＢＣＤの面積)－(三角形ＥＦＡの面積)で求める。

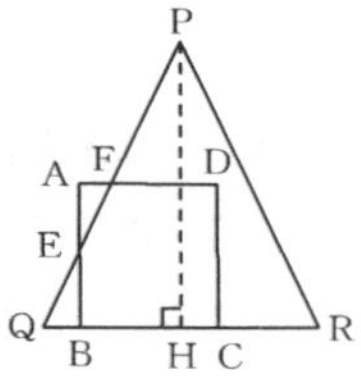

四角形ＡＢＣＤの面積は，４×４＝16(cm²)

ＱＢ＝ＱＣ－ＢＣ＝５－４＝１(cm)であり，三角形ＥＱＢと三角形ＰＱＨは同じ形の三角形だから，ＥＢ：ＰＨ＝ＱＢ：ＱＨ＝１：４より，ＥＢ＝ＰＨ×$\frac{1}{4}$＝８×$\frac{1}{4}$＝２(cm)

ＡＥ＝ＡＢ－ＥＢ＝４－２＝２(cm)より，三角形ＥＦＡと三角形ＥＱＢは合同とわかるので，三角形ＥＦＡの面積は，三角形ＥＱＢの面積に等しく，ＱＢ×ＥＢ÷２＝１×２÷２＝１(cm²)

よって，求める面積は，16－１＝15(cm²)

〔５〕

⑴　ＸからＹまでは右に２，上に２移動するので，１の目を２回，２の目を１回出したとわかる。

よって，サイコロの目の出方は，(１回目，２回目，３回目)が(１，１，２)(１，２，１)(２，１，１)の３通りある。

⑵　**【解き方】サイコロを１回ふると，上に２，４，６または右に１，３，５進む。よって，右は１ずつ進めるのでどの位置にも移動することができるが，上は２ずつしか進めないので，奇数だけ上に移動することはできない。**

Ａ，Ｂ，Ｃ，Ｄはそれぞれ，Ｘから上に６，５，４，３だけ進んだ位置にあるので，たどり着けない点は，Ｂ，Ｄである。

⑶　**【解き方】ＸからＺまでは右に６，上に６移動する。右に６移動するには最低でも２回サイコロをふる必要があるので，１回の移動で上に６移動した(６の目が１回出た)ことがわかる。２回で右に６移動するサイコロの出方を考える。**

２回で右に６移動するサイコロの出方は，１と５，３と３が出たときである。

３回のサイコロで１と５と６が出たとき，サイコロの目の出方は(１，５，６)(１，６，５)(５，１，６)(５，６，１)(６，１，５)(６，５，１)の６通りある。

３回のサイコロで３と３と６が出たとき，サイコロの目の出方は(３，３，６)(３，６，３)(６，３，３)の３通りある。したがって，全部で６＋３＝９(通り)ある。

■ ご使用にあたってのお願い・ご注意

（1）問題文等の非掲載

著作権上の都合により，問題文や図表などの一部を掲載できない場合があります。

誠に申し訳ございませんが，ご了承くださいますようお願いいたします。

（2）過去問における時事性

過去問題集は，学習指導要領の改訂や社会状況の変化，新たな発見などにより，現在とは異なる表記や解説になっている場合があります。過去問の特性上，出題当時のままで出版していますので，あらかじめご了承ください。

（3）配点

学校等から配点が公表されている場合は，記載しています。公表されていない場合は，記載していません。

独自の予想配点は，出題者の意図と異なる場合があり，お客様が学習するうえで誤った判断をしてしまう恐れがあるため記載していません。

（4）無断複製等の禁止

購入された個人のお客様が，ご家庭でご自身またはご家族の学習のためにコピーをすることは可能ですが，それ以外の目的でコピー，スキャン，転載（ブログ，ＳＮＳなどでの公開を含みます）などをすることは法律により禁止されています。学校や学習塾などで，児童生徒のためにコピーをして使用することも法律により禁止されています。

ご不明な点や，違法な疑いのある行為を確認された場合は，弊社までご連絡ください。

（5）けがに注意

この問題集は針を外して使用します。針を外すときは，けがをしないように注意してください。また，表紙カバーや問題用紙の端で手指を傷つけないように十分注意してください。

（6）正誤

制作には万全を期しておりますが，万が一誤りなどがございましたら，弊社までご連絡ください。

なお，誤りが判明した場合は，弊社ウェブサイトの「ご購入者様のページ」に掲載しておりますので，そちらもご確認ください。

■ お問い合わせ

解答例，解説，印刷，製本など，問題集発行におけるすべての責任は弊社にあります。

ご不明な点がございましたら，弊社ウェブサイトの「お問い合わせ」フォームよりご連絡ください。迅速に対応いたしますが，営業日の都合で回答に数日を要する場合があります。

ご入力いただいたメールアドレス宛に自動返信メールをお送りしています。自動返信メールが届かない場合は，「よくある質問」の「メールの問い合わせに対し返信がありません。」の項目をご確認ください。

また弊社営業日（平日）は，午前９時から午後５時まで，電話でのお問い合わせも受け付けています。

2025春

株式会社教英出版

〒422-8054　静岡県静岡市駿河区南安倍３丁目 12-28

TEL　054-288-2131　　FAX　054-288-2133

URL　https://kyoei-syuppan.net/

MAIL siteform@kyoei-syuppan.net

教英出版 2025年春受験用 中学入試問題集

学校別問題集

✿はカラー問題対応

北海道

①[市立]札幌開成中等教育学校
②藤女子中学校
③北嶺中学校
④北星学園女子中学校
⑤札幌大谷中学校
⑥札幌光星中学校
⑦立命館慶祥中学校
⑧函館ラ・サール中学校

青森県

①[県立]三本木高等学校附属中学校

岩手県

①[県立]一関第一高等学校附属中学校

宮城県

①[県立]宮城県古川黎明中学校
②[県立]宮城県仙台二華中学校
③[市立]仙台青陵中等教育学校
④東北学院中学校
⑤仙台白百合学園中学校
⑥聖ウルスラ学院英智中学校
⑦宮城学院中学校
⑧秀光中学校
⑨古川学園中学校

秋田県

①[県立]
- 大館国際情報学院中学校
- 秋田南高等学校中等部
- 横手清陵学院中学校

山形県

①[県立]
- 東桜学館中学校
- 致道館中学校

福島県

①[県立]
- 会津学鳳中学校
- ふたば未来学園中学校

茨城県

①[県立]
- 日立第一高等学校附属中学校
- 太田第一高等学校附属中学校
- 水戸第一高等学校附属中学校
- 鉾田第一高等学校附属中学校
- 鹿島高等学校附属中学校
- 土浦第一高等学校附属中学校
- 竜ヶ崎第一高等学校附属中学校
- 下館第一高等学校附属中学校
- 下妻第一高等学校附属中学校
- 水海道第一高等学校附属中学校
- 勝田中等教育学校
- 並木中等教育学校
- 古河中等教育学校

栃木県

①[県立]
- 宇都宮東高等学校附属中学校
- 佐野高等学校附属中学校
- 矢板東高等学校附属中学校

群馬県

①
- [県立]中央中等教育学校
- [市立]四ツ葉学園中等教育学校
- [市立]太田中学校

埼玉県

①[県立]伊奈学園中学校
②[市立]浦和中学校
③[市立]大宮国際中等教育学校
④[市立]川口市立高等学校附属中学校

千葉県

①[県立]
- 千葉中学校
- 東葛飾中学校

②[市立]稲毛国際中等教育学校

東京都

①[国立]筑波大学附属駒場中学校
②[都立]白鷗高等学校附属中学校
③[都立]桜修館中等教育学校
④[都立]小石川中等教育学校
⑤[都立]両国高等学校附属中学校
⑥[都立]立川国際中等教育学校
⑦[都立]武蔵高等学校附属中学校
⑧[都立]大泉高等学校附属中学校
⑨[都立]富士高等学校附属中学校
⑩[都立]三鷹中等教育学校
⑪[都立]南多摩中等教育学校
⑫[区立]九段中等教育学校
⑬開成中学校
⑭麻布中学校
⑮桜蔭中学校
⑯女子学院中学校
✿⑰豊島岡女子学園中学校
⑱東京都市大学等々力中学校
⑲世田谷学園中学校
✿⑳広尾学園中学校(第2回)
✿㉑広尾学園中学校(医進・サイエンス回)
㉒渋谷教育学園渋谷中学校(第1回)
㉓渋谷教育学園渋谷中学校(第2回)
㉔東京農業大学第一高等学校中等部(2月1日 午後)
㉕東京農業大学第一高等学校中等部(2月2日 午後)

神奈川県

①[県立]（相模原中等教育学校
　　　　　平塚中等教育学校
②[市立]南高等学校附属中学校
③[市立]横浜サイエンスフロンティア高等学校附属中学校
④[市立]川崎高等学校附属中学校
✿⑤聖光学院中学校
✿⑥浅野中学校
⑦洗足学園中学校
⑧法政大学第二中学校
⑨逗子開成中学校（１次）
⑩逗子開成中学校（2·3次）
⑪神奈川大学附属中学校(第1回)
⑫神奈川大学附属中学校(第2·3回)
⑬栄光学園中学校
⑭フェリス女学院中学校

新潟県

①[県立]（村上中等教育学校
　　　　　柏崎翔洋中等教育学校
　　　　　燕中等教育学校
　　　　　津南中等教育学校
　　　　　直江津中等教育学校
　　　　　佐渡中等教育学校
②[市立]高志中等教育学校
③新潟第一中学校
④新潟明訓中学校

石川県

①[県立]金沢錦丘中学校
②星稜中学校

福井県

①[県立]高志中学校

山梨県

①山梨英和中学校
②山梨学院中学校
③駿台甲府中学校

長野県

①[県立]（屋代高等学校附属中学校
　　　　　諏訪清陵高等学校附属中学校
②[市立]長野中学校

岐阜県

①岐阜東中学校
②鶯谷中学校
③岐阜聖徳学園大学附属中学校

静岡県

①[国立]静岡大学教育学部附属中学校
　　　　（静岡·島田·浜松）
②（[県立]清水南高等学校中等部
　　[県立]浜松西高等学校中等部
　　[市立]沼津高等学校中等部
③不二聖心女子学院中学校
④日本大学三島中学校
⑤加藤学園暁秀中学校
⑥星陵中学校
⑦東海大学付属静岡翔洋高等学校中等部
⑧静岡サレジオ中学校
⑨静岡英和女学院中学校
⑩静岡雙葉中学校
⑪静岡聖光学院中学校
⑫静岡学園中学校
⑬静岡大成中学校
⑭城南静岡中学校
⑮静岡北中学校
⑯（常葉大学附属常葉中学校
　　常葉大学附属橘中学校
　　常葉大学附属菊川中学校
⑰藤枝明誠中学校
⑱浜松開誠館中学校
⑲静岡県西遠女子学園中学校
⑳浜松日体中学校
㉑浜松学芸中学校

愛知県

①[国立]愛知教育大学附属名古屋中学校
②愛知淑徳中学校
③（名古屋経済大学市邨中学校
　　名古屋経済大学高蔵中学校
④金城学院中学校
⑤椙山女学園中学校
⑥東海中学校
⑦南山中学校男子部
⑧南山中学校女子部
⑨聖霊中学校
⑩滝中学校
⑪名古屋中学校
⑫大成中学校
⑬愛知中学校
⑭星城中学校
⑮名古屋葵大学中学校
　（名古屋女子大学中学校）
⑯愛知工業大学名電中学校
⑰海陽中等教育学校(特別給費生)
⑱海陽中等教育学校（Ⅰ·Ⅱ）
⑲中部大学春日丘中学校
新刊⑳名古屋国際中学校

三重県

①[国立]三重大学教育学部附属中学校
②暁中学校
③海星中学校
④四日市メリノール学院中学校
⑤高田中学校
⑥セントヨゼフ女子学園中学校
⑦三重中学校
⑧皇學館中学校
⑨鈴鹿中等教育学校
⑩津田学園中学校

滋賀県

①[国立]滋賀大学教育学部附属中学校
②[県立]（河瀬中学校
　　　　　守山中学校
　　　　　水口東中学校

京都府

①[国立]京都教育大学附属桃山中学校
②[府立]洛北高等学校附属中学校
③[府立]園部高等学校附属中学校
④[府立]福知山高等学校附属中学校
⑤[府立]南陽高等学校附属中学校
⑥[市立]西京高等学校附属中学校
⑦同志社中学校
⑧洛星中学校
⑨洛南高等学校附属中学校
⑩立命館中学校
⑪同志社国際中学校
⑫同志社女子中学校(前期日程)
⑬同志社女子中学校(後期日程)

大阪府

①[国立]大阪教育大学附属天王寺中学校
②[国立]大阪教育大学附属平野中学校
③[国立]大阪教育大学附属池田中学校

④[府立]富田林中学校
⑤[府立]咲くやこの花中学校
⑥[府立]水都国際中学校
⑦清風中学校
⑧高槻中学校（A日程）
⑨高槻中学校（B日程）
⑩明星中学校
⑪大阪女学院中学校
⑫大谷中学校
⑬四天王寺中学校
⑭帝塚山学院中学校
⑮大阪国際中学校
⑯大阪桐蔭中学校
⑰開明中学校
⑱関西大学第一中学校
⑲近畿大学附属中学校
⑳金蘭千里中学校
㉑金光八尾中学校
㉒清風南海中学校
㉓帝塚山学院泉ヶ丘中学校
㉔同志社香里中学校
㉕初芝立命館中学校
㉖関西大学中等部
㉗大阪星光学院中学校

兵庫県

①[国立]神戸大学附属中等教育学校
②[県立]兵庫県立大学附属中学校
③雲雀丘学園中学校
④関西学院中学部
⑤神戸女学院中学部
⑥甲陽学院中学校
⑦甲南中学校
⑧甲南女子中学校
⑨灘中学校
⑩親和中学校
⑪神戸海星女子学院中学校
⑫滝川中学校
⑬啓明学院中学校
⑭三田学園中学校
⑮淳心学院中学校
⑯仁川学院中学校
⑰六甲学院中学校
⑱須磨学園中学校(第1回入試)
⑲須磨学園中学校(第2回入試)
⑳須磨学園中学校(第3回入試)
㉑白陵中学校
㉒夙川中学校

奈良県

①[国立]奈良女子大学附属中等教育学校
②[国立]奈良教育大学附属中学校
③[県立]
国際中学校
青翔中学校
④[市立]一条高等学校附属中学校
⑤帝塚山中学校
⑥東大寺学園中学校
⑦奈良学園中学校
⑧西大和学園中学校

和歌山県

①[県立]
古佐田丘中学校
向陽中学校
桐蔭中学校
日高高等学校附属中学校
田辺中学校
②智辯学園和歌山中学校
③近畿大学附属和歌山中学校
④開智中学校

岡山県

①[県立]岡山操山中学校
②[県立]倉敷天城中学校
③[県立]岡山大安寺中等教育学校
④[県立]津山中学校
⑤岡山中学校
⑥清心中学校
⑦岡山白陵中学校
⑧金光学園中学校
⑨就実中学校
⑩岡山理科大学附属中学校
⑪山陽学園中学校

広島県

①[国立]広島大学附属中学校
②[国立]広島大学附属福山中学校
③[県立]広島中学校
④[県立]三次中学校
⑤[県立]広島叡智学園中学校
⑥[市立]広島中等教育学校
⑦[市立]福山中学校
⑧広島学院中学校
⑨広島女学院中学校
⑩修道中学校
⑪崇徳中学校
⑫比治山女子中学校
⑬福山暁の星女子中学校
⑭安田女子中学校
⑮広島なぎさ中学校
⑯広島城北中学校
⑰近畿大学附属広島中学校福山校
⑱盈進中学校
⑲如水館中学校
⑳ノートルダム清心中学校
㉑銀河学院中学校
㉒近畿大学附属広島中学校東広島校
㉓AICJ中学校
㉔広島国際学院中学校
㉕広島修道大学ひろしま協創中学校

山口県

①[県立]
下関中等教育学校
高森みどり中学校
②野田学園中学校

徳島県

①[県立]
富岡東中学校
川島中学校
城ノ内中等教育学校
②徳島文理中学校

香川県

①大手前丸亀中学校
②香川誠陵中学校

愛媛県

①[県立]
今治東中等教育学校
松山西中等教育学校
②愛光中学校
③済美平成中等教育学校
④新田青雲中等教育学校

高知県

①[県立]
安芸中学校
高知国際中学校
中村中学校

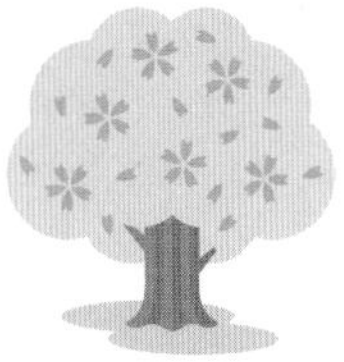

福岡県

①[国立]福岡教育大学附属中学校（福岡·小倉·久留米）

②[県立]
- 育徳館中学校
- 門司学園中学校
- 宗像中学校
- 嘉穂高等学校附属中学校
- 輝翔館中等教育学校

③西南学院中学校
④上智福岡中学校
⑤福岡女学院中学校
⑥福岡雙葉中学校
⑦照曜館中学校
⑧筑紫女学園中学校
⑨敬愛中学校
⑩久留米大学附設中学校
⑪飯塚日新館中学校
⑫明治学園中学校
⑬小倉日新館中学校
⑭久留米信愛中学校
⑮中村学園女子中学校
⑯福岡大学附属大濠中学校
⑰筑陽学園中学校
⑱九州国際大学付属中学校
⑲博多女子中学校
⑳東福岡自彊館中学校
㉑八女学院中学校

佐賀県

①[県立]
- 香楠中学校
- 致遠館中学校
- 唐津東中学校
- 武雄青陵中学校

②弘学館中学校
③東明館中学校
④佐賀清和中学校
⑤成穎中学校
⑥早稲田佐賀中学校

長崎県

①[県立]
- 長崎東中学校
- 佐世保北中学校
- 諫早高等学校附属中学校

②青雲中学校
③長崎南山中学校
④長崎日本大学中学校
⑤海星中学校

熊本県

①[県立]
- 玉名高等学校附属中学校
- 宇土中学校
- 八代中学校

②真和中学校
③九州学院中学校
④ルーテル学院中学校
⑤熊本信愛女学院中学校
⑥熊本マリスト学園中学校
⑦熊本学園大学付属中学校

大分県

①[県立]大分豊府中学校
②岩田中学校

宮崎県

①[県立]五ヶ瀬中等教育学校

②[県立]
- 宮崎西高等学校附属中学校
- 都城泉ヶ丘高等学校附属中学校

③宮崎日本大学中学校
④日向学院中学校
⑤宮崎第一中学校

鹿児島県

①[県立]楠隼中学校
②[市立]鹿児島玉龍中学校
③鹿児島修学館中学校
④ラ・サール中学校
⑤志學館中等部

沖縄県

①[県立]
- 与勝緑が丘中学校
- 開邦中学校
- 球陽中学校
- 名護高等学校附属桜中学校

もっと過去問シリーズ

北海道

北嶺中学校
7年分(算数・理科・社会)

静岡県

静岡大学教育学部附属中学校
(静岡·島田·浜松)
10年分(算数)

愛知県

愛知淑徳中学校
7年分(算数・理科・社会)
東海中学校
7年分(算数・理科・社会)
南山中学校男子部
7年分(算数・理科・社会)
南山中学校女子部
7年分(算数・理科・社会)
滝中学校
7年分(算数・理科・社会)
名古屋中学校
7年分(算数・理科・社会)

岡山県

岡山白陵中学校
7年分(算数・理科)

広島県

広島大学附属中学校
7年分(算数・理科・社会)
広島大学附属福山中学校
7年分(算数・理科・社会)
広島学院中学校
7年分(算数・理科・社会)
広島女学院中学校
7年分(算数・理科・社会)
修道中学校
7年分(算数・理科・社会)
ノートルダム清心中学校
7年分(算数・理科・社会)

愛媛県

愛光中学校
7年分(算数・理科・社会)

福岡県

福岡教育大学附属中学校
(福岡·小倉·久留米)
7年分(算数・理科・社会)
西南学院中学校
7年分(算数・理科・社会)
久留米大学附設中学校
7年分(算数・理科・社会)
福岡大学附属大濠中学校
7年分(算数・理科・社会)

佐賀県

早稲田佐賀中学校
7年分(算数・理科・社会)

長崎県

青雲中学校
7年分(算数・理科・社会)

鹿児島県

ラ·サール中学校
7年分(算数・理科・社会)

※もっと過去問シリーズは
国語の収録はありません。

教英出版

〒422-8054
静岡県静岡市駿河区南安倍3丁目12−28
TEL 054-288-2131
FAX 054-288-2133
詳しくは教英出版で検索
教英出版 検索
URL https://kyoei-syuppan.net/

令和六年度　東明館中学校入学試験問題　A日程

〔国　語〕

（60分）

（注意）　解答はすべて解答用紙に記入のこと。
字数を制限した解答では、句読点や「　」、〝　〟などの表記符号はすべて一字に数える。

東明館中学校

受験番号	氏　　名

2024(R6) 東明館中
K 教英出版

〔問題二〕　次の文章を読んで、後の問いに答えなさい。

私たちの身の回りには、色とりどりの花が咲いています。

黄色い花があったり、紫《むらさき》色の花があったり、白い花があったりします。

①それにしても、不思議です。

自然界は②適者生存の世界です。

(あ)優れたものは生き残り、劣《おと》ったものは滅《ほろ》んでいくことが、自然界の(い)厳しい法則です。それなのに、どうして、色とりどりの花があるのでしょうか。

自然界で生きる植物の花の色や形には意味があります。

[a]、黄色い花が優れているとすれば、世界中の花は全て黄色に(う)シンカするはずです。

しかし実際には、紫色の花もあれば、白い花も咲いています。

③自然界には正解はありません。黄色い花が優れていることもあれば、他の色が優れていることもあります。もし、たった一つの正解があるとすれば、世界中の全ての花は同じ色と、同じ形にシンカしたことでしょう。

[b]実際には、さまざまな色の花があり、さまざまな形の花があります。

自然界には、さまざまな環境があります。場所が変われば正解が変わります。季節が変われば正解が変わります。自然界には、さまざまな居場所があり、さまざまな正解があります。自然界にある花々は、どれもが正しくて、どれもが優れているのです。

全ての花には、それにふさわしい場所があります。[c]、全ての花は、それぞれがふさわしい場所で美しく咲いているのです。

こうして、自然界には様々な花が存在しています。

このように、いろいろな種類があることを④「多様性」と言います。

そういえば、私たち人間にもいろいろな顔があったり、いろいろな(え)セイカクがあったりします。これも多様性です。

私たちは、多様性が大切であることを知っています。

ところが、⑤問題があります。

じつは、私たち人間の脳は、多様性を理解することがあまり得意ではないのです。

自然界は多様で複雑です。自然界を理解することは、簡単ではありません。そこで、私たち人間の脳は、それをできるだけ単純に考えるようにシンカを遂《と》げてきました。

そして、ばらばらでたくさんあるものをグループ分けしたり、順番をつけたりすることで、整理して理解しようとするしくみをもっています。

そのため私たちの脳は、点数をつけたり、順番に並べたりして比べることが大好きなのです。

それだけではありません。比べることが大好きな人間の脳は、ときには、優劣《ゆうれつ》をつけてみたり、差別をしたりしてしまいます。多様な価値観が理解できなくて、戦争を起こしてしまったりすることさえあります。

それが私たちの脳なのです。

私たちの脳が理解できないほど、自然界は複雑で多様です。

自然界を見渡せば、本当にたくさんの種類の花を見ることができます。

ただし、花の色は植物の種類によって決まっています。たとえば、タンポポの花は黄色ですし、スミレの花は紫色です。

タンポポが紫色になりたいと思っても、それはできません。スミレが黄色い花をうらやましく思っても、花の色は変わりません。

⑥それぞれの花が、それぞれの居場所で、あるべき姿で咲いている。それが自然界です。

人間は、それらの花を改良して、新しい品種を作り出してきました。

はたして人間たちは、どんな品種を作り出したでしょうか。

驚くべきことに、人間が作り出した園芸用の花は、自然界の花よりも、さらにさまざまな色があります。

たとえば、パンジーはもともと自然界では紫色の花でしたが、品種改良をして、黄色やオレンジ色などさまざまな色が作り出されました。

また、バラも野生のものは白色のものが多いですが、品種改良が行われて、さまざまな色が作り出されています。

人間は、色とりどりの野生の花を改良して、さらにいろいろな色の花を作り出しました。

こうして花屋さんでは、自然の野山よりも、さらにさまざまな色の花が並んでいます。

⑦本当は人間の脳も、「いろいろあるほうが美しい」ということを知っているのです。

（出典…稲垣栄洋「本当は人間の脳も知っていること」）

問1　本文中の㋐優れた　㋑厳しい　㋒シンカ　㋓セイカク　について、漢字は読みをひらがなで答え、カタカナは漢字に書き改めなさい。

問2　本文中に①それにしても、不思議です。とありますが、筆者が「不思議」に感じていることは何ですか。最も適当なものを次のア～エの中から一つ選び、記号で答えなさい。

ア　自然界にはたった一つの正解があるわけではなく、その時々の環境や状況《きょう》に応じてさまざまな正解があるということ。
イ　自然界は私たちと同じように厳しい法則に基づいて存在しており、個性を重視するという考えが大切であるということ。
ウ　私たちの身の回りには色とりどりの花が咲いていて、厳しい自然界で生き残り、花ひとつひとつに名前がついているということ。
エ　自然界は私たちと違い厳しい法則があり、生き残っていくことが難しいのにも関わらず色とりどりの花が咲いているということ。

問3　本文中に②適者生存とありますが、このことばの意味を説明したものとして適当なものを次のア～エの中から一つ選び、記号で答えなさい。

ア　場の状況に応じて機転をきかせること。
イ　昼も夜も休まずに作業をし続けること。
ウ　成長することでより長く生きられること。
エ　環境に対応した生物だけが生き残ること。

問4　本文中の［ a ］～［ c ］に入ることばの組み合わせとして、最も適当なものを次のア～エの中から一つ選び、記号で答えなさい。

ア　aもし　bさらに　cそして
イ　aもし　bしかし　cそして
ウ　aまた　bそして　cさらに
エ　aまた　bもし　cさらに

問5　本文中に③自然界には正解はありませんとありますが、正解がないと筆者は考えているのはなぜですか。最も適当なものを次のア～エの中から一つ選び、記号で答えなさい。

ア　自然界の力は人間の力をこえていて、あまりにも大きすぎるものであるから。
イ　未来の社会を想像しても、自然の素晴らしさは理解できるものではないから。
ウ　自然界ではさまざまな環境があり、場所が変われば咲く花の種類も変わるから。
エ　人間界は自然界と大きく違い、常に複雑であり変化をし続けるものであるから。

問6　本文中に④「多様性」とありますが、多様性に関係のあることばを次のア～エの中から一つ選び、記号で答えなさい。

ア　みんなちがって、みんないい。
イ　速度を上げるばかりが人生ではない。
ウ　どんなに暗くても、星は輝《かがや》いている。
エ　人間は、その想像力によって支配される。

問7　次の文章は⑤問題があります。を説明したものです。空らんにあてはまるものを次のア～カの中からそれぞれ選び、記号で答えなさい。

> 人間は、「多様性」を理解することが［A］で、単純に考えようとするため、物事を［B］するようになる。すると、それが［C］の違いになり、しまいには［D］するようになってしまう。

ア　比較《かく》　イ　優劣《れつ》　ウ　苦手　エ　得意　オ　批判　カ　差別

問8　本文中に⑥それぞれの花が、それぞれの居場所で、あるべき姿で咲いている。それが自然界です。とありますが、同じような意味を表すことばになるように解答らんに漢字を書きなさい。

問9　本文中に⑦本当は人間の脳も、「いろいろあるほうが美しい」ということを知っているのです。とありますが、「」をつけたのはなぜですか。最も適当なものを次のア〜エの中から一つ選び、記号で答えなさい。

ア　私たちは、厳しい自然の中でじゅうなんに対応していくことが大事だということを強調したいから。

イ　私たちは、さまざまな色や種類があることに価値を見出してきたということを強調したいから。

ウ　人間の脳は無限の可能性を秘めており、さまざまなことを考えているということを強調したいから。

エ　人間のできることが少ない自然界の中で、自分らしく生きることが大切だということを強調したいから。

問10　この文章の内容として、適当なものを次のア〜エの中から一つ選び、記号で答えなさい。

ア　私たちの身の回りには、種類も多様で色とりどりの花が咲いており、子どもが「多様性」を学ぶことができるということを筆者は提案している。

イ　自然界にはたくさんの種類の花や植物が存在しており、「多様性」が尊重される社会になっていることはすばらしいことだと筆者は考えている。

ウ　自然界は複雑であり、いろいろな形で「多様性」を発揮している。私たちも同じように「多様性」を発揮できるのではないかと筆者は考えている。

エ　自然界に存在する「多様性」には意味がある。人間の脳は「多様性」を理解することが苦手で、戦争ばかり起こしていることを筆者は指摘している。

問11　この文章を読んで、あなたは中学校生活をどのようなものにしたいと思いますか。自分の考えを百二十字以上百五十字以内で書きなさい。

〔問題二〕次の文章は主人公の慎吾《しんご》がバスケット部を退部したあとに部活を吹奏楽《すいそうがく》部に入部するか悩んでいる場面です。この文章を読んで、後の問いに答えなさい。

しばらく話をしたところで、ふいに会話が途切《とぎ》れた。一年生がスリーポイントシュートを決めて歓声《かんせい》をあげた。①ぼくがそっちに注目するふりをして、気まずさをまぎらわせていると、満《みつる》が「慎吾」と話しかけてきた。不安をこらえるような、硬《かた》い表情で。

「おまえの脚《あし》のことを聞いたときから、謝らないとずっと思ってたんだ。成長痛だろうなんて適当なことをいって。ほんとうに悪かった。あのときすぐに病院に行くようにすすめてれば、部を辞めなくてすんだかもしれないのに……」

「えっ、そんなの謝ることないよ。ぼくだって、自分の脚が退部しなきゃいけないほどひどい状態になっているなんて思ってもいなかったんだから」

慌《あわ》ててそういいかえしても、満の顔は晴れなかった。満だけじゃなくて、ほかのみんなもおなじように沈んだ顔をしていた。

バリーがおずおずとぼくにいった。

「けどよぉ、慎吾。最近ずっとおれらのことを避けてたろ。だからやっぱそのことで怒ってんじゃないかと思ってよぉ」

「誤解だよ！ぼくがみんなと顔を合わせづらかったのは、ただ、バスケ部を辞めたことがうしろめたかったからなんだ」

口にした瞬間に、いってしまった、と思った。うろたえているぼくに、バリーが首を傾《かし》げて聞きかえしてきた。

「なんでだよ。退部は脚のせいなんだからしょうがないだろ。うしろめたさなんて感じる必要ないじゃん」

ほんとうのことを、正直に話さなくちゃいけない。たとえみんなに軽蔑《けいべつ》されたとしても。そうしなければ、きっとこれからもみんなに、ぼくのことで（あ）セキニンを感じさせてしまう。

仲間たちの視線から逃《のが》れてうつむくと、②ぼくはおそるおそるそのことを明かした。

「たしかに、脚のせいなんだけどさ。親とか医者に退部をすすめられたとき、ぼくははっきり嫌だっていわなかったんだ。続けようとしていれば、続けられたかもしれないのに。だからもしかするとぼくは、心の底でバスケ部を辞めたがってたのかもしれないって、そう思ってるんだよ。いくら練習してもみんなみたいにうまくなれないから、それがつらくて部活から逃げたんじゃないか、って……」

言葉を終えたあとも、ぼくはみんなの反応が怖くてうつむいたままでいた。ぼくがびくびくしながら沈黙《ちんもく》に耐《た》えていると、満が最初に口を開いた。

「慎吾はそういうことはしないだろう」

それはまるで、ぼくがなにかおかしなことをいったかのような口調だった。驚いて顔を上げると、満は明らかに戸惑《とまど》った表情を浮かべていた。

雅人《まさと》が「だよな」と相槌《あいづち》を打ってぼくの顔を見た。

「おまえ、本気でそんなこと気に病んでたのかよ。おまえみたいに真面目で練習熱心なやつが、まだ頑張れるのに怪我《けが》のせいにしてあきらめたりするわけないだろ」

バリーともっさんもしきりにうなずいていた。③その反応を目にしたとたん、胸の底から熱いものがこみあげてきた。

正直、ぼくはみんなのことを疑っていた。あいつは怪我を理由にしてバスケ部から逃げた。そう思われているんじゃないかと想像して怖かった。

だけど、そんなことはなかったんだ。ぼくはずっと自分の本心を疑い続けていたのに、みんなはいまでもぼくのことを信頼してくれていたんだ。

ありがとう、とぼくは心からみんなに感謝した。なにいってんだよ、と雅人が㋑茶化すようにぼくの肩を揺《ゆ》さぶってくる。

「……もっとみんなとバスケをしてたかったな」

みんなの顔を見ていたら泣いてしまいそうで、ぼくはステージの床《ゆか》を見つめてつぶやいた。

退部から半月以上たってようやく、ぼくは自分の本当の気持ちに気がついた。

バスケ部の仲間と話してから数日がたって、部活の体験入部期間も終わりが近づいてきた。けれどぼくはまだ、④吹奏楽部に入るかどうか迷い続けていた。

給食の時間、ぼくは机を班の形に動かしながら、小宮山《こみやま》さんの顔を盗《ぬす》み見た。せっかく誘《さそ》ってもらったのに、いつまでたっても入部の返事ができなくて申し訳ないな。いや、もうとっくに期待されていないのかもしれないけど。

ごめんね、と胸の中で小宮山さんに謝って、ぼくは給食をもらいに席を立った。

吹奏楽部に勧誘《かんゆう》されていることは、バスケ部の仲間たちにも話した。ぼくは入部を迷っていることを明かすと、みんなはそろってぼくの背中を押してくれた。

「いいじゃん吹奏楽部。おれらが全国大会に出場したとき、慎吾が吹奏楽部で応援《おうえん》の演奏《えんそう》をしてくれたらすっげえ感動的じゃね？」

「全国大会はともかく、慎吾は努力家だから、二年から始めてもちゃんと活躍《かつやく》できるだろう」

雅人や満にそういってもらっても、ぼくが入部を決められなかったのは、心の底にあった願いに気づいたせいだ。もっとみんなといっしょにバスケがしたい、という願いに。

ぼくのひざの㋒イジョウは、成長期が終わると自然によくなることが多いらしい。だからもし早めに成長期が終われば、バスケ部に復帰することもできるかもしれない。

とはいえもちろん、ひざが治らないまま中学校生活が終わってしまう可能性も高い。吹奏楽をやってみたいという気持ちもある。だけどやっぱりバスケ部復帰もあきらめきれなくて、もうどっちにしたらいいか全然わからなかった。ああ、まったくほんとうに、どうしてぼくはこ

う　**A**　なんだろう。

悩み続けているうちに、いつのまにか給食はもらい終わっていた。トレイに載《の》っているのは、中華麺《ちゅうかめん》と味噌《みそ》ラーメンのスープ、春巻きとミニトマトとアーモンドフィッシュだった。

自分の席にもどったあと、ぼくはそのアーモンドフィッシュの袋を見つめながら、再びバスケ部のみんなとの会話を思いだした。

「もうさ、どうしても決められないんだったら、コインの裏表とかで決めちゃえばいいんじゃねえの？」

煮《に》えきらない態度を続けるぼくに、バリーがしびれをきらしたようにいった。

「えっ、それはちょっと適当すぎるような……」

「適当だけど、悩んでいる時間がもったいないだろ。入部するなら早いほうが絶対いいだろうしさ。なんならいま決めちゃう？コインならおれ持っているぜ？」

⑤せっかちなバリーが、カバンの中を漁《あさ》りはじめる。ぼくがそれを見ておろおろしていると、⑥雅人が「待て待て」とバリーを止めた。

「コインの裏表なんてありきたりでおもしろみに欠けるだろ。どうせならもっと特別感のある決めかたをしようぜ」

「特別感のある決めかたって、例えばどんなだよ？」

雅人が「そうだなあ」と考えこんだ。そしてぽんっ、と手を打ってこたえる。

「例えばあれだ。給食のカレーに入っている肉の数が奇数か偶数か、とか」

「カレーってきょう食ったばっかじゃん！次に出るまで決められないじゃないかよ！」

「カレーがだめなら、ＡＢＣスープのうずらの卵の数とか、フルーツポンチの寒天の数とかでもいいんじゃね？」

「なんで給食限定なんだよ。雅人おまえ、いま絶対腹減ってるだろ」

雅人が「ばれたか」と舌を出すと、もっさんが「じゃあこれ食べる？」とどこからか干《ひ》からびた給食のコッペパンの袋を持ってきた。そのコッペパンをめぐってどたばた騒《さわ》いでいるうちに、先輩たちが体育館にやってきて、みんなとの会話はそこでおしまいになった。

いまになって思うと、あのとき雅人は本気であんなギャグみたいな決めかたを提案したわけじゃなくて、ただ話をぐだぐだにすることで、決断を急《せ》かそうとするバリーから、ぼくをかばってくれたのかもしれない。けれどぼくはそのアイデアを思いだして、アーモンドフィッシュの袋を手にぽつりとつぶやいた。

「……アーモンドフィッシュのアーモンドが、奇数か偶数か」

自分の意志で決めないと、また後々まで後悔《こうかい》しそうな予感もあった。だけどこれだけ悩んでも決められないんだから、もうしょうがないじゃないか。

いただきますのあいさつで給食が始まると、ぼくは意を決してアーモンドフィッシュの袋を開けた。そして中に入っているアーモンドの数を数えはじめる。奇数だったら吹奏楽部に入部する。偶数だったら入部しない。頭の中でそう決めて。

ほかのメニューに手をつけようともせず、㋓真剣な顔でアーモンドの数をたしかめているぼくは、はたから見たら確実に変なやつだ。けれどそんなことも気にならないほど、ぼくはアーモンドを数えることに集中していた。

トレイにならべたアーモンドが七個になり、八個に増え、それ以上は袋の中をよくたしかめても、アーモンドはもう見つからなかった。八個、偶数だ。吹奏楽部には入部しない。

ぼくは緊張でつめていた息を吐きだした。なんともなくもやもやするけど、そういうふうに決まったんだからしかたがない。ぼくは自分にいいきかせて、給食を食べはじめようとした。

そのとき、となりの席の北野くんが、アーモンドフィッシュの袋を破くのを失敗して、中身を派手にばらまいた。

「うわっ、悪い！」

北野くんが散らばったアーモンドフィッシュを慌てて回収する。そのあとでぼくは、自分の制服のズボンに、飛んできたアーモンドがひとつ、載っているのを発見した。

すぐに北野くんに知らせようとして、ぼくは思い留《とど》まった。この一個を含《ふく》めれば、アーモンドの数は奇数になる。

そのことに気がついた瞬間、ぼくはほっとため息をついていた。それといっしょに、⑦うれしさがわきあがってくる。

なんだ、ぐずぐず悩み続けていたくせに、ほんとうはどうしたいのか、とっくに決まってたんじゃないか。自分にあきれてくすっと笑うと、ぼくは飛んできたアーモンドをトレイの列に加えた。そしてまた迷いはじめたりしないうちに、小宮山さんに話しかける。

「小宮山さん、きょうの放課後、また吹奏楽部の見学にいってもいい？　ずっと悩んでたんだけど、やっぱり吹奏楽部に入部することにしようと思って」

小宮山さんが春巻きを口に運びかけたまま、呆気《あっけ》に取られた顔でぼくのことを見つめた。いくらなんでも急すぎたかな、とその反応を見てぼくは恥《は》ずかしくなった。

けれどそのうち小宮山さんは顔を輝かせて、「うんっ、もちろん！」とうなずいてくれた。

ぼくもつられて笑顔になると、トレイにならべたアーモンドをつまんで食べた。

⑧ぼくの気持ちを教えてくれたアーモンドが、口の中でカリッと音を立てて砕《くだ》けた。

（出典…如月かずさ「給食アンサンブル２」光村図書出版）

問1　本文中の(あ)セキニン　(い)茶化す　(う)イジョウ　(え)真剣　について、漢字は読みをひらがなで答え、カタカナは漢字に書き改めなさい。

問2　本文中に①ぼくがそっちに注目するふりをして、気まずさをまぎらわせていると、とありますが、ぼくはどのような気持ちだったのですか。最も適当なものを次のア～エの中から一つ選び、記号で答えなさい。

ア　バスケ部を退部した理由をたくさんの友達にしつこく聞かれることがめんどうだと感じる気持ち。
イ　バスケ部をけがが理由で退部したが、試合を未練がましく応援していると思われたくない気持ち。
ウ　バスケ部を退部して吹奏楽部に入部しようとしているぼくの心の中に入ってきてほしくない気持ち。
エ　バスケ部を退部することになったことで、みんなに迷惑をかけているので情けなく思っている気持ち。

問3　本文中に②ぼくはおそるおそるそのことを明かした。とありますが、ぼくの気持ちとして**あてはまらない**ものを、次のア～エの中から一つ選び、記号で答えなさい。

ア　ぼくがバスケ部にいてもいなくてもみんなとの関係は変わらないと思い込んでいる気持ち。
イ　ぼくが脚のけがで親や医者から退部を勧められた時に、はっきり嫌だと言えずにいる気持ち。
ウ　ぼくがバスケ部を退部する気持ちをみんなにわかるように話をする自信がないという気持ち。
エ　ぼくは練習をしてもバスケがうまくなれないから、必要ないメンバーだと思っている気持ち。

問4　本文中に③その反応を目にしたとたん、胸の底から熱いものがこみあげてきた。とありますが、この時のぼくの様子として最も適当なものを次のア～エの中から一つ選び、答えなさい。

ア　いつもみんなをたよってばかりいて、なかなか大人になりきれていない自分に腹が立っている。
イ　気を引くためにわざとみんなに心配をかけたりしているぼくの心のせまさがいやでたまらない。
ウ　ぼくは自分の本心を疑っていたが、みんなはぼくのことを信じてくれているのがとてもうれしい。
エ　いつも失敗ばかりしているのに、いざというときに力になるみんなの気持ちがとてもありがたい。

問5　本文中に④吹奏楽部に入るかどうか迷い続けていた。とありますが、ぼくが迷っていたのはなぜですか。最も適当なものを次のア～エの中から一つ選び、記号で答えなさい。

ア　吹奏楽部での楽器の経験がまったくないので、友達に相手にされていないことが不満だったから。

イ　吹奏楽部にもバスケ部にも魅力《みりょく》がなく、最終的にはぼくが何をしたいかわからなくなってきたから。

ウ　吹奏楽部でもバスケ部でも、ぼくはぼくらしく活動ができない気がして、不安でしかたがないから。

エ　吹奏楽部に入りたい気持ちはあるが、バスケ部にも未練があり、気持ちの整理がつかないでいるから。

問6　本文中の［A］にあてはまることばは何ですか。次のア～エの中から一つ選び、記号で答えなさい。

ア　無我夢中

イ　優柔不断

ウ　起死回生

エ　自画自賛

問7　本文中に⑤せっかちなバリーとありますが、バリーの性格がよくわかる部分を十四字で抜き出しなさい。

問8　本文中に⑥雅人が「待て待て」とバリーを止めた。とありますが、雅人がバリーを止めたのはなぜですか。最も適当なものを次のア～エの中から一つ選び、記号で答えなさい。

ア　吹奏楽部に入るかどうかは大切なことだから、早急に決めるのはもったいないと思ったから。

イ　バリーのひとことで決めてしまうのではなく、みんなが考えた方法で決めたいと思ったから。

ウ　大好きな部活のことを決めようとしているので、ぼくが後悔しない方法を考えてあげたいから。

エ　成長痛は誰にも起きる可能性があり、悩んでいるぼくをなんとかして応援したいと思ったから。

問9　本文中に⑦うれしさがわきあがってくる。とありますが、それはなぜですか。三十字以内で書きなさい。

問10　本文中に⑧ぼくの気持ちを教えてくれたアーモンドが、口の中でカリッと音を立てて砕けた。とありますが、この時のぼくはどのような気持ちですか。最も適当なものを次のア～エの中から一つ選び、記号で答えなさい。

ア　ぼくのまわりにはぼくのことを考えてくれる仲間がいて幸せだと気づき、うれしさがあふれてくる気持ち。

イ　ぐずぐず悩んでいたぼくだったが、どうしたいかはすでに決まっていたことに気づき、ふっきれた気持ち。

ウ　だれよりも悩んだ分だけ前より強くなれた気がしたので、ぼくは自分のことをほこらしく思っている気持ち。

エ　悩んだ時間は決してむだでなく、ぼくにとって大切な時間になったことに気づき、ありがたいと思う気持ち。

〔問題三〕 次の各問いにそれぞれ答えなさい。

問1　次の四字熟語には漢字の誤りが一字ずつあります。誤っている漢字を抜き出し、例にならって正しい漢字に直しなさい。

〔例〕　一五一会　　五→期

①　一日千州

②　起承点結

③　後生大辞

④　花朝風月

⑤　一世一台

問2　次のカタカナを漢字に書き改めなさい。

①　生活習慣をカイゼンする。

②　フッコウ活動に参加する。

③　校長コウワを聴く。

④　銀行の佐賀シテンに行く。

⑤　たくさんのキフをしてもらった。

令和６年度　東明館中学校入学試験問題
A日程

〔算　　数〕

（60分）

（注意）　解答はすべて解答用紙に書きなさい。
また，答えが割り切れないものは答え方の指示がない限り，
もっとも簡単な分数で答えなさい。
円周率は 3.14 として計算しなさい。

東 明 館 中 学 校

受 験 番 号	氏　　　名

〔1〕 次の $\square$ にあてはまる数や式を答えなさい。

(1) $\{(20-5)\div 3\times(12-3)\}\div(26-17)-3=\square$

(2) $2\frac{2}{3}\times 1\frac{9}{4}-\frac{13}{10}\div\frac{39}{5}=\square$

(3) $1\frac{1}{5}\div\frac{1}{3}\times\frac{5}{12}-0.5=\square$

(4) $76-\{75-(\square-14)\times 2\}\times 3=1$

(5) 4つの数字1，2，3，9と（ ）や，＋，－，×，÷を使って1つの式で10をつくると$(9-1-3)\times 2=10$となります。4つの数字を1，1，6，7にかえると $\square=10$ となります。

(6) たろうさん，けんたさん，はなこさん，ゆきさんの4人でグループをつくり，この中から班長と副班長を2人選びます。このとき，班長と副班長の決め方は $\square$ 通りあります。

(7) 1本60円のえんぴつと1本120円のペンをあわせて100本買い，1万円をはらったところ，おつりは2500円でした。このとき，買ったえんぴつは［　　］本です。

(8) 現在ゆきさんは3才，お父さんは30才です。数年後，ゆきさんとお父さんの年れいの比は1：4となります。そのときのお父さんの年れいは［　　］才です。

(9) たかしさん，けんたさん，ひできさんの3人は，4月7日からランニングを始めました。たかしさんは1日走って2日休み，けんたさんは3日走って1日休み，ひできさんは4日走って2日休む，というようにランニングを続けます。このとき，4月7日の次に3人いっしょに走る日は，［　　］月［　　］日です。

(10) 一定の割合でおくれる時計があります。正しい時刻に合わせましたが，同じ日の午前9時のチャイムでは，午前8時43分を，午前11時45分のチャイムでは，午前10時55分をさしていました。正しい時刻に合わせたのは午前［　　］時［　　］分です。

〔2〕 次の問いに答えなさい。

(1) 右の図の色のついた部分の面積を求めなさい。

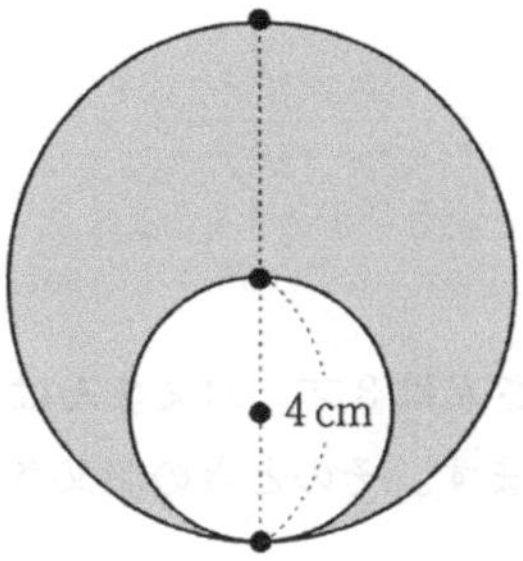

(2) 右の図の直線 ℓ をじくに回転させたときにできる立体の体積を求めなさい。ただし，円すいの体積は，(底面積) × (高さ) ÷ 3として計算します。

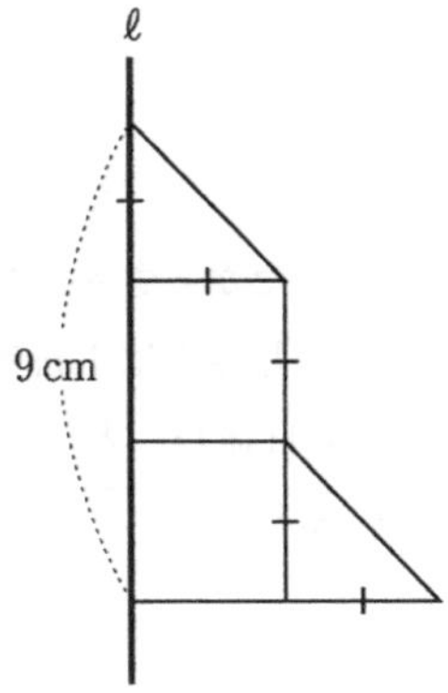

(3) 右の図のように，正方形の角を切り取って，ふたのない立方体の箱をつくるとき，切り取る正方形の1辺の長さを求めなさい。

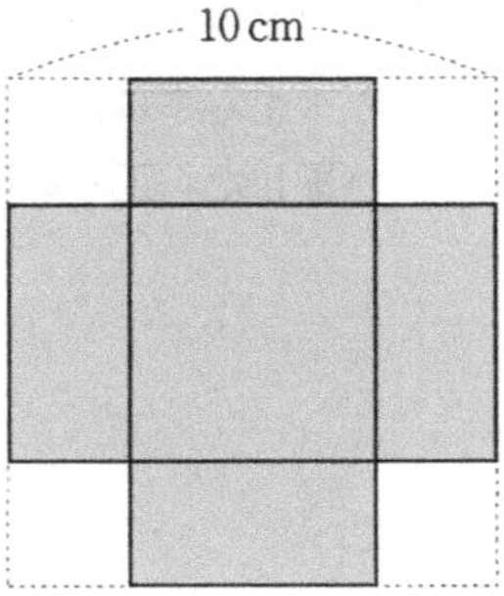

(4) 右の図のように，半径が1 cmの円を，3つとなりあわせてひもでしばります。このとき，ひもの長さは何cmになるか求めなさい。ただし，ひもはたるまないようにしばるものとし，ひもの太さや結び目は考えないものとします。

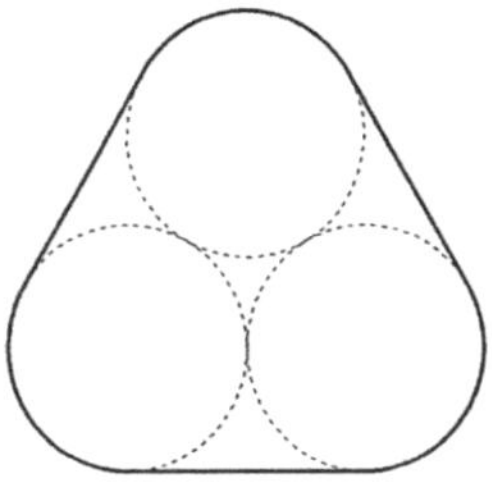

〔3〕 兄と弟が家から2400 m はなれた野球場へ分速60 m の速さで歩いて行きました。家から1500 m 歩いたところで，水とうを忘れたことに気が付いた弟は分速90 m の速さで家に引き返しました。また，家にいた母親も弟が水とうを忘れたことに気が付き，2人が出発して23分後に分速120 mの速さで追いかけました。弟は母親から水とうを受け取るとすぐに引き返し，野球場に向かいました。このとき，次の問いに答えなさい。

(1) 弟が水とうを忘れたことに気が付いたとき，母親は家から何 m はなれたところにいるか求めなさい。

(2) 母親が弟と会えたのは，母親が家を出発してから何分後か求めなさい。

(3) 弟が兄と同時に野球場にとう着するには，水とうを受け取ってから分速何 m の速さで走ればよいか求めなさい。

〔4〕 次の会話は，**【問題】**について先生とやまとさんとはるなさんのやりとりです。文章を読んで，次のア～キにあてはまる数を答えなさい。

> **【問題】**
> 16 個の連続した整数のたし算の答えが 2024 になるのはどこからどこまで足したときですか。

先　生：この問題について考えてみよう！
やまと：連続した整数のたし算の計算って難しいですよね。
先　生：ためしに 1 ～ 16 までを足してみましょう。何か法則性があるかもしれません。
やまと：1 から 16 まですべて足した数は［ **ア** ］です。やっぱり 1 つずつ足すのは大変だなぁ…。
はるな：私はこう考えました。1 と 16，2 と 15 のように足して 17 になる組を見つけていくと，全部で［ **イ** ］個出ました。よって，17×［ イ ］＝［ ア ］となりました。
先　生：よく出ましたね！この結果を見て，**【問題】**を解いてみましょう！
やまと：分かりました。2024 を 8 で割ると［ **ウ** ］になるので，近い数字同士を足して［ ウ ］になる数を探してみます！
はるな：となり合う数字同士で［ ウ ］になる組み合わせ…。［ **エ** ］と［ **オ** ］があるよ！
やまと：ありがとう！あとは［ エ ］の前の数字と［ オ ］の後の数字同士を組み合わせて［ ウ ］を 8 個作ればいいから…。
はるな：［ **カ** ］から［ **キ** ］まで全部足すと 2024 になるね！
先　生：そうだね。よくできました！

〔5〕 右の**図 1** は，ある自動車のスピードメーターで，0 から 180 までの目盛りがあります。数字は自動車の速さを表していて，例えば**図 1** は時速 30km を表しています。メーターの針の長さは 3 cm で，太さは考えないものとします。針はメーターの中心をじくとして回転し，目盛りがあるはんいのみ回転するものとします。

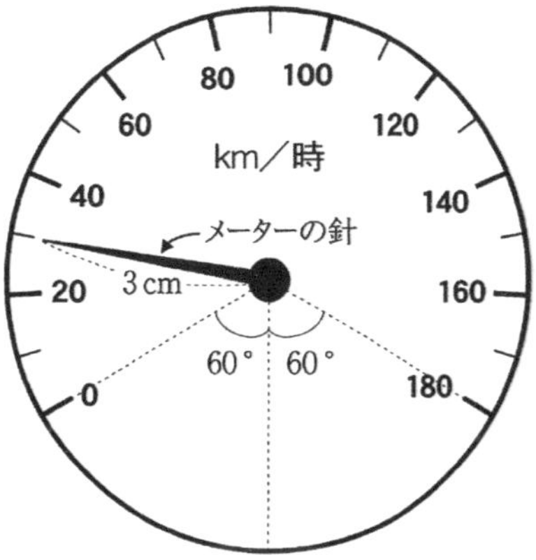

図 1

(1) **図 1** の自動車で時速 0 km から時速 45 km まで加速したとき，メーターの針は何度回転するか求めなさい。

(2) **図 1** の自動車で時速 40 km から時速 100 km まで加速したとき，メーターの針が動いた部分の面積を求めなさい。

(3) **図 2** は別の自動車のスピードメーターで，0 から 260 までの目盛りがあります。**図 1** のメーターの自動車で時速 50 km から時速 60 km まで加速したときに針が回転する角度は，**図 2** のメーターの自動車で時速 40 km から時速 80 km まで加速したときに針が回転する角度の何倍か求めなさい。

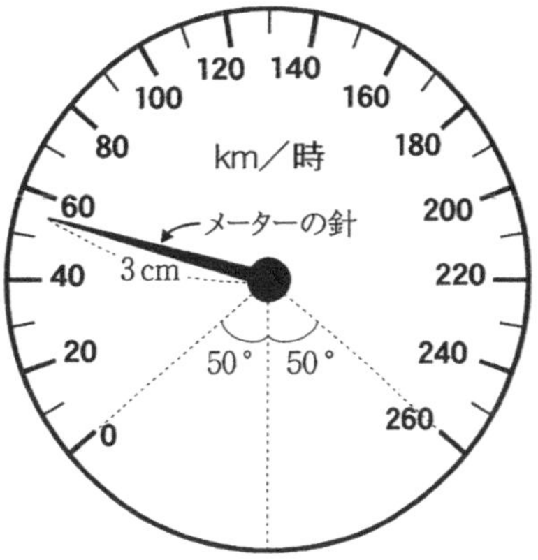

図 2

令和６年度　東明館中学校入学試験問題
Ａ日程

〔理　　科〕

（40分）

（注意）　解答はすべて解答用紙に記入のこと。

東　明　館　中　学　校

受 験 番 号	氏　　　名

〔1〕 自然界では，生き物が食べる－食べられるという関係でつながっている。このような関係を（　　　）という。ある大きな湖では次のような食べる－食べられるという関係が成り立っている。

A 植物プランクトン → B 動物プランクトン → C 小型の魚 → D 大型の魚

これについて，次の問いに答えなさい。

（1） 文章中の（　　）にあてはまる語句を，漢字4字で答えなさい。

（2） A～Dの1個体あたりのからだの大きさにはどのような関係が見られるか。次のア～エから正しいものを1つ選び，記号で答えなさい。

ア　AからDに進むにつれて，だんだん大きくなっていた

イ　AからDに進むにつれて，だんだん小さくなっていた

ウ　AからDは，全部同じであった

エ　AからDのからだの大きさには，関係性は見られなかった

（3） A～Dの個体数には，どのような関係が見られるか。次のア～エから正しいものを1つ選び，記号で答えなさい。

ア　AからDに進むにつれて，だんだん多くなっていた

イ　AからDに進むにつれて，だんだん少なくなっていた

ウ　AからDは，全部同じくらいであった

エ　AからDの個体数には，関係性は見られなかった

（4） Bの個体数が何らかの理由で急激に増加した場合，A，Cの個体数はどのように変化すると考えられるか。もっとも正しい組み合わせをア～ケから1つ選び，記号で答えなさい。

	ア	イ	ウ	エ	オ	カ	キ	ク	ケ
A	増える	増える	増える	減る	減る	減る	変化なし	変化なし	変化なし
C	増える	減る	変化なし	増える	減る	変化なし	増える	減る	変化なし

（5） Aの個体数が急激に減少した場合，Dの個体数はどのように変化すると考えられるか。ア～ウから1つ選び，記号で答えなさい。

ア　増える　　　イ　減る　　　ウ　変化なし

(6)　無害ではあるが，体内で分解されず，体外に排出もされない物質がある。この物質が一度生物の体内に取り込まれてしまうと，その個体が死ぬまで体内にとどまってしまう。この物質がAの体内に1個体あたり1mg含まれていた。Dの1個体の体内に含まれるこの物質は，Aの何倍と考えられるか。

ただし，この物質はAからBにかけて30倍に濃縮され，BからCにかけては20倍，CからDにかけては10倍に濃縮されることが分かっている。

(7)　ある草原で同じような調査を行うと，この湖と同じような関係が見られた。Aは植物（草）であったが，B～Dにあてはまる生物の正しい組み合わせを，ア～カから1つ選び，記号で答えなさい。

	ア	イ	ウ	エ	オ	カ
B	ウサギ	ウサギ	バッタ	バッタ	ネズミ	ネズミ
C	ネズミ	カエル	カエル	トカゲ	ウサギ	ヘビ
D	タカ	バッタ	ヘビ	ウサギ	タカ	ウサギ

〔2〕 ある草食動物は10～50頭ほどの群れをつくり，その草食動物を食べる動物（捕食者《ほしょくしゃ》）の個体数や，えさの量（生えている草の量）によって，群れの大きさ（個体数）を変えることが知られている。えさの量や捕食者の個体数が異なる様々な地域で群れの大きさを調べたところ，次のような結果になった。これについて，下の問いに答えなさい。

えさの量	多い	多い	多い	少ない	少ない	少ない
捕食者の個体数	多い	少ない	いない	多い	少ない	いない
群れの個体数	約50頭	約35頭	約20頭	約30頭	約20頭	約10頭

（1） 群れの大きさ（個体数）が大きくなると，次の①～④はどのように変化すると考えられるか。それぞれア～ウから1つずつ選び，記号で答えなさい。ただし，同じ記号を何度選んでもよい。

		ア	イ	ウ
①	群れ全体で必要なえさの量	多くなる	少なくなる	変わらない
②	1個体が生きていくのに必要な最低限のえさの量	多くなる	少なくなる	変わらない
③	捕食者に捕まって食べられる個体数の割合	大きくなる	小さくなる	変わらない
④	捕食者におそわれる前に，捕食者を発見して逃げ出す回数	多くなる	少なくなる	変わらない

（2） 調査の結果から，群れの大きさが変化する理由として正しいと考えられるものを，次のア～エから1つ選び，記号で答えなさい。

ア　えさの量が多い少ないにかかわらず，捕食者の個体数が増えると，群れの大きさは小さくなる

イ　えさの量が同じでも，捕食者の個体数が減ると，群れの大きさは大きくなる

ウ　捕食者の個体数が多い少ないにかかわらず，えさの量が多いと，群れの大きさも大きくなる

エ　捕食者の個体数が同じでも，えさの量が増えると，群れの大きさは小さくなる

〔3〕 川の流れと岩石のつくりについて，次の問いに答えなさい。

（1） 図１は，ある地点での川のようすを表したものです。図中のａ～ｃの中で，水の流れる速さが一番速い位置を1つ選び，記号で答えなさい。

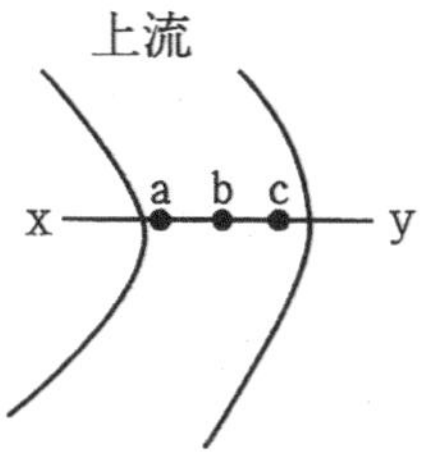

図１

（2） 図１の断面ｘ－ｙのようすとして正しいものを，次のア～エから１つ選び，記号で答えなさい。

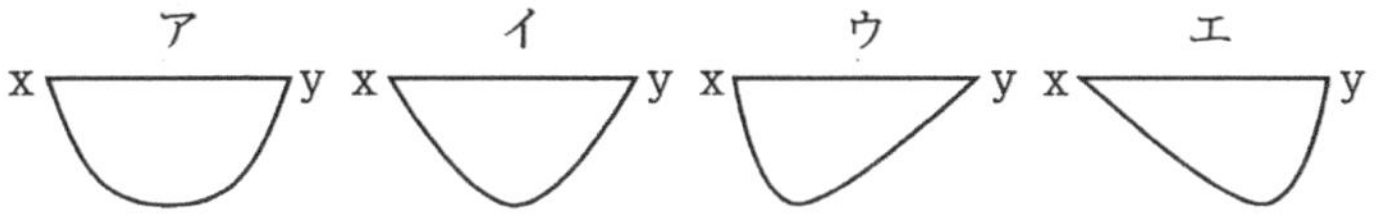

（3） 砂，泥，れきが混ざったものを水の入ったビーカーに入れ，かき混ぜてから放置しました。その後のビーカーのようすとして正しいものを，次のア～カから1つ選び，記号で答えなさい。

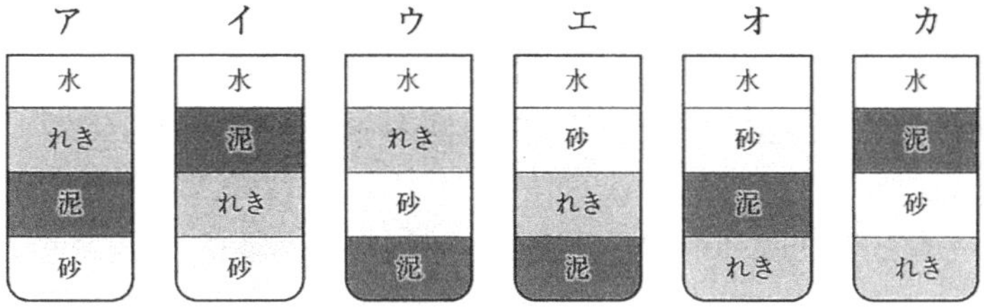

（4） 図１のａとｃで主におこっている流れる水のはたらきでできる地形を，それぞれ次のア～ウからすべて選び，記号で答えなさい。

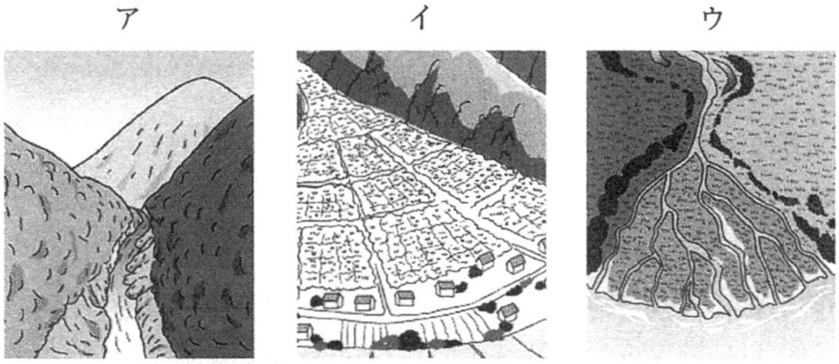

（5） 川の水がなくならない理由として最も適切なものを，次のア～エから１つ選び，記号で答えなさい。

ア 川の上流は地下を通じて海に直接つながっており，水がじゅんかんしているから

イ 川の上流ではいつも雨が降っているから

ウ 地面の下に，かつて降った雨水がたくわえられているから

エ 下流へ流れた川の水が，じゅんかんしてすべて上流へ戻ってくるから

〔4〕 火山が噴火するとその周辺は大きな被害にみまわれます。噴出するものは，溶岩や火山灰です。溶岩は地中のマグマが地表に流れ出たもので，火山の形は，噴火によって地表に流れ出た溶岩の流れやすさによって異なります。火山の種類は大きく分けて，図1の火山Ａ～Ｃのように分類されます。

火山とマグマについて，下の問いに答えなさい。

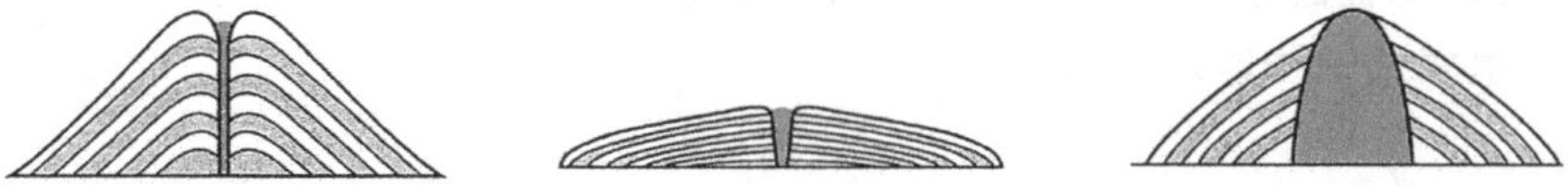

火山A　　火山B　　火山C

図1

（1） 火山Ａと火山Ｂの説明を次のア～ウからそれぞれ選び，記号で答えなさい。

ア　小さな噴火を繰り返し，溶岩と火山灰が交互に積もる

イ　おだやかな噴火をし，流れ出た溶岩がうすくひろがる

ウ　爆発的な噴火を起こすことがあり，溶岩が押し流されて盛り上がる

（2） 火山Cの例として正しいものを，次のア～エから１つ選び，記号で答えなさい。

ア　桜島　　イ　キラウエア　　ウ　雲仙普賢岳　　エ　マウナロア

（3） 火山による熱を利用しているものとして正しいものを，次のア～オから１つ選び，記号で答えなさい。

ア　水力発電　　イ　太陽光発電　　ウ　バイオマス発電

エ　地熱発電　　オ　火力発電

（4） 図2と図3は，マグマのはたらきによってできた岩石を，けんび鏡で観察したものです。

①　図2と図3の岩石のように，結晶が組み合わさっている岩石のことを，何といいますか。それぞれ漢字で答えなさい。

②　図2と図3は，化学成分を調べるとほとんど変わりませんでした。けんび鏡で観察したときに見た目の違いが生じた原因は何か説明しなさい。

図2

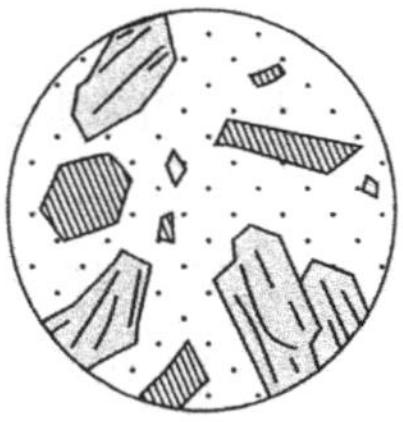

図3

〔5〕 ふりこについて，次の問いに答えなさい。なお，空気抵抗はないものとします。

（1） ふりこを図1のＡの位置から静かに離し，その後Ｂ～Ｅを通りました。ふりこが最も速いのはどの位置ですか。図1のＡ～Ｅから1つ選び，記号で答えなさい。

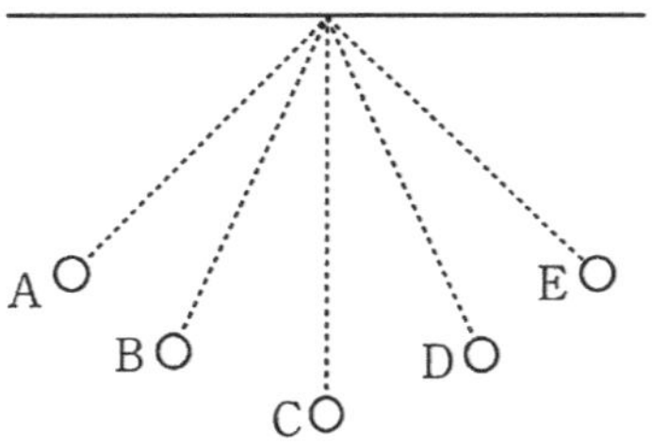

図1

（2） （1）と同じおもりと同じ糸の長さで，ふりこのふれはばを大きくしたとき，最も速い位置でのふりこの速さはどうなりますか。次のア～ウから1つ選び，記号で答えなさい。

ア （1）よりも速くなる

イ （1）よりも遅くなる

ウ （1）と変わらない

（3） （1）と同じ糸の長さと同じふりこのふれはばで，おもりの重さを大きくしたとき，最も速い位置でのふりこの速さはどうなりますか。次のア～ウから1つ選び，記号で答えなさい。

ア （1）よりも速くなる

イ （1）よりも遅くなる

ウ （1）と変わらない

（4） （3）の条件で，ふりこの周期はどうなりますか。次のア～ウから1つ選び，記号で答えなさい。

ア （1）よりも大きくなる

イ （1）よりも小さくなる

ウ （1）と変わらない

（5） （1）と同じおもりと同じふりこのふれはばで，糸を長くしたとき，ふりこの周期はどうなりますか。次のア～ウから1つ選び，記号で答えなさい。

ア （1）よりも大きくなる

イ （1）よりも小さくなる

ウ （1）と変わらない

〔6〕 方位磁針を使って東西南北の方位を知ることができます。これは地球を大きな磁石に見立てると北極側が（　A　）極，南極側が（　B　）極となっているからです。次の問いに答えなさい。

（1） 文章中の（　A　）（　B　）に入る語句として正しいものを次のア～カから１つ選び，記号で答えなさい。

	ア	イ	ウ	エ	オ	カ
A	M	S	N	S	M	N
B	S	M	S	N	N	M

（2） 磁石にくっつくものを次のア～オからすべて選び，記号で答えなさい。

ア　鉄くぎ

イ　１円硬貨

ウ　10円硬貨

エ　アルミホイル

オ　ガラス

（3） 図１の棒磁石のまわりの点Ａ～Ｃに方位磁針を置きました。各点の方位磁針の向きとして最も適当なものを下の【方位磁針】のア～クからそれぞれ１つずつ選び，記号で答えなさい。

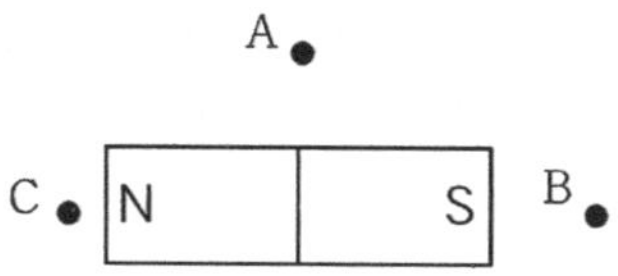

図１

（4） 導線に電流を流したところ方位磁針が図２のようにふれました。同じ大きさの電流を逆向きに流すと方位磁針はどうなりますか。最も適当なものを下の【方位磁針】のア～クから１つ選び，記号で答えなさい。

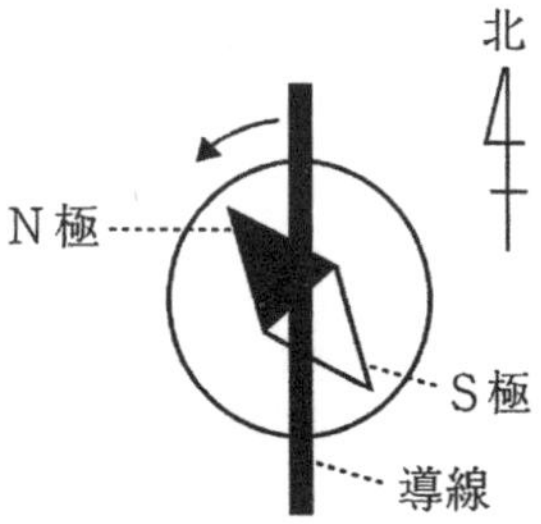

図２

【方位磁針】

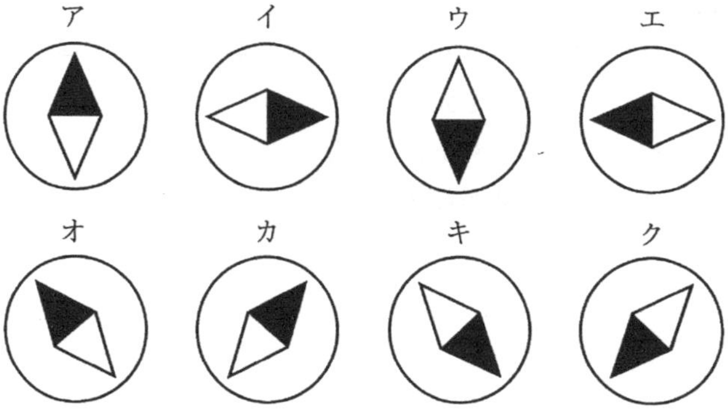

〔7〕 食塩水，炭酸水，石灰水，うすい塩酸，アンモニア水，水酸化ナトリウム水溶液の６種類の水溶液をそれぞれ試験管に入れ，実験１～５を行いました。

実験１　赤色リトマス紙をつける。
実験２　青色リトマス紙をつける。
実験３　においをかぐ。
実験４　息をふきこむ。
実験５　加熱し，水を蒸発させる。

＜実験結果＞

	試験管①	試験管②	試験管③	試験管④	試験管⑤	試験管⑥
実験１	変化なし	青色に変化	変化なし	D	変化なし	青色に変化
実験２	赤色に変化	変化なし	変化なし	変化なし	赤色に変化	変化なし
実験３	A	においなし	においなし	刺激臭	においなし	においなし
実験４	変化なし	変化なし	変化なし	変化なし	変化なし	F
実験５	何も残らない	B	C	何も残らない	E	白い固体が残った

表のA～Fにあてはまる実験結果を，次のア～キからそれぞれ１つ選び，記号で答えなさい。同じ選択肢をくり返し使ってもかまいません。

ア　変化なし　　イ　青色に変化　　ウ　においなし　　エ　刺激臭
オ　何も残らない　カ　白くにごった　キ　白い固体が残った

〔8〕 コーヒーの入れ方には，インスタントやドリップなどがあります。

インスタントコーヒーの粒の作り方は次の通りです。

1　コーヒー豆をひき，熱湯を注ぎコーヒー液を作ります。

2　Aコーヒー液を凍結させ真空状態にすると，凍ったコーヒー液から水分がぬけて乾燥します。

乾燥の際，熱を加えないのでコーヒー液に溶け込んだ風味や香りをそこなうことがありません。

ドリップコーヒーの作り方は次の通りです。

1　コーヒー豆をひき，ペーパーフィルターにセットします。

2　図のように熱湯を注ぎます。

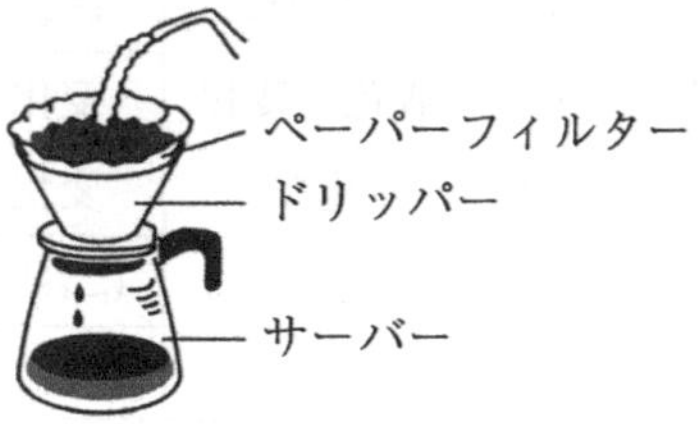

B熱湯はコーヒー豆から様々な成分を抽出し，Cペーパーフィルターでろ過されサーバーに入ります。

（1） 下線部Aと同じ方法で作られているものを次のア～オから1つ選び，記号で答えなさい。

ア　魚の干物《ひもの》　　イ　塩　　ウ　かつお節《ぶし》　　エ　フリーズドライ食品　　オ　海苔《のり》

（2） 下線部Bと同じ現象のものを次のア～エからすべて選び，記号で答えなさい。

ア　砂鉄に磁石を近づけて，鉄を取り出す

イ　廃棄物から有害な成分が地下水に溶け出す

ウ　植物の葉をアルコールにつけると色素が溶け出す

エ　砂糖と塩が混ざったものを水につけると塩だけ溶け出す

（3） 下線部Cと同じ方法で分離できるものを次のア～オから1つ選び，記号で答えなさい。

ア　食塩水を食塩と水に分離する

イ　砂糖水を砂糖と水に分離する

ウ　泥水を泥と水に分離する

エ　塩酸を塩化水素と水に分離する

オ　オキシドールを過酸化水素と水に分離する

（4） コーヒーは，豆の量や注ぐ熱湯の量によって濃さが変わります。コーヒーの濃さを測定するために図のような実験をしました。入射光の一部はコーヒーに吸収されます。

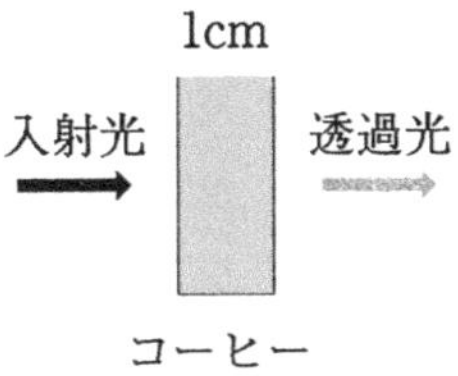

	コーヒー豆の量（g）	透過光の強さ
検体 1	5	0.7
検体 2	10	0.4
検体 3	15	0.1
検体 4	20	0
検体 5	25	0
検体 6		0.55

透過光の強さは，入射光の強さを 1 としたときの相対的な値です。コーヒー豆の量が 0g のとき，透過光の強さは 1 でした。また，注ぐ熱湯の量は一定です。

① 検体 1 について，入射光の何％が吸収されましたか。整数で答えなさい。

② 検体 1 ～検体 5 について，縦軸に吸収率（％），横軸にコーヒー豆の量（g）をとり，グラフを作成しなさい。

③ 検体 6 について，コーヒー豆の量（g）を答えなさい。

④ コーヒーを入れる容器の長さを 2cm にしました。検体 2 の透過光の強さを答えなさい。

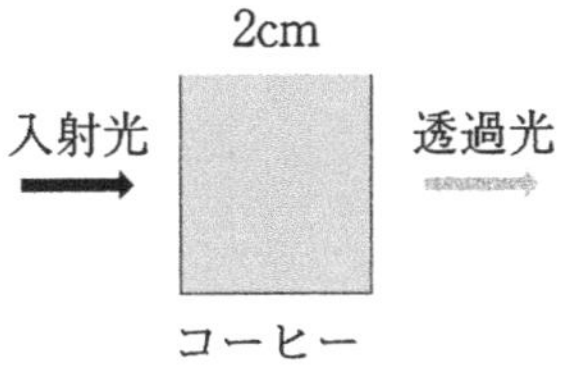

令和６年度　東明館中学校入学試験問題
Ａ日程

〔社　　会〕

（40分）

（注意）　解答はすべて解答用紙に記入のこと。

東 明 館 中 学 校

受 験 番 号	氏　　　名

〔1〕 図1は，東京都23区を100とした場合の1世帯あたり年間ガソリンの支出金額(二人以上の世帯)（2022年）を示したものです。図1と次の説明文を読み，1～10の問いに答えなさい。

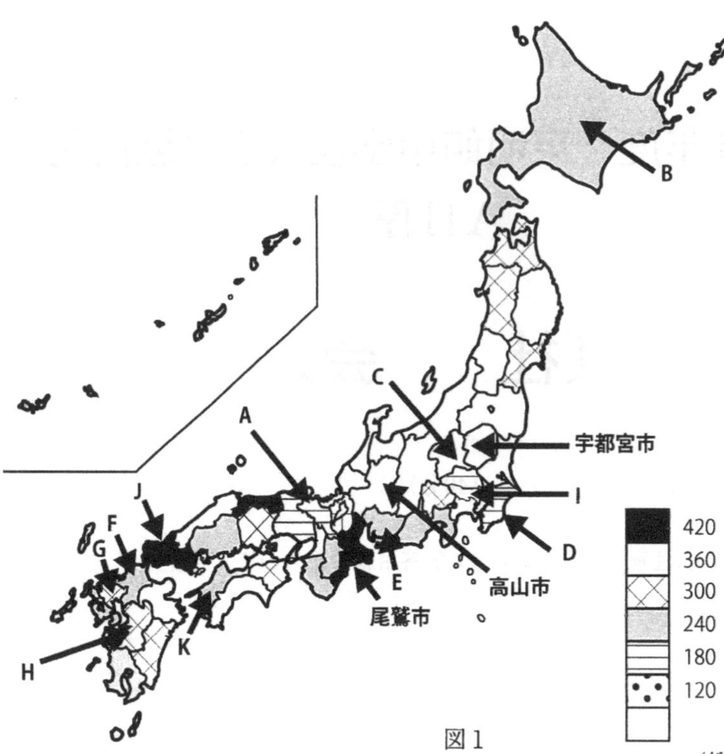

図1

（総務省「家計調査」より作成）

説明文

> 東京都23区を100とした場合の日本の都道府県における1世帯あたりの年間ガソリン支出金額（二人以上の世帯）は，地域ごとに大きく異なります。このデータは，各地域の$_{a}$<u>第一次産業</u>，$_{b}$<u>第二次産業</u>，$_{c}$<u>人口構成</u>，$_{d}$<u>交通</u>状況など，地域ごとの特色を理解する上で重要な数値となります。

1　図1中の420以上をしめしている都道府県を2つ選択し，それぞれの県庁所在地名を答えなさい。

2　図1中のAには，次の図2の地形が分布しており，この地形は河川の侵食で形成されています。この地形の名称を答えなさい。

図2

（Google map より作成）

3　次の図3中ア～ウは，図1中の高山市・尾鷲《おわせ》市・宇都宮市のいずれかの雨温図を示しています。ア～ウと各都市との組み合わせとして最も適当なものを，次の①～⑥から1つ選び，番号で答えなさい。

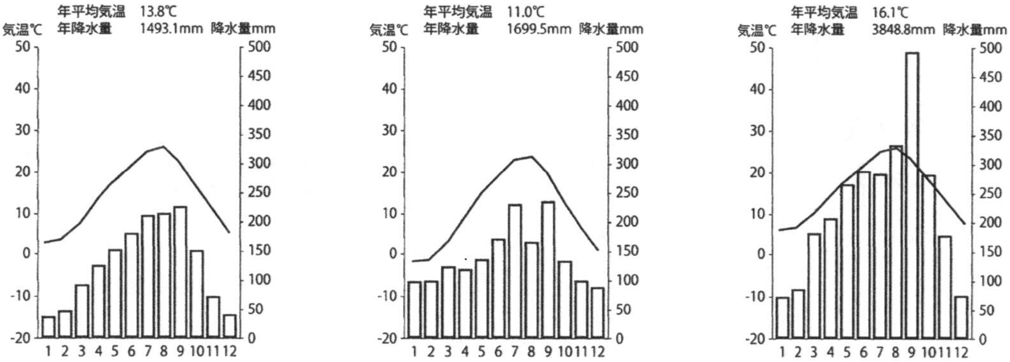

ア　　イ　　ウ

（https://weather.time-j.net/ より作成）

図3

	①	②	③	④	⑤	⑥
高 山 市	ア	ア	イ	イ	ウ	ウ
尾 鷲 市	イ	ウ	ア	ウ	ア	イ
宇都宮市	ウ	イ	ウ	ア	イ	ア

4　次の表1中カ～クは，トマト・キャベツ・小麦のいずれかにおける1960年～2010年までの生産量の推移と，生産量上位3都道府県（図1中B～H）を示したものです。カ～クと各項目との正しい組み合わせを，次の①～⑥から1つ選び，番号で答えなさい。

表1

	カ（2020年）（百t）	キ（2020年）（千t）	ク（2020年）（千t）
1960年	15,310	686	242
1970年	4,740	1,437	790
1980年	5,830	1,545	1014
1990年	9,515	1,544	767
2000年	6,882	1,449	806
2010年	5,678	1,359	691
1位	B	E	H
2位	F	C	B
3位	G	D	E

（帝国書院『地理統計 Plus』より作成）

	①	②	③	④	⑤	⑥
ト マ ト	カ	カ	キ	キ	ク	ク
キャベツ	キ	ク	カ	ク	カ	キ
小　　麦	ク	キ	ク	カ	キ	カ

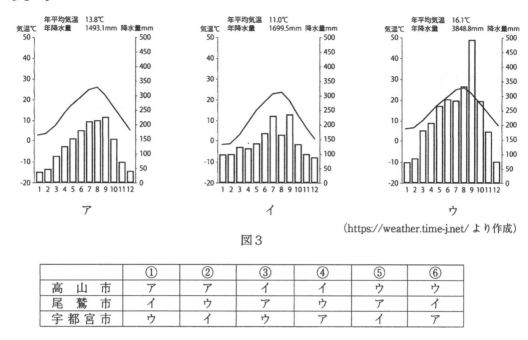

5　下線部ａについて，次の図４は日本の人工林の林齢別面積を示したものです。この図から読み取れることがらとして，最も適当なものを次の①～④から１つ選び，番号で答えなさい。

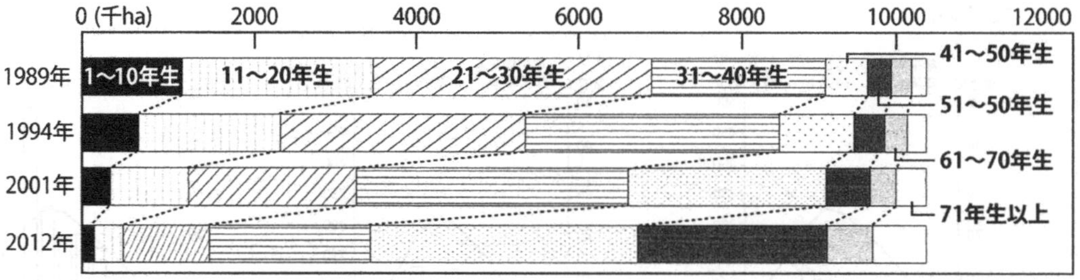

(注) 森林法にもとづく森林計画対象森林の「立木地」の面積

図４　　（「木材・林業統計要覧」2016などより作成）

①　2012 年では，主に 21 ～ 30 年生の若い林齢のものが多く，高齢の人工林が少ない。

②　1994 年～ 2001 年のグラフを見ると，日本の人工林は，均等に林齢別に分布しており，特定の林齢に偏りがない。

③　2012 年では，日本の人工林は，伐採されないまま林齢が高まり，新たな植林が少ない傾向にある。

④　2001 年～ 2012 年において，日本の人工林では，伐採が進んでおり，林齢が高まることは少ない。

6　下線部ｂについて，次の図５中サ～スは，自動車工場・セメント工場・IC 関連工場のいずれかを示したものです。サ～スと各項目との正しい組み合わせを，次の①～⑥から１つ選び，番号で答えなさい。

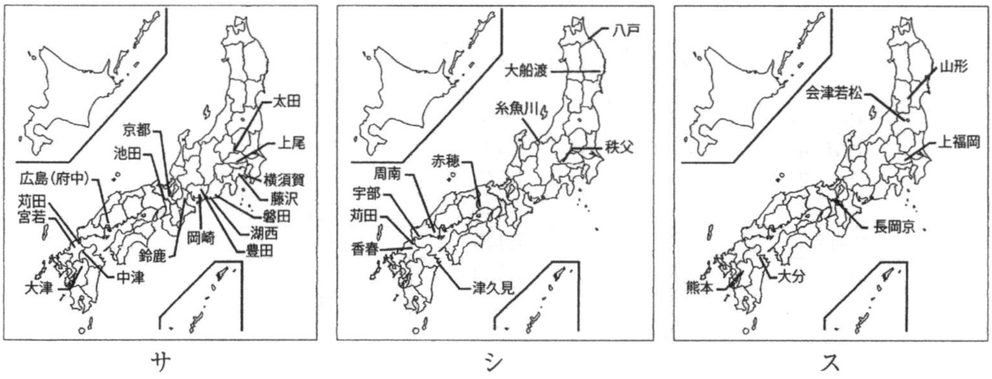

図５

（「データで見る県勢」などより作成）

	①	②	③	④	⑤	⑥
サ	自動車工場	自動車工場	セメント工場	セメント工場	IC 関連工場	IC 関連工場
シ	セメント工場	IC 関連工場	自動車工場	IC 関連工場	自動車工場	セメント工場
ス	IC 関連工場	セメント工場	IC 関連工場	自動車工場	セメント工場	自動車工場

7　下線部ｃについて，次の図６中タ～ツは，1950年―2010年（1950年―1970年，1970年―1990年，1990年―2010年）にかけての都道府県別人口の変化について示したものです。タ～ツと各年代を並べたものの正しい組み合わせを，次の①～⑥から１つ選び，番号で答えなさい。

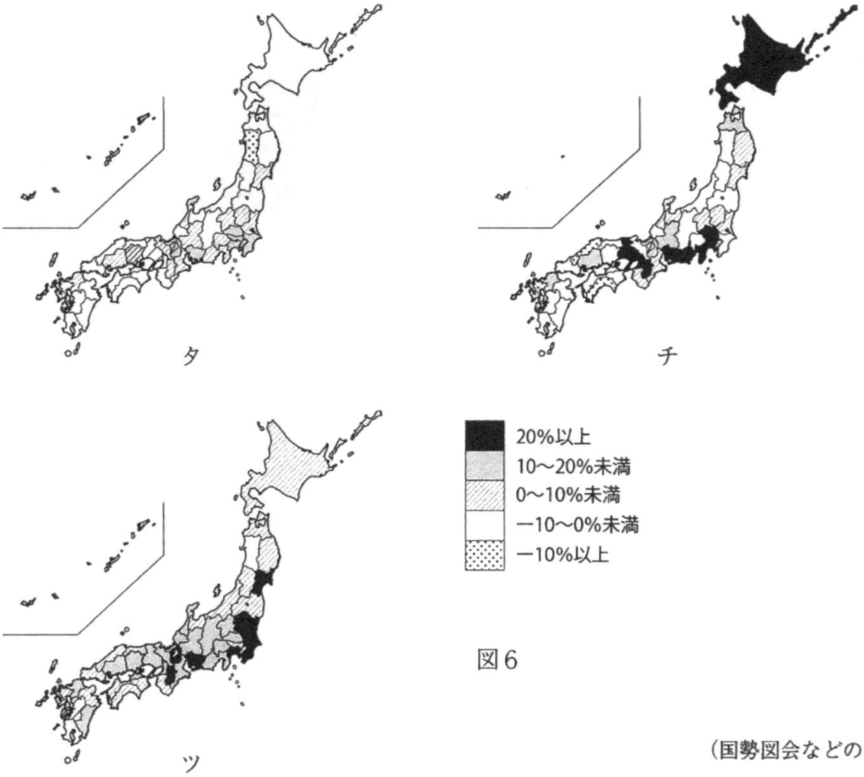

図６

（国勢図会などの資料より作成）

	①	②	③	④	⑤	⑥
1950年－1970年	タ	タ	チ	チ	ツ	ツ
1970年－1990年	チ	ツ	タ	ツ	タ	チ
1990年－2010年	ツ	チ	ツ	タ	チ	タ

8　次の表２中①～④は，日本の卸売業・小売業の年間販売額上位10都道府県を示しており，図１中のＢ・Ｅ・Ｆ・Ｉのいずれかを示しています。Ｆにあてはまる都道府県を，次の①～④から１つ選び，番号で答えなさい。

表２

（2015年，全国比％）

都道府県	卸売業（％）	小売業（％）	人口（％）
①	41.0	13.8	10.6
②	2.9	4.6	4.2
③	4.0	4.1	4.0
④	8.2	6.1	5.9

（2016年「経済センサス」などより作成）

9　図１中のＢの都道府県について，次の文中の（　Ｘ　）にあてはまる語句を漢字で答えなさい。

> 写真１は，明治時代にＢの開拓を推進するために，兵士たちが農業に従事しながら定住した村です。直交する道路と格子状《こうしじょう》の土地割に特徴が見られます。また，これらの村は，開拓地の防衛と農業の発展を兼ね備えていたため，（　Ｘ　）村と呼ばれます。

写真１　　　（Google map より作成）

10　下線部ｄについて，交通は，地球温暖化に影響を及ぼします。次の図７は，図１中Ｆ・Ｉ・Ｊ・Ｋの県庁所在地のいずれかの，生活様式に伴い排出される直接的・間接的な温室効果ガスを示したものです。Ｊの県庁所在地にあてはまるものを次の①～④から１つ選び，番号で答えなさい。

（$kgCO_2e$/ 人 / 年）

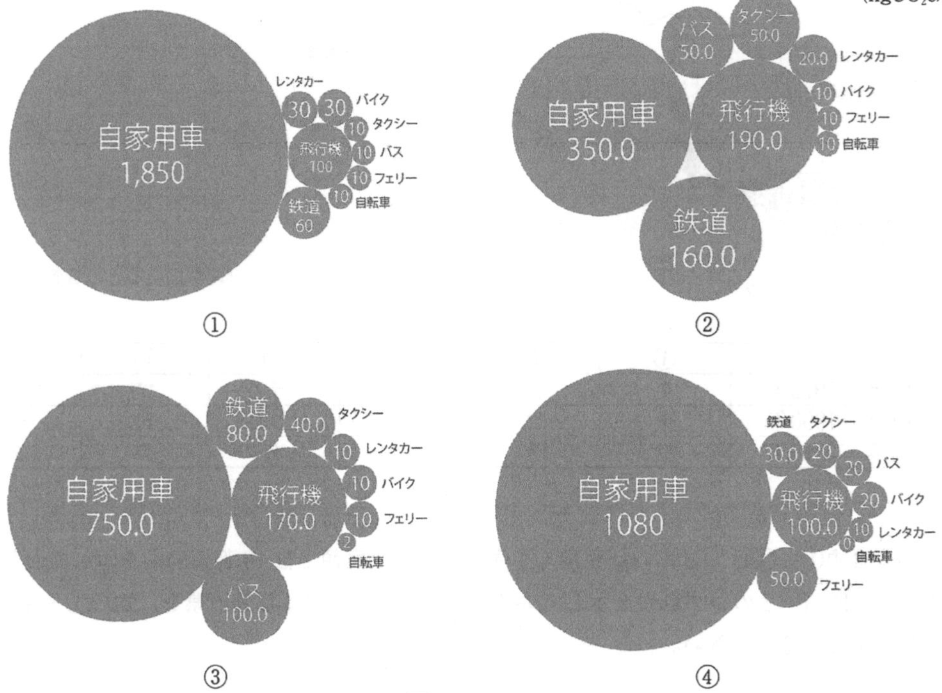

図７

（出典：Ryu Koide, Satoshi Kojima, Keisuke Nansai, Michael Lettenmeier, Kenji Asakawa, Chen Liu, Shinsuke Murakami (2021) Exploring Carbon Footprint Reduction Pathways through Urban Lifestyle Changes:A Practical Approach Applied to Japanese Cities. Environmental Research Letters. 16 084001小出 瑠・小嶋 公史・南齋 規介・Michael Lettenmeier・浅川 賢司・劉 晨・村上 進亮 (2021)「国内５２都市における脱炭素型ライフスタイルの選択肢：カーボンフットプリントと削減効果データブック」より作成）

〔2〕 ロシア・ウクライナについて，1～6の問いに答えなさい。

1　ウクライナとロシアの首都をそれぞれ答えなさい。

2　ロシアとウクライナは，世界の主要な小麦生産地域です。この地域での政治的な混乱が，小麦価格にどのような影響を与えたか，簡単に説明しなさい。

3　ウクライナ・ロシア情勢に影響しているヨーロッパと北米が，加盟する軍事同盟組織の略称をアルファベット4字で答えなさい。

4　次の表1は，日本とウクライナにおける標準時子午線を示したものです。1月5日午前5:00(日本時間）の時，ウクライナは何月何日何時になりますか，答えなさい。

表1

	標準時子午線の位置
日本	東経 135 度
ウクライナ	東経 30 度

5　日本は，ロシアとの間に日本固有の領土の返還問題が残されています。図1中にしめした日本固有の領土を何といいますか，漢字で答えなさい。

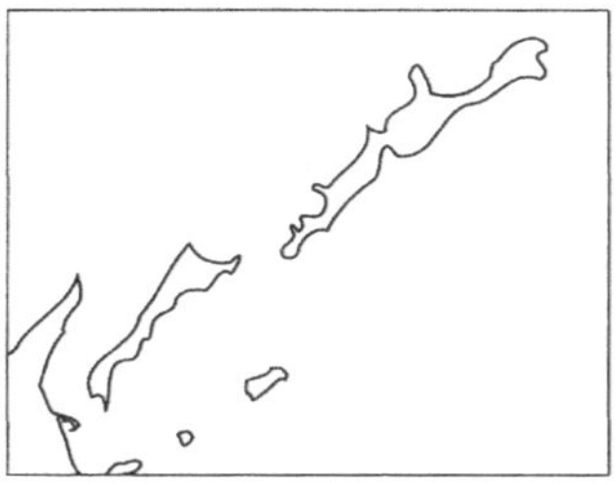

図1

6　ロシアやウクライナで食べられる伝統料理を，次の図2中の①～④から1つ選び，番号で答えなさい。

図2

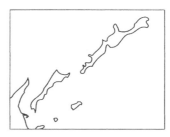

〔3〕 花子さん（2012年生まれ）は，家族のあゆみについて曽祖母（祖父の母）から聞いて，メモにまとめてみました。1～7の問いに答えなさい。

> 私の高祖父（祖父の祖父）の父は，$_{a}$1853年に生まれました。農家の長男として苦労を重ねましたが，1877年に結婚し，翌年に高祖父が生まれました。高祖父の父は$_{b}$1923年に亡くなったそうです。
>
> 高祖父は，1904年の（　A　）戦争に参加し，功績をたたえられ勲章をもらったそうですが，アジア・太平洋戦争で国に$_{c}$勲章・刀など金属類を提出したそうです。高祖父は，1953年に亡くなりました。
>
> 曽祖父（祖父の父）は1916年に生まれ，$_{d}$2度の徴兵招集があり，朝鮮半島の済州島で終戦を迎え，苦労して日本に帰国したそうです。その後，曽祖母（1921年生まれ）と結婚し，1948年に祖父が生まれました。曽祖父は，$_{e}$2002年に亡くなりました。
>
> 祖父は銀行員となり，定年前に早期退職して，地域の商工会で働いていました。父は$_{f}$1978年に生まれ，大学卒業後，会社員になっています。
>
> 家族のあゆみを調べてみると，いろいろな出会いがあり，別れがあったことを知ることができました。これからも家族の絆を大事にしていきたいと思いました。

1　下線部aについて，この年，アメリカ東インド艦隊司令長官が，軍艦4隻を率いて浦賀に来航しました。その人物はだれですか，答えなさい。

2　下線部bについて，1923年9月1日に起きた首都圏を中心とした災害を何といいますか，漢字で答えなさい。

3　（　A　）にあてはまる語句を次の①～④から1つ選び，番号で答えなさい。

①　日中　　②　日清　　③　日露　　④　日米

4　下線部cについて，勲章・刀などを国に提出した理由を，簡単に説明しなさい。

5　下線部dについて，最初の徴兵は満年齢何歳ですか，数字で答えなさい。

6　下線部eについて，この年，小泉純一郎首相が北朝鮮（朝鮮民主主義人民共和国）を訪問し，北朝鮮総書記と会談しました。この総書記はだれですか，次の①～④から1つ選び，番号で答えなさい。

①　金日成　　②　金正日　　③　金正恩　　④　金正男

7　下線部fについて，この年，当時の首相が，日中平和友好条約に調印しました。この時の首相はだれですか，次の①～④から1つ選び，番号で答えなさい。

①　福田赳夫　　②　大平正芳　　③　佐藤栄作　　④　田中角栄

小計

〔問題一〕

問1

あ 優れた

い 厳しい

う シンカ

え セイカク

問2

問3

問4

問5

問6

問7

A

B

C

D

問8

適

適

問9

問10

問11

150

140

120

〔問題二〕

問1

あ セキニン

い 茶化

う イジョウ

え 真剣

〔3〕

(1)	m
(2)	分後
(3)	分速　　　　m

〔4〕

ア		イ	
ウ		エ	
オ		カ	
キ			

〔5〕

(1)	°
(2)	cm^2
(3)	倍

得　点	

※100点満点
（配点非公表）

〔5〕

(1)	(2)	(3)	(4)	(5)

〔6〕

(1)	(2)		
(3) A	B	C	(4)

〔7〕

A	B	C	D
E	F		

〔8〕

(1)	(2)	(3)
(4) ① %	②	③ g
		④

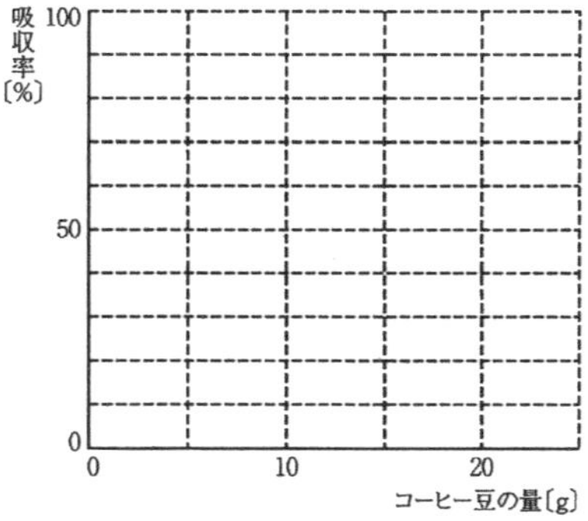

得　点	※50点満点 （配点非公表）

〔4〕

1		2			
3					
4		5		6	
7		8		9	
10					

〔5〕

1		2		3	
4					
5					
6		7		8	
9				10	

得　点	※50点満点 （配点非公表）

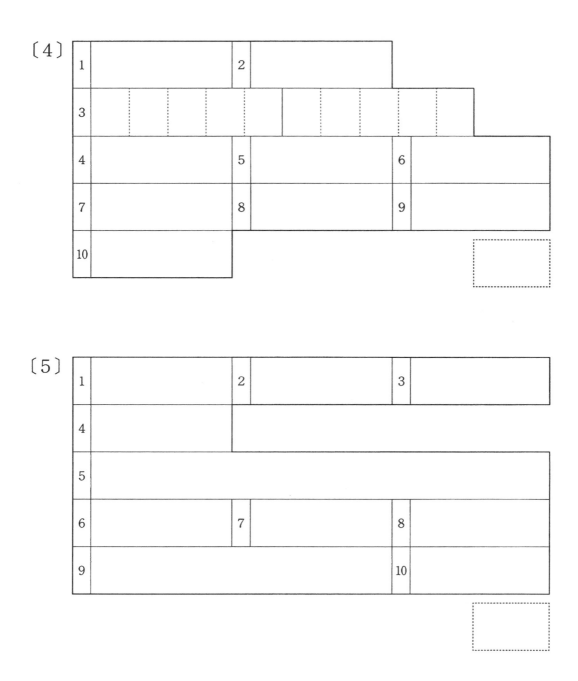

A日程

令和6年度　中学社会　解答用紙

受験番号
氏　　名

〔1〕

1	県庁所在地	県庁所在地		2	
3		4		5	
6		7		8	
9		10			

〔2〕

1	ウクライナの首都	ロシアの首都			
2				3	
4		5		6	

〔3〕

1		2		3	
4				5	
6		7			

A日程

令和6年度　中学理科　解答用紙

受験番号
氏　　名

〔1〕

(1)		(2)	(3)
(4)	(5)	(6) 倍	(7)

〔2〕

(1)①	②	③	④	(2)

〔3〕

(1)	(2)	(3)	
(4) a		c	(5)

〔4〕

(1) 火山A	火山B	(2)	(3)
(4) ①図2		図3	
②			

A日程

令和6年度　中学算数　解答用紙

受験番号

氏　　名

〔1〕

(1)	
(2)	
(3)	
(4)	
(5)	＝10
(6)	通り
(7)	本
(8)	才
(9)	月　日
(10)	午前　時　分

〔2〕

(1)	cm^2
(2)	cm^3
(3)	cm
(4)	cm

)

【解答用

問2

問3

問4

問5

問6

問7

問8

問9

問10

〔問題三〕

問1
① ↓
② ↓
③ ↓
④ ↓
⑤ ↓

問2
①
②
③
④
⑤

小計

A日程

令和六年度　中学国語　解答用紙

受験番号

氏　名

得　点　※100点満点（配点非公表）

2024(R6) 東明館中
教英出版

〔4〕 たろう君は，中世のできごとについて年表にまとめてみました。1～10の問いに答えなさい。

西暦	できごと
1086	院政が開始される。
1167	平清盛が（　A　）となる。
1180	源頼朝が伊豆で挙兵する。
1185	（　B　）の戦いで，平氏滅亡する。
1185	諸国にa守護・地頭を設置する。
1192	源頼朝，征夷大将軍となる。
1221	b承久の乱が起こる。
1232	武家の法律として（　C　）が制定される。
1274	d蒙古（元）軍が襲来する。
1281	2回目の蒙古（元）軍が襲来する。
1333	e鎌倉幕府が滅亡する。
1404	f日明貿易が，始まる。
1467	g応仁の乱が，起こる。
1573	h室町幕府が滅亡する。

1　（　A　）にあてはまる語句を漢字で答えなさい。

2　（　B　）にあてはまる語句を次の①～④から１つ選び，番号で答えなさい。

①　富士川　　②　屋島　　③　一ノ谷　④　壇の浦

3　下線部aについて，全国に守護・地頭を置いた表向きの理由を10字以内で答えなさい。

4　下線部bについて，この時，朝廷方の中心人物はだれですか，次の①～④から１つ選び，番号で答えなさい。

①　白河上皇　　②　後白河上皇　③　鳥羽上皇　　④　後鳥羽上皇

5　（　C　）にあてはまる語句を漢字で答えなさい。

6　下線部ｄについて，この時の元の皇帝はだれですか，答えなさい。

7　下線部ｅについて，この時，鎌倉を攻め立てた人物はだれですか，次の①～④から１つ選び，番号で答えなさい。

①　楠木正成　　②　足利尊氏　　③　新田義貞　　④　北畠親房

8　下線部ｆについて，日明貿易を始めた人物はだれですか，漢字で答えなさい。

9　下線部ｇについて，この戦いで，活躍した軽装で機動力に富んだ武士たちを何といいますか，漢字で答えなさい。

10　下線部ｈについて，この時，追放された室町幕府最後の将軍はだれですか，次の①～④から１つ選び，番号で答えなさい。

①　足利義昭　　②　足利義輝　　③　足利義政　　④　足利義尚

〔5〕 次の年表をみて，1～10の問いに答えなさい。

西暦	世界の出来事	日本の出来事
1991年	ソ連解体（崩壊） 湾岸戦争	a バブル経済崩壊 ペルシャ湾に自衛隊派遣
1992年	鄧小平《とうしょうへい》，「南巡講話《なんじゅんこうわ》」	b PKO協力法成立
1993年	c ヨーロッパ連合発足	55年体制の崩壊
1995年	d Windows95発売 e 世界貿易機関（WTO）誕生	阪神大震災 地下鉄サリン事件
1999年	f ASEAN10誕生	
2001年	アメリカ同時多発テロ g アフガニスタン紛争勃発	テロ対策特別措置法成立 中央省庁再編
2002年	h ユーロ流通開始	日朝平壌宣言
2003年	イラク戦争勃発	
2008年	i リーマンショック	
2019年		j 元号『令和』へ改元

1　下線部aについて，この出来事に関係することがらとして**誤っているもの**を，次の①～④から1つ選び，番号で答えなさい。

①　土地や株の値段が上昇し，いわゆる「財テク」ブームが起こった。
②　1980年代後半から，非常に景気のいい状態がつづいた。
③　日本の代表的な企業の価値をあらわす「日経平均株価」が，この時期最高値《さいたかね》を記録した。
④　政府が「国民所得倍増計画」をかかげ，実際そのとおりになった。

2　下線部bについて，日本がこれまでPKOで自衛隊を派遣した国として**誤っているもの**を，次の①～④から1つ選び，番号で答えなさい。

①　カンボジア　　②　ブラジル　　③　スーダン　　④　ハイチ

3　下線部cについて，「ヨーロッパ連合」をアルファベットの略称で何といいますか，答えなさい。

4　下線部dについて，この出来事にもっとも深く関わった人物として正しいものを，次の①～④から１つ選び，番号で答えなさい。

①　ジェフ・ベゾス　　②　スティーブ・ジョブズ
③　マーク・ザッカーバーグ　　④　ビル・ゲイツ

5　下線部eについて，次の文を読んで，文中の（　ア　）に入る内容を，「モノ・サービス」という語句をつかって，15字程度で答えなさい。

WTOとは，日本語では世界貿易機関と称される国際機関です。WTOでは各国が（　ア　）ができるようにするためのルールを決めたり，分野ごとに交渉や協議を実施する場が設けられています。意志決定はコンセンサス方式*をとっており，その決定は加盟国を拘束します。また，WTOには貿易についての加盟国間の紛争を解決するための紛争解決制度が作られています。

*コンセンサス方式とは，ひとりでも反対意見をもった人がいると，承認されない会議方式のことです。

（外務省ホームページより作成）

6　下線部fについて，この「ASEAN10」にあてはまる国として**誤っているもの**を，次の①～④から１つ選び，番号で答えなさい。

①　ミャンマー　　②　インド　　③　ベトナム　　④　タイ

7　下線部gについて，次の文を読んで，文中の（　イ　）・（　ウ　）に入る語句の組み合わせとして正しいものを，次の①～④から１つ選び，番号で答えなさい。

アフガニスタン紛争とは，2001年から2021年にかけてアフガニスタンで勃発した紛争で，アメリカ軍やそれに支援されたアフガニスタン・イスラム共和国新政府と（　イ　）や（　ウ　）などの武装勢力が争った。結果として，一時的に米英軍と北部同盟が勝利しアフガニスタンの（　イ　）政権は崩壊し降伏し，またアメリカ同時多発テロ事件を起こした被疑者で行方不明となっていた（　ウ　）のオサマ・ビン・ラディンは，その後米軍により発見され殺害された。

	イ	ウ
①	イスラム国	アルカイダ（アルカーイダ）
②	イスラム国	タリバン（ターリバーン）
③	タリバン（ターリバーン）	アルカイダ（アルカーイダ）
④	アルカイダ（アルカーイダ）	タリバン（ターリバーン）

8　下線部ｈについて，この通貨が流通している国として**誤っているもの**を，次の①～④から１つ選び，番号で答えなさい。

①　フランス　　②　ドイツ　　③　イギリス　　④　イタリア

9　下線部ｉは，ある世界的な金融機関の倒産がひきおこしたものだとされていますが，その会社名を答えなさい。

10　下線部ｊについて，このとき日本の内閣総理大臣だった人物として正しいものを，次の①～④から１つ選び，番号で答えなさい。

①　安倍晋三　　②　菅義偉《すがよしひで》　　③　岸田文雄　　④　小泉純一郎

2024(R6) 東明館中
K 教英出版

令和五年度　東明館中学校入学試験問題　A日程

〔国　語〕

（60分）

（注意）解答はすべて解答用紙に記入のこと。
字数を制限した解答では、句読点や「　」、〝　〟などの表記符号はすべて一字に数える。

東明館中学校

受験番号	氏　名

教英出版

〔問題二〕　次の文章を読んで、後の問いに答えなさい。

自分が何をしたいかわからない。これで(あ)悩んでいる人はたくさんいます。

まわりのみんなが大きな夢に向かって頑張《がんば》っている姿を見て、みんなの夢に比べて、自分の夢は小さいなあ……と感じてしまったりするかもしれません。①もっと大きな夢をもたなくちゃ……って焦《あせ》ったりするかもしれません。

学校では「②大きな夢をもちなさい」「夢に向かって(い)ドリョクしなさい」と言われます。

大人は「将来の夢は？」と何かにつけ聞いてきます。世の中全体がキャンペーンをしているみたいに、③「夢を語れプレッシャー」があります。

僕にも夢があったし、夢があるし、夢を叶《かな》えようとしています。でも、僕の夢は、世の中の夢とはちょっと違《ちが》っている気がしています。

僕は小さい頃から飛行機やロケットが好きでした。将来そういう仕事に(う)就きたいと思いました。でも、その夢は「大きすぎる」のだそうです。

僕には絶対に無理だと言われました。なぜなら、「飛行機やロケットの仕事をするためには、東大に行かないといけない。」のだそうです。そして「東大に行くためには、ものすごく(え)セイセキがよくないといけない」のだそうです。そして「僕のセイセキはとても悪い」のです。

だから、「セイセキが悪い僕は、飛行機やロケットの仕事ができない」という答えになるのです。

[A]僕は、④いま飛行機やロケットの仕事をしています。なぜなら、僕は手段に目を奪《うば》われなかったからです。

実は、「飛行機やロケットの仕事をするために、東大に行かなければいけない」という条件のなかの「東大」は、飛行機やロケットの勉強をするための⑤手段です。そして実は、手段は東大以外にもいくらでもあるのです。たとえば、東大生が使っている教科書は、図書館でも本屋でも手に入るのです。中学生がそれを読んだっていいんです。

多くの大人が、夢と手段を間違えています。そして、手段を目的にすると、夢を見失います。本当は受験も就職も手段です。なのにそれを夢だと思って頑張ってしまって、合格や就職をしたとたんに、夢を見失ってしまう人がたくさんいます。それは、手段に目を奪われて、本当の夢を忘れてしまったからです。

僕は、夢というものは、具体的になればなるほど、手段になっていくのだろうと思います。たとえば、医師という職業は、人の命を助けるための手段の1つです。医師になるのはとても大変なのであきらめてしまう人もいるでしょう。でも、人の命を助けるためなら、医師のほかにもたくさんの手段があります。そのなかには、自分でもできる手段もあるはずです。

でも今日も、夢を職業や進学先という⑥「手段」のなかから選ばせるような指導が行われています。

[B]、夢がわからなくなってしまう人がたくさんいるのです。

僕が「夢をもちたいけれど、夢がない。やりたいことがわからない」という君に勧《すす》めたいのは、「なんとなく、自分が行きたい方向」をもつことです。

「私はこっちに行きたいな」「俺《おれ》はこっちがいいよ」っていうぐらいのものがあれば、とりあえず大丈夫です。

夢が方向であれば、そもそも「大きい・小さい」という※概念《がいねん》はありません。僕は、夢って北極星のようなものだろうと思っています。北の空、ひしゃく星のそばに小さく輝《かがや》く星です。

北極星は、約430光年離《はな》れているそうですから、※ワープ航法《こうほう》が実用化されない限り、人類は到達《とうたつ》不可能です。

でも北極星があるおかげで、北がわかりました。だから人類は、南にも、西にも、東にも行けるようになりました。

夜空に小さく輝く、決して届かない北極星が、僕らに方向を示してくれています。

「なんとなく人の役に立つ仕事がしたいなあ」

「好きな人と結婚して幸せに暮らしたいなあ」というのでも全然OKです。

大事なのはその次です。「じゃあ、人の役に立つってどういう状態なんだろう?」「幸せってなんだろう?」って考えてみるんです。

C、「その状態にするには、どうすればいいのかな?」とさらに考えてみると、いろんな具体的な手段が出てきます。

それを1つずつ叶えていくと、行きたい方向に進んでいきます。

本当の夢には大きいも小さいもありません。僕は、本当の夢って、ぼやっとしていたほうがいい気がしています。

（出典……植松努『不安な時代に踏み出すための「だったらこうしてみたら?」』PHP研究所）

※概念《がいねん》…物事のおおまかな内容や考え方

※ワープ航法《こうほう》…宇宙空間を移動する際に、時間を極端《きょくたん》に縮めるための航法

問1　本文中の　ⓐ悩んで　ⓘドリョク　ⓤ就き　ⓔセイセキ　について、漢字は読みをひらがなで答え、カタカナは漢字に書き改めなさい。

問2　本文中に　①もっと大きな夢を　とありますが、筆者は夢についてまわりの大人たちがどのように考えていると思っていますか。最も適当なものを次のア～エの中から一つ選び、記号で答えなさい。

ア　人生は一度しかないから、夢は大きいものに価値があると考えている。
イ　小さな夢を大きな夢に変化させるところに楽しさがあると考えている。
ウ　夢を語る時に、うそでも大きな夢を語る方がかっこいいと考えている。
エ　夢という目標があるからこそ、前向きにドリョクできると考えている。

問3　本文中に　②「大きな夢をもちなさい」　とありますが、大きな夢をもつことの大切さを表現した有名なことばがあります。最も適当なものを次のア～エの中から一つ選び、記号で答えなさい。

ア　少年よ大志をいだけ
イ　ペンはつるぎよりも強し
ウ　あなたはあなたであればいい
エ　希望があるところに人生がある

問4　本文中の　A　～　C　に入ることばの組み合わせとして、最も適当なものを次のア～エの中から一つ選び、記号で答えなさい。

ア　Aでも　Bだから　Cそして　　イ　Aしかも　Bまた　Cそれから
ウ　Aでも　Bそして　Cだから　　エ　Aそれから　Bでも　Cしかも

問5　本文中に　③「僕の夢は、世の中の夢とはちょっと違っている気がしています。」　とありますが、どのようなところが世の中の夢とは違うと筆者は考えていますか。最も適当なものを次のア～エの中から一つ選び、記号で答えなさい。

ア　こどもが考えても簡単には実現できそうなものばかりで楽しいものだというところ。

イ　未来の社会を想像して考えていくものであり、今現在はない仕事であるというところ。
ウ　自分の夢は、今の実力ではとうてい手が届かない大きすぎるものであるというところ。
エ　熱意があれば大きな夢は実現をすることが可能であるからあきらめないというところ。

問6　本文中に④いま飛行機やロケットの仕事をしています。とありますが、筆者はなぜ飛行機やロケットの仕事をすることができたのですか。本文中のことばを使って、十五字以内で答えなさい。

問7　本文中に⑤手段とありますが、同じ意味を表す言葉を答えなさい。

問8　本文中に⑥「手段」とありますが、「」をつけたのはどうしてだと思いますか。最も適当なものを次のア～エの中から一つ選び、記号で答えなさい。
ア　大人に言われて職業や進路を決めるのではなく、自分で手段になることは決めたいから。
イ　社会にでるといろいろな試練があるので、柔軟な対応ができるように身に着けたいから。
ウ　職業や進学先が夢を叶える手段ではなく、手段になるものは人によってそれぞれ違うから。
エ　自分がやりたいことを仕事にするのではなく、やるべきことを仕事にする必要があるから。

問9　本文中で筆者が言いたいことは何ですか。最も適当なものを次のア～エの中から一つ選び、記号で答えなさい。
ア　子どもが夢を持つことはとてもすてきなことだから、小さい時にいろいろな体験をさせることが大事である。
イ　子どもが人の役に立つことをしたいのならば、小さい時から積極的にボランティア活動をやらせるべきである。
ウ　子どもがやりたいことが仕事になったりするとは限らないから、大人の考えを無理におしつけてはいけない。
エ　子ども達がもっと大きな夢を持つことができるように、大人は熱く夢を語ることを絶対に忘れてはいけない。

問10　あなたが将来、やりたいことや夢について、自分の考えを百二十字以上百四十字以内で書きなさい。

〔問題二〕 次の文章は主人公が大事な大会で使おうとしていたトップランという靴《くつ》を探している場面です。この文章を読んで、後の問いに答えなさい。

お詫び

著作権上の都合により、文章は掲載しておりません。

ご不便をおかけし、誠に申し訳ございません。

教英出版

お詫び
著作権上の都合により、文章は掲載しておりません。
ご不便をおかけし、誠に申し訳ございません。
教英出版

（出典……つげみさお「トップラン」）

問1　本文中の(あ)姿勢　(い)ヘンジ　(う)応援　(え)マガオ　について、漢字は読みをひらがなで答え、カタカナは漢字に書き改めなさい。

問2　本文中に①ぼくはだんだんあせってきた　とありますが、ぼくがあせっているのはなぜですか。最も適当なものを次のア～エの中から一つ選び、記号で答えなさい。

ア　トップランの靴を探しているが、腰や手がだんだん痛くなってきたから。
イ　トップランの靴を探しているが、このまま見つからない気がしてきたから。
ウ　早く帰らないと母さんにしかられるのに、日がくれはじめてきたから。
エ　姉ちゃんも、腰や手が痛くなってきたのではないかと不安だったから。

問3　本文中に ②ドキッとして、ぼくもつい大きな声が出た とありますが、ぼくの気持ちとして最も適当なものを、次のア～エの中から一つ選び、記号で答えなさい。

ア　夕方になり見つけにくい状況の中、姉ちゃんがあきらめずに靴を探してくれ頼もしいという気持ち。
イ　日もくれて視界も悪くなった中、姉ちゃんが汗だくになりながら靴を見つけてくれうれしい気持ち。
ウ　長い時間をかけてぼくが探していた靴を姉ちゃんが見つけてくれたのではないかと期待する気持ち。
エ　長い時間をかけてぼくが探していた靴を、姉ちゃんがぼくより先に見つけたことがくやしい気持ち。

問4　本文中の［A］にからだの一部を表す漢字一字で答え慣用句を完成させなさい。

問5　本文中に ③わき目もふらずに とありますが、同じような意味を表す四字熟語を次のア～エの中から一つ選び、記号で答えなさい。

ア　一心不乱　　イ　心機一転　　ウ　起死回生　　エ　自画自賛

問6　本文中に ④今ごろ、むねをギュッとつねられたみたいに、息苦しくなった とありますが、ぼくが息苦しい気持ちになったのはなぜですか。理由として最も適当なものを次のア～エの中から一つ選び、記号で答えなさい。

ア　姉にいつもたよってばかりいて、おとなになれない自分に腹立たしいから。
イ　姉はぼくのためにいつも優しくしてくれるのに、ぼくは何もできないから。
ウ　姉はぼくのことを想ってくれているのに、ぼくは自分のことばかりだから。
エ　わざと姉に心配をかけたりする自分の心のせまさがいやでたまらないから。

問7　本文中に ⑤姉ちゃんはやっと手を止めて、みけんにしわを寄せ、ぼくをにらんだ とありますが、なぜぼくをにらんだのですか。姉の気持ちを答えなさい。

問8　本文中に⑥ちょっとムッとしたとありますが、ぼくがムッとしたのはなぜですか。ぼくの気持ちとして最も適当なものを次のア～エの中から一つ選び、記号で答えなさい。

ア　弟ということでまったく相手にされていないことが情けなくなったから。

イ　信じるものは救われると思う純粋な気持ちをばかにされた気がしたから。

ウ　どのような靴でもきっとぼくは速く走ることが出来るにきまっているから。

エ　今のぼくの実力では走ったとしても一番になれるとは思われていないから。

問9　本文中に⑦つっけんどんな言い方だったけど、ぼくはまた鼻の奥がツーンとしてきたとありますが、この時のぼくの気持ちとして、最も適当なものを次のア～エから一つ選び、記号で答えなさい。

ア　いつも走るとビリだったぼくは、みんなに笑われていやだったので何が何でもまほうの靴の力をかりて見返してやりたいという気持ちを持っていた。そのぼくの気持ちを姉は責めているようだったので、ぼくはとまどっている。

イ　姉は、わき目もふらずにぼくだけのためにまほうの靴を探してくれている。その優しさをぼくはありがたく思っているが、どうやって恩返しをしたらよいかわからず困りはてている。

ウ　姉は、ぼくに対する言い方がきつい上に態度もそっけないため、やはり姉はぼくのことをわかってくれないと感じた。姉にわかってもらえないことがくやしくて涙があふれそうになっている。

エ　ビリになりたくなくてまほうの靴にたよっていたぼくを、いつも見下しているような態度をとる姉が、ぼくのドリョクを信じるといってくれた。その姉のはげましの言葉に、胸がいっぱいになっている。

〔問題三〕　次の各問いにそれぞれ答えなさい。

問１　次のカタカナを漢字に書き改めなさい。

①　行動にウツす　②　カメラにウツす。　③　全身を鏡にウツす。　④　ホケン体育の授業。　⑤　ホケン証の提出。

問２　次の四字熟語には漢字の誤りが一字ずつあります。誤っている漢字を抜き出し、例にならって正しい漢字に直しなさい。

〔例〕　一年発起　年→念

①　自子満足　②公使混同　③　無画夢中　④　九転直下　⑤　異句同音

令和５年度　東明館中学校入学試験問題
Ａ日程

〔算　　数〕

（60分）

（注意）　解答はすべて解答用紙に書きなさい。
また，答えが割り切れないものは答え方の指示がない限り，
もっとも簡単な分数で答えなさい。
円周率は3.14として計算しなさい。

東明館中学校

受験番号	氏　　名

〔1〕 次の□にあてはまる数や語句を答えなさい。

(1) $(15-6\times2)\times11+20\div8\times6=$ □

(2) $1\frac{1}{4}\times3-\frac{5}{2}\div3=$ □

(3) $0.375\times32-0.5\times\frac{7}{3}-0.625\times16=$ □

(4) $10\times(17-$ □ $\times3)+8\div4=22$

(5) ある品物を1000個仕入れて仕入れ値の2割の利益を見込んで定価をつけて売ったが，全く売れませんでした。そこで，定価の1割5分引きで売ったところ，全て売ることができ，利益は2600円となりました。このときの品物1個あたりの仕入れ値は□円です。

(6) 右の図のように，直角に交わる道があり，×の道は通行止めです。A地点からB地点まで遠回りせずに行く方法は全部で□通りあります。

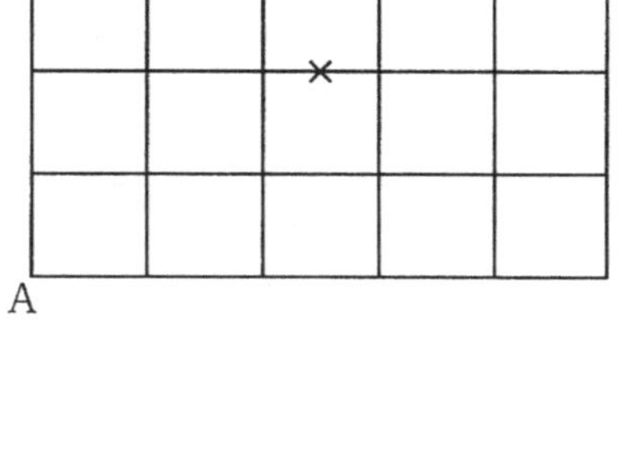

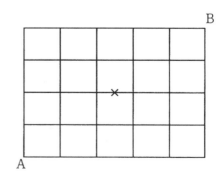

(7) 3, 6, 9, … のように，連続して並んでいる３の倍数があります。このうち，連続している４つの数の合計が246であるとき，この４つの数のうち最も大きい数は［　　　］です。

(8) ある年の７月16日は土曜日でした。その年の12月18日は［　　　］曜日です。

(9) 東さんは習い事に行くため，ある駅を９時に出発する電車に乗ることになりました。自宅から駅まで分速80 m の速さで歩くと，９時６分に着きます。また，分速200 m で走ると８時57分に着きます。このとき，自宅を出発した時刻は，８時［　　　］分です。

(10) 下のグラフは，2020年の基山町の各年代の人口を表したものです。年れいの階級層は何才以上何才未満で表しています。

男性(人)　　　　女性(人)

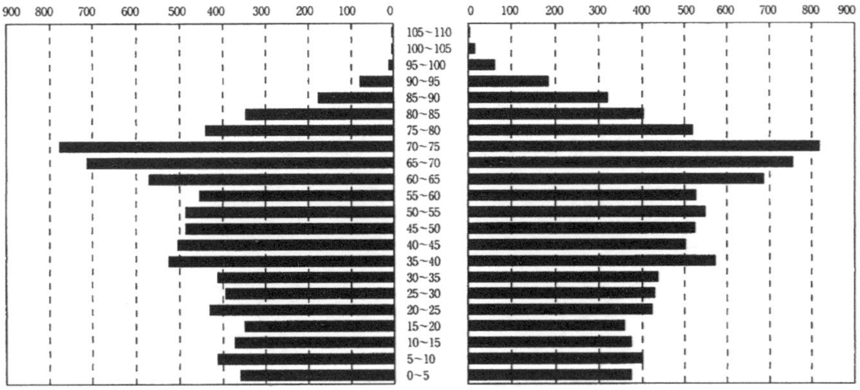

(才)

「行政区別人口集計表　令和2年3月末」より引用

このとき，人口が２番目に多いのは［　　　］才以上［　　　］才未満です。

〔2〕 次の問いに答えなさい。

(1) 右の図において，全ての角の大きさの和を求めなさい。

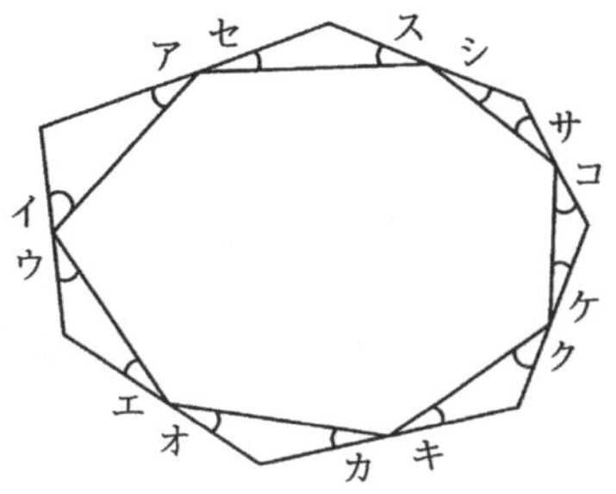

(2) 右の図において，色のついた部分の面積を求めなさい。

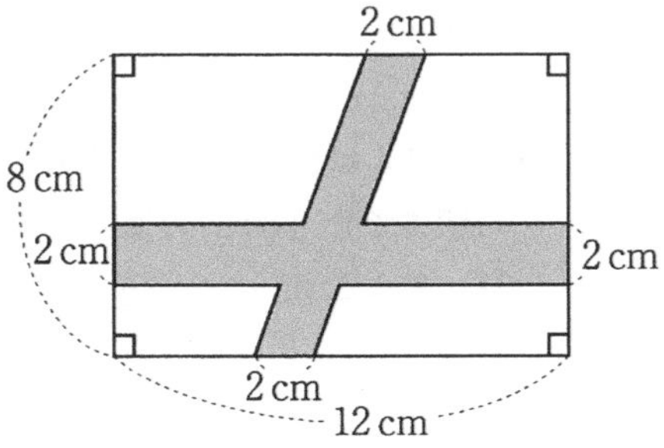

(3) 図は半径が 4 cm の円を 2 つ重ねたものです。色のついた部分の周りの長さが，1 つの円の円周の半分です。色のついた部分の面積を求めなさい。

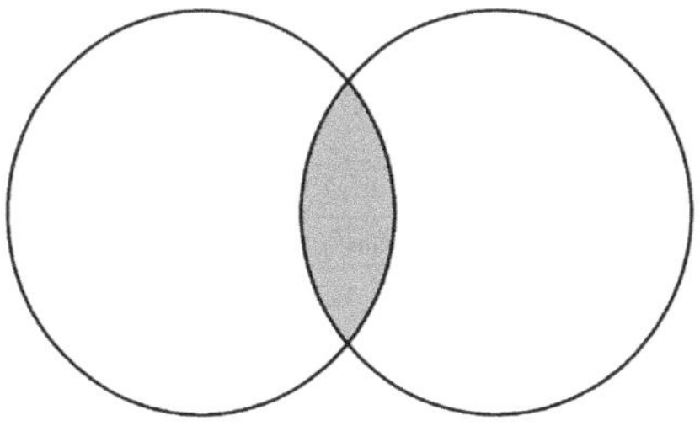

(4) 辺の長さが 3 cm，5 cm，7 cm の直方体の容器に水をいっぱい入れた後，容器をかたむけて図のように水が残るようにしました。容器を平らな面に置いたとき，入っている水の高さが何 cm になるか答えなさい。

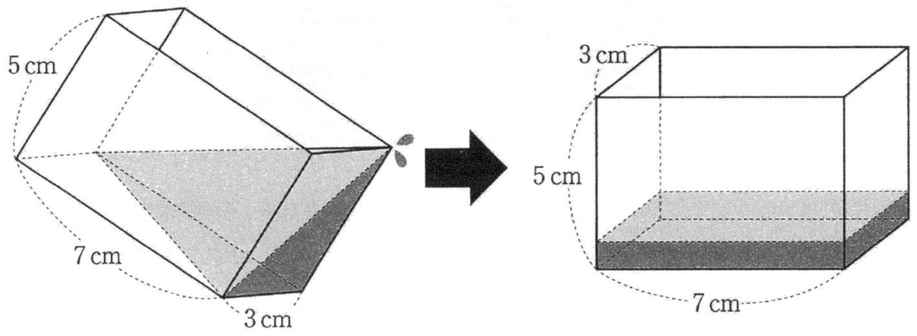

〔3〕 以下の文章を読んで，[①]～[⑤]にあてはまる数を答えなさい。

数字を数えるときは9から1増えたら位が上がる「10進法」が広く使われていますが，Aさんはある国では5から1増えたら位が上がる「6進法」が使われていることを知りました。

例

10進法	1	2	3	4	5	6	7	…	11	12	…	35	36	…
6進法	1	2	3	4	5	10	11	…	15	20	…	55	100	…

Aさんは10進法で表された数を6進法にする計算があるはずだと思い，先生に相談しました。

Aさん「数字が大きくなると，同じ数でも10進法と6進法では全然ちがって見えます。例えば，200という10進法で表される数を6進法で表すにはどう計算すればいいですか？」

先　生「なるほど，いい質問だね。ボールを使って考えましょう。たくさんあるボールが何個あるか数えるために，10個ごとにふくろに入れるとわかりやすいですね。」

Aさん「じゃあ6進法で考えるときは，6個ずつふくろに入れたらいいですか？」

先　生「その通りです。200個のボールを6個ずつふくろに入れたらどうなりますか？」

Aさん「ふくろは[①]個できて，ボールが[②]個余ります。」

先　生「6進法はボールが6個で位が一つ上がるので，ふくろの個数が十の位の数に，ふくろに入らなかったボールの個数が一の位の数になりますね。」

Aさん「でもふくろの個数が2けたになってしまいました。」

先　生「10進法だと10個のかたまりが10個集まると位が上がります。つまり……」

Aさん「ふくろが6個集まったら百の位の数ですね！」

先　生「その通り！ふくろを6個集めて箱に入れるとしたら，箱は何個必要ですか？」

Aさん「箱は[③]個で，ふくろが[④]個余ります。」

先　生「そうですね。つまり，10進法の200という数は，6進法だと[⑤]となりますね。」

Aさん「かたまりで考えるために6で割ればいいんですね。ありがとうございました！」

〔4〕 ある駐《ちゅう》車場Ａの料金は，午前8時から午後8時の「昼」の時間帯は30分ごとに300円，午後8時から午前8時の「夜」の時間帯は60分ごとに400円かかります。ただし，かかる料金は，昼の時間帯は何分停めても最大で1500円，夜の時間帯は最大で1200円です。昼と夜の時間帯が変わるとそれぞれ料金がかかります。

例えば，午後6時30分から翌日午前8時まで駐《ちゅう》車場Ａに車を停めたときの料金は

午後6時30分から午後8時まで …… 900円

午後8時から翌日午前8時まで …… 1200円（最大料金）

合計　2100円

となります。

次の問いに答えなさい。

(1) 駐《ちゅう》車場Ａに午前6時から10時間車を停めたときの料金は何円か答えなさい。

(2) 駐《ちゅう》車場Ａに14時間車を停めます。かかる料金が最も安くなるとき，その料金が何円か答えなさい。

(3) ある駐《ちゅう》車場Ｂは60分ごとに500円料金がかかり，何分停めてもかかる料金は，1日最大で2000円です。ただし，駐《ちゅう》車場Ｂでは午前6時から次の1日としてさらに料金がかかります。

午後6時から駐《ちゅう》車場Ａと駐《ちゅう》車場Ｂに車を同時に停めたとき，駐《ちゅう》車場Ａのほうがかかる料金が安くなるのは午前何時からか答えなさい。

〔5〕 下の**図**は，棒にたての長さが4 cm，横の長さが2 cm である長方形の板をはり付けたものです。板は，棒の左側から10 cm のところに付けています。この棒を，棒の左側をじくとして1回転したときに長方形の板がつくる立体を考えます。

次の問いに答えなさい。

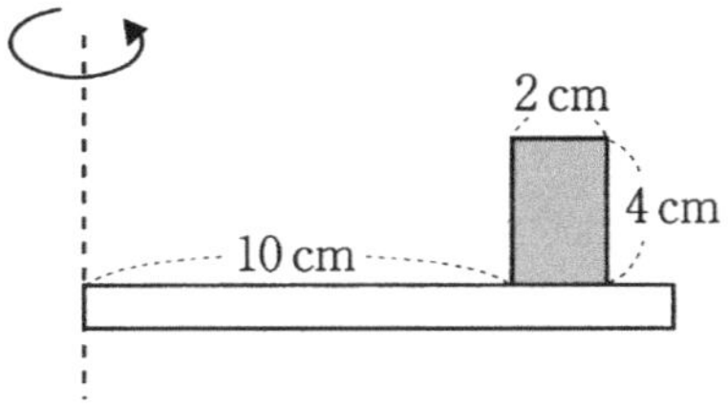

図

(1) 1回転してできる立体はどのような立体であるか，**言葉**で説明しなさい。

(2) 1回転してできる立体の体積を求めなさい。

(3) 1回転してできる立体の表面積を求めなさい。

令和５年度　東明館中学校入学試験問題
Ａ日程

〔理　　科〕

（40分）

（注意）　解答はすべて解答用紙に記入のこと。

東　明　館　中　学　校

受験番号	氏　　　名

〔1〕 光について，以下の問いに答えなさい。

問１　図１の入射光に対しての反射光として最も適当なものを，次のア～ウから１つ選び，記号で答えなさい。

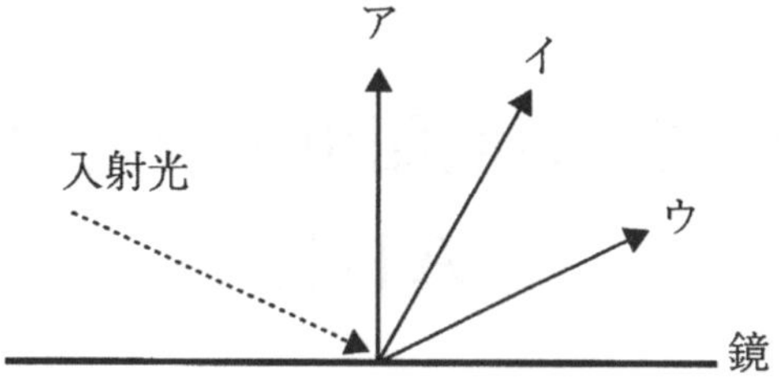

図１

問２　図２のように，Ａ君がろう下から教室内の２枚の鏡を使い，ろう下の壁にはってある図３のようなポスターを見た。ポスターはＡ君からどのように見えたか。最も適当なものを次のア～エから１つ選び，記号で答えなさい。なお，鏡は床に対して垂直に立てられているものとします。

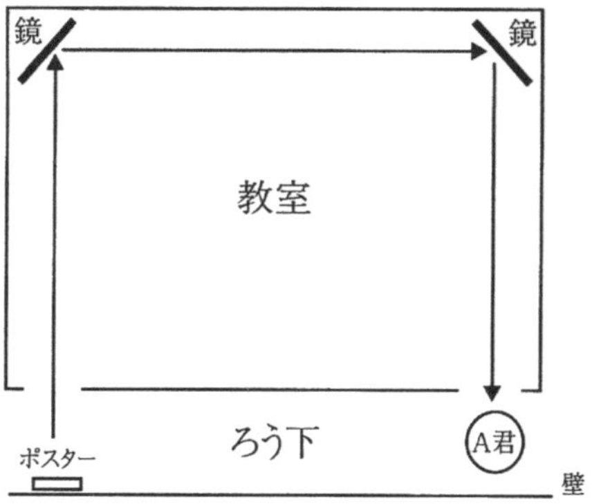

図２

図３

ア

イ

ウ

エ

図４のＡ～Ｃは水中にある光源からの光の進み方の一部を表したものである。

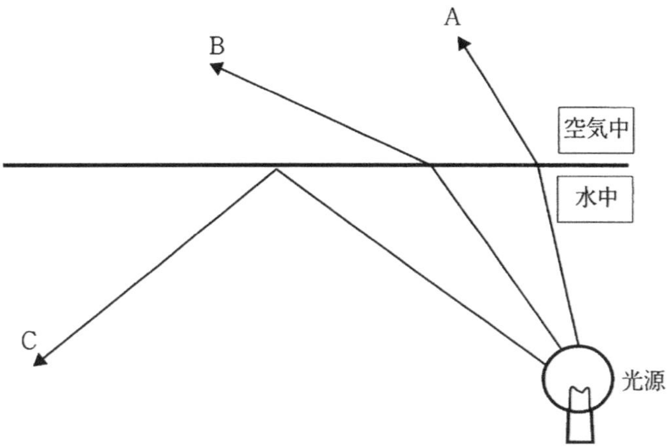

図４

問３　ＡとＢでは光が水中から空気中へ出入りするとき，折れ曲がって進んだ。これを光の何というか答えなさい。

問４　Ｃでは光はすべて反射され空気中に出なくなった。このような反射を何というか漢字で答えなさい。

〔2〕　てこについて，以下の問いに答えなさい。なお，棒や板は太さや厚さ，材質が均一なものとします。なお，棒の重さは無視できるものとします。

問１　次の文の(　　　)に入る言葉を漢字で答えなさい。ただし,順番は問わないものとします。

てこには（　ア　）点、（　イ　）点、（　ウ　）点がある。

問２　図１のＡからＩまでの点は等間隔であり，Ｅが棒の中心となっています。Ｄに20 ｇのおもりをつり下げるとき，Ｉには何ｇのおもりをつり下げればつりあうか答えなさい。

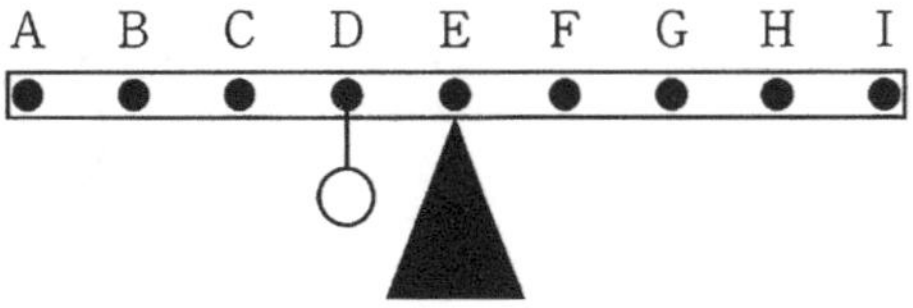

図１

問３　図２のように問２と同じ棒を使ってＧに20 ｇのおもりをつり下げ，Ｉをばねはかりで真上に引いた。ばねはかりが示す値は何ｇか答えなさい。

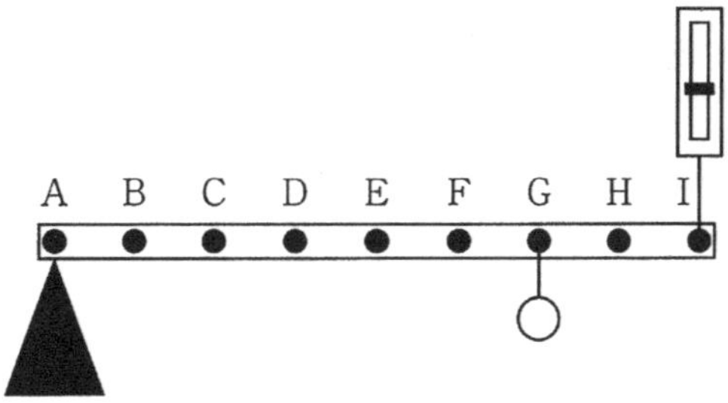

図２

問4　図3のように正方形の板の中心を三角すいに乗せ，板の上におもりを置き，地面と平行にバランスをとることを考える。図4は真上から見たときの板で，縦5マス，横5マスの正方形に区切られている。さらに図4のようにおもりをそれぞれマスの中心に配置し，残りのおもりは5g，10 g，30 gが1個ずつ残っているものとする。残り3個のおもりをそれぞれどこに配置すればつりあうか，図4のA～Pから1つずつ選び，記号で答えなさい。

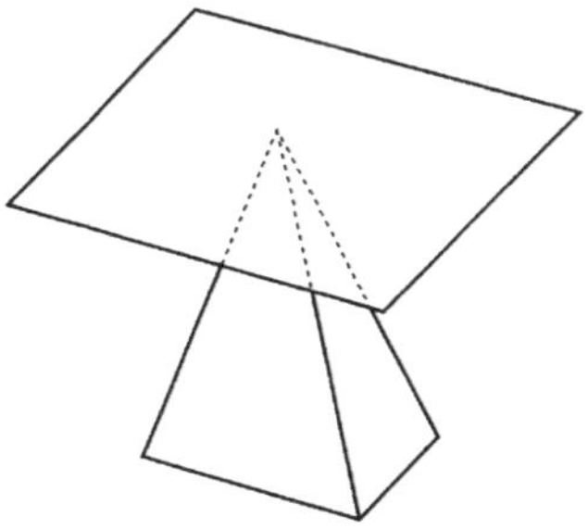

図3

30g	A	10g	B	C
D	E	F	20g	G
10g	H		20g	I
J	10g	K	L	M
10g	N	5g	O	P

図4

〔3〕 酸素について，以下の問いに答えなさい。

問1　酸素を発生させるときに用いる物質を次のア～カから２つ選び，記号で答えなさい。

ア　塩化アンモニウム　　イ　二酸化マンガン　　ウ　炭酸カルシウム

エ　亜鉛　　オ　水酸化カルシウム　　カ　過酸化水素

問2　酸素の性質として正しいものを次のア～エから１つ選び，記号で答えなさい。

ア　空気よりやや重く，水にほとんど溶けない。

イ　空気より重く，水に少し溶ける。

ウ　空気より軽く，水にほとんど溶けない。

エ　空気より軽く，水によく溶ける。

問3　酸素を集めるのに適した装置を次のア～ウから１つ選び，記号で答えなさい。

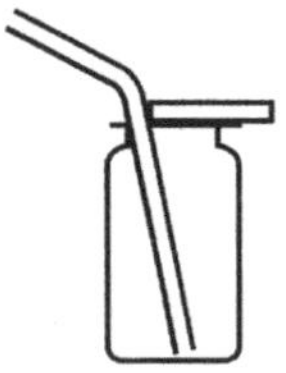

ア

イ

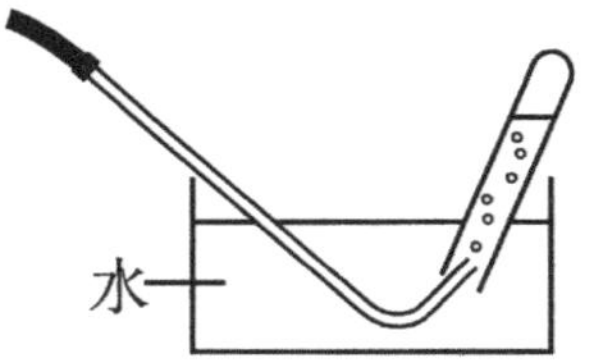

ウ

〔4〕 塩化水素を水に溶かして表１の水よう液①～④をつくりました。これについて，以下の問いに答えなさい。

表１

水よう液	①	②	③	④
塩化水素の体積［L］	0.224	0.448	0.896	B
水の体積［mL］	100	100	A	500

問1　塩化水素の水よう液を何といいますか。漢字で答えなさい。

問2　塩化水素の水よう液にＢＴＢ液を加えると何色になるか答えなさい。

問3　②，③，④の濃度は同じです。ＡとＢに当てはまる数値を答えなさい。

次に，塩化水素の水よう液に大理石を加えたところ，気体が発生しました。大理石の主成分は，炭酸カルシウムです。表２は，大理石１～３の重さと炭酸カルシウムの含まれている割合です。

水よう液① 100mL に大理石１を 0.5 g 加えたとき，大理石はすべて反応してなくなりました。図１は，発生した気体の体積と反応時間の関係のグラフです。

表２

大理石	重さ［g］	含まれている割合［%］
1	10.0	100
2	13.5	85
3	10.5	95

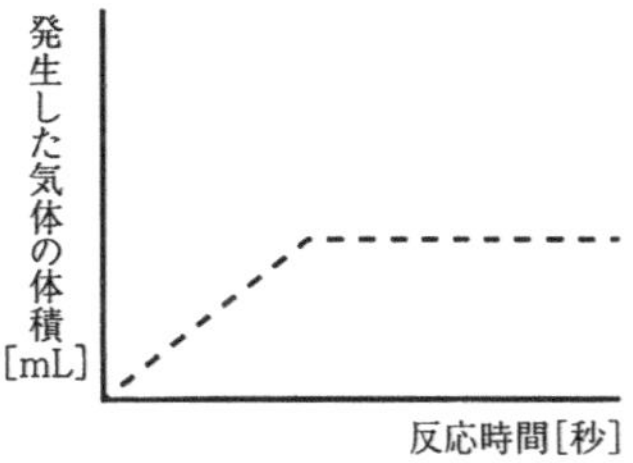

図１

問４　大理石１～３を炭酸カルシウムの量が多い順に並べなさい。

問５　発生した気体の名称を答えなさい。

問６　次のａ，ｂのグラフを，下のア～ケからそれぞれ１つずつ選び，記号で答えなさい。ただし，点線は水よう液① 100mL に，大理石１を 0.5 g 加えたときのグラフです。

ａ　水よう液② 100mL に大理石１を 0.5 g 加えたとき，発生した気体の体積と反応時間の関係のグラフ

ｂ　水よう液② 100mL に大理石１を 1.0 g 加えたとき，発生した気体の体積と反応時間の関係のグラフ

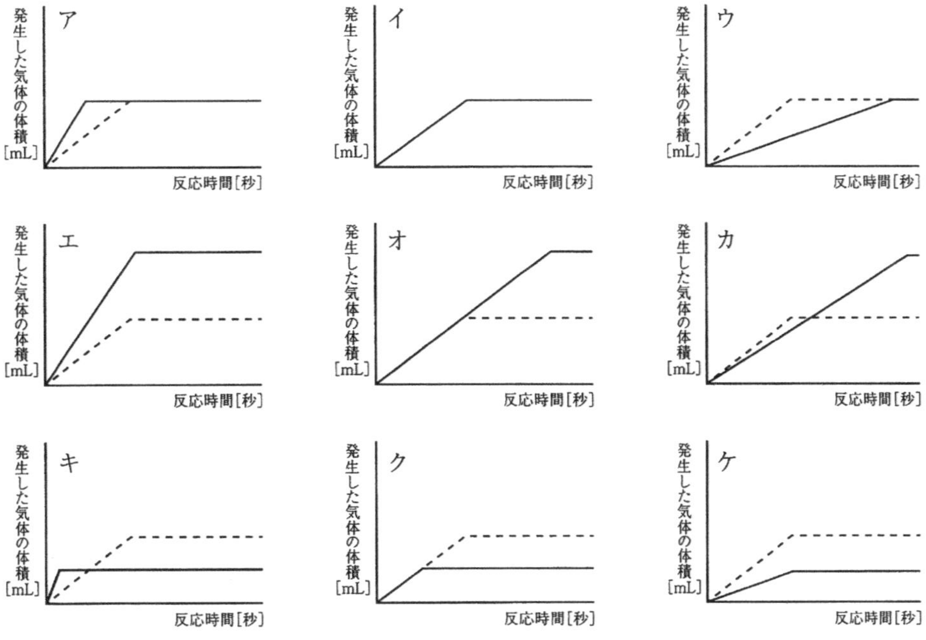

〔5〕 ヒトのからだは色々なはたらきをする器官が集まってできている。主なはたらきとしては，①食べ物を消化・吸収する，②呼吸を行う，③血液を循環させる，④からだを支える，⑤光や音を受け取るなどがある。以下の問いに答えなさい。

問1　下線部①について，次の（1），（2）の問いに答えなさい。

(1)　胃液に含まれるタンパク質を分解する消化こう素の名前を答えなさい。

(2)　胃と小腸の間にあり，胆汁《たんじゅう》やすい液が出される消化管の名前を答えなさい。

問2　下線部②について，次の（1），（2）の問いに答えなさい。

(1)　肺の内部で細かく分かれた気管支の先についている多数の小さなふくろの名前を答えなさい。

(2)　肺は胸部の左右に1個ずつ，計2個ある。肺と同じように2個あるものを次のア～オから1つ選び，記号で答えなさい。
ア　心臓　　イ　かん臓　　ウ　すい臓　　エ　じん臓　　オ　たんのう

問3　下線部③について，血液が運ぶ物質のうち，次の（1），（2）の物質を下のア～エからそれぞれ1つずつ選び，記号で答えなさい。

(1)　からだの各部の細胞から受け取り，じん臓ではい出する物質。

(2)　肺で受け取り，からだの各部の細胞に渡す物質。

ア　酸素　　イ　二酸化炭素　　ウ　栄養分　　エ　不要物

問4　下線部④について，ヒトのからだには多数の骨があるが，成人の骨の数はどれくらいか。次のア～オから1つ選び，記号で答えなさい。
ア　約50個　　イ　約100個　　ウ　約200個　　エ　約300個　　オ　約500個

問5　下線部⑤について，ヒトの目に関する次の（1），（2）の問いに答えなさい。

(1)　次のア～エのうち，両目で見ないと分からないものを1つ選び，記号で答えなさい。
ア　物体の色　　イ　物体までの距離　　ウ　物体の形　　エ　物体の周囲の明るさ

(2)　右の図はヒトの目を正面から見た模式図である。ア～ウのうち，明るい場所で大きくなる部分を1つ選び，記号で答えなさい。

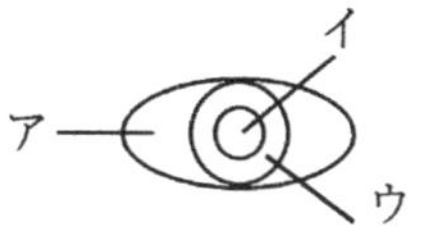

(問題は次のページに続きます。)

〔6〕 種子植物の花は，外側から，がく，花びら，おしべ，めしべの順で構成されている。この4つの部分をつくるには，A，B，Cの3つの物質が次のように関係している。
《図》，《関係》，《注意点》をもとに，《例題》を参考にして，以下の問いに答えなさい。

《図》

外側 ←――――→ 中心

	B	B	
A	A	C	C
がく	花びら	おしべ	めしべ

《関係》

① Aだけがはたらくと，がくができる
② AとBが同時にはたらくと，花びらができる
③ BとCが同時にはたらくと，おしべができる
④ Cだけがはたらくと，めしべができる

《注意点》

① AがあるところではCは合成されず，逆にCがあるところではAは合成されない
② Aが合成されるはずのところでAが合成されなかった場合は，代わりにCが合成される
③ Cが合成されるはずのところでCが合成されなかった場合は，代わりにAが合成される

《例題》

BとCは正常に合成されたが，Aが合成されなかった場合，どのような部分からなる花ができるか。
（答え） 外側から順に 「めしべ　おしべ　おしべ　めしべ」 となる花ができる。

問1 AとCは正常に合成されたが，Bが合成されなかった場合，どのような部分からなる花ができるか。次のア～オから1つ選び，記号で答えなさい。

	外側 ←―		―→	中心
ア	めしべ	めしべ	おしべ	おしべ
イ	めしべ	おしべ	花びら	がく
ウ	がく	花びら	花びら	がく
エ	がく	がく	めしべ	めしべ
オ	めしべ	めしべ	がく	がく

問２　ＡとＢは正常に合成されたが，Ｃが合成されなかった場合，どのような部分からなる花ができるか。次のア～オから１つ選び，記号で答えなさい。

	外側 ←			→ 中心
ア	めしべ	おしべ	めしべ	おしべ
イ	がく	花びら	花びら	がく
ウ	めしべ	花びら	花びら	めしべ
エ	おしべ	めしべ	めしべ	おしべ
オ	がく	がく	花びら	花びら

問３　次のア～コから花をさかせない植物を３つ選び，記号で答えなさい。

ア　サクラ　　イ　スギナ　　ウ　マツ　　エ　スギゴケ　　オ　エンドウ
カ　アブラナ　　キ　イチョウ　　ク　ゼンマイ　　ケ　アサガオ　　コ　ソテツ

〔7〕 ガリレオは地球から見た金星の形だけでなく，その大きさが変化して見える様子も観測していました。見た目の大きさの変化は，金星と地球の距離が変化することを示します。今では，地球と金星が太陽の周りを回ることで，おたがいの距離が変化することが知られています。しかし，私たちは天体の動きを宇宙から見ることはできません。そのため，地上から天体を観測すると自分たちを中心として動いているように見えるので，かつては地球の周りを太陽や他の惑星が回っていると信じられていました(天動説)。

昔の天文学者たちは，観測事実を説明するために，いろいろな惑星の動きを考えました。

問１ 下線部について，次の２つの条件が成り立つとすると，太陽，地球，金星の通り道や動きは，どのようになると考えられますか。最も適当なものを下のア～エから１つ選び，記号で答えなさい。ただし，実線と点線はそれぞれ地球と太陽を中心とする通り道を示します。

条件１：金星は，日の出や日の入りに近い時間帯でしか見ることができない。
条件２：金星の大きさが変化して見える。

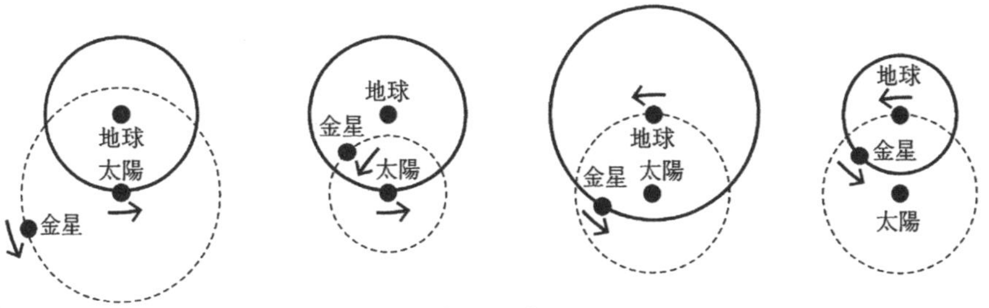

〔アとイは、金星は太陽の周りを回り、太陽が金星を引き連れて地球の周りを回っているという考え。〕

〔ウとエは、金星は地球の周りを回り、地球が金星を引き連れて太陽の周りを回っているという考え。〕

ア　イ　ウ　エ

問２　次の文章を読んで，（１），（２）の問いに答えなさい。

金星は公転周期が約 225 日，自転周期が約 243 日と，自転周期の方が長くなっています。また，自転方向が他の７つの惑星とは反対向きなので，金星では太陽が（　①　）から昇り，（　②　）に沈みます（厚い雲のせいで中から見ることはできませんが)。

⑴　（　①　），（　②　）に当てはまる語句をそれぞれ答えなさい。

⑵　金星の公転周期は地球の公転周期の何倍か。小数第３位を四捨五入し，小数第２位まで答えなさい。

問３　金星の表面温度が平均 460℃と高温である理由として，最も適当なものを次のア～エから１つ選び，記号で答えなさい。

ア　惑星の中でも最も太陽に近いため。

イ　地球に反射した光が金星に当たっているため。

ウ　大気のほとんどが二酸化炭素であり，その温室効果のため。

エ　太陽のように核融合反応を起こしているため。

様々な観測の結果，実際には，太陽の周りを地球や他の惑星が回っていることが明らかになりました（地動説)。

問４　右図の金星を観察した時間帯と方角として最も適当なものを，次のア～エから１つ選び，記号で答えなさい。

ア　明け方，東　　イ　明け方，西　　ウ　夕方，東　　エ　夕方，西

〔8〕 川が形成される前の山に，広く露《ろ》出した岩石の平たん部があるとします。そこは川の上流域になると考えられますが，雨が降るとその表面を水が流れ，晴れると直射日光に照らされるということが長い年月くり返されることになります。

問１　岩石の表面を流れる水が，通り道をつくり，長い年月をかけて川が形成されていきます。このとき，流れる水が岩石の表面をけずる作用を何といいますか。

川の上流域では，流れる水のはたらきだけではなく，岩石がもろくなる現象も起きています。

問２　山に露《ろ》出した岩石が花こう岩でできているとします。花こう岩は，図１のように石英，長石，黒雲母という鉱物が集まってできています。図１は花こう岩の表面をイラスト化したものです。鉱物は温度が上がると体積が増え，温度が下がると体積が減りますが，鉱物によってそれぞれ体積の変化の大きさが異なっています。川の上流部となる山は「寒暖差」が大きいことを踏《ふ》まえ，図１を参考にして岩石がもろくなる原因について説明しなさい。

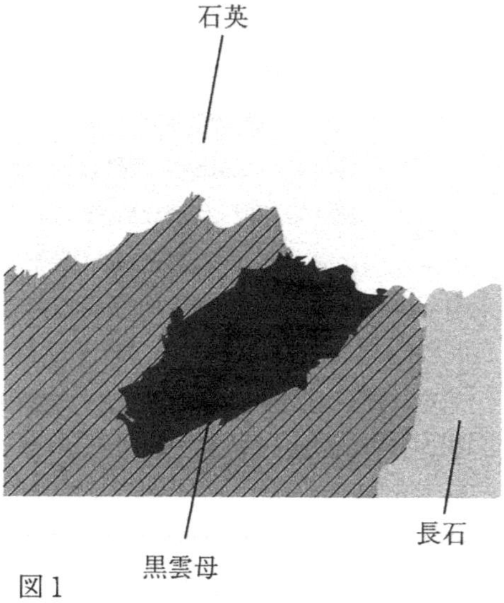

図１

川原にある石などは，様々な大きさや形があり，場所によっても異なります。

問３　川原にある石などの特徴について説明した次の文章において，（　①　）～（　④　）にあてはまる語句を答えなさい。

川原にころがっている石は，川の上流では形状が（　①　）いて，大きさが（　②　）な石が多くあります。また，扇状地となっている川の中流では，形状が（　③　）いて，大きさが（　④　）な石が目立ちます。

問４　水の流れる速さが，ある速さより大きくなると砂は動き出しましたが，どろやれきは動き出しませんでした。さらに速さを大きくしていきと，しばらくしてどろとれきも動き出しました。この結果から予測される，粒の大きさに対して，粒が流れ出す水の速さを表すグラフ（縦軸が水の流れの速さ，横軸が粒の大きさ）はどれですか。次のア～エから１つ選び，記号で答えなさい。

ア

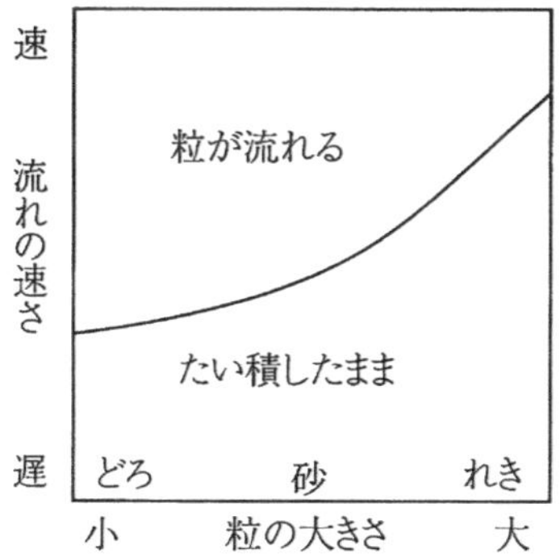

イ

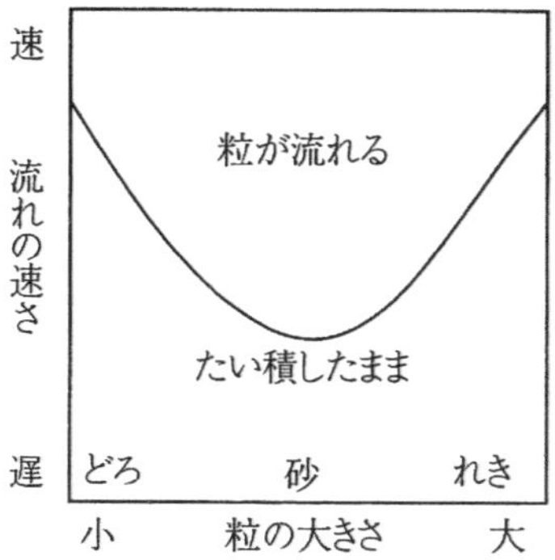

ウ

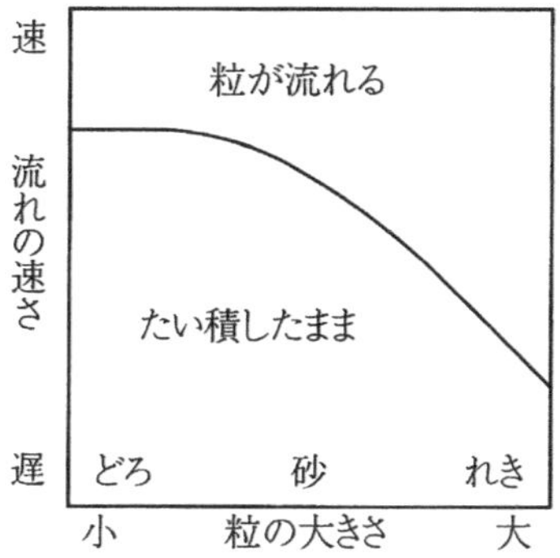

エ

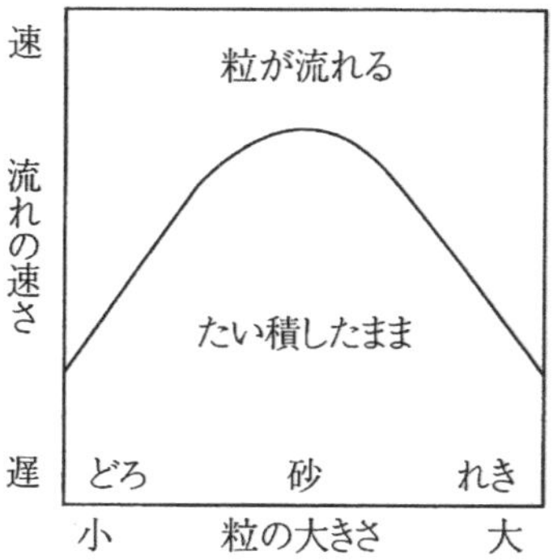

令和５年度　東明館中学校入学試験問題
Ａ日程

〔社　会〕

（40分）

（注意）　解答はすべて解答用紙に記入のこと。

東　明　館　中　学　校

受験番号	氏　名

〔1〕 日本の諸地域について，1～4の問いに答えなさい。

1　次の図1は，全県計を100とした場合の1人あたり各県民所得の割合（2018年）を示したものです。この地図を見て，（1）～（5）の問いに答えなさい。

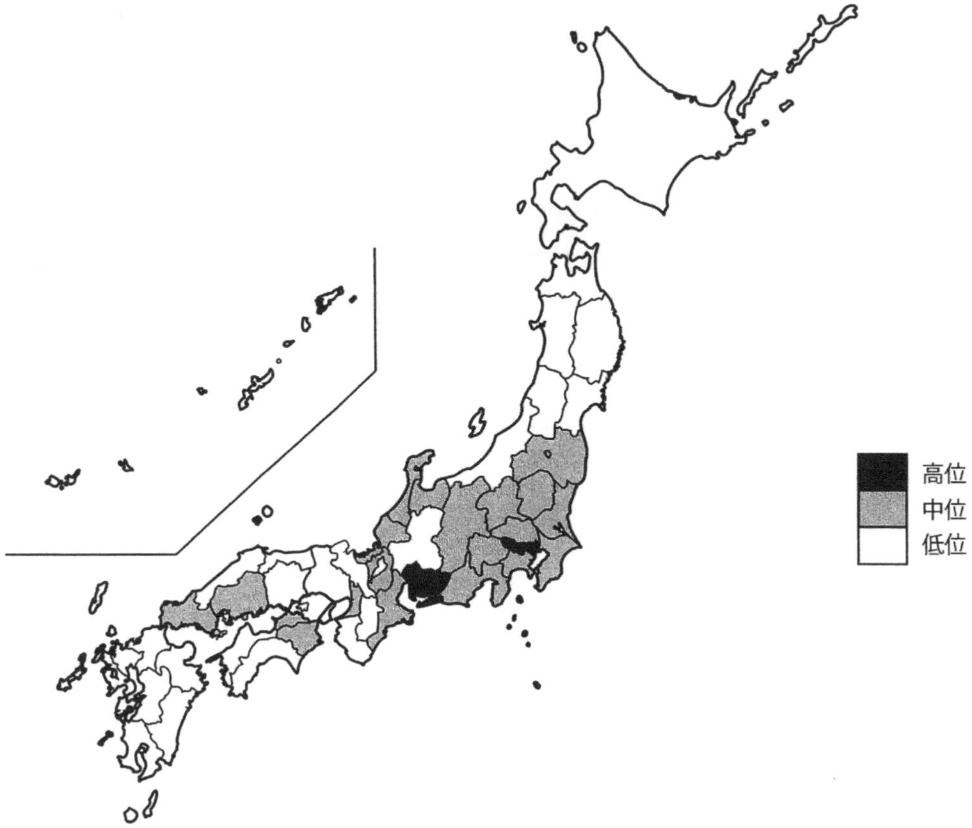

図1

（内閣府『国民経済計算』より作成）

（1） 図1について，中部地方の中で，低位になっている都道府県を1つ選び，都道府県名を漢字で答えなさい。

（2） 図1について，気候を比べるため，中位の都市のうち4都市（福井市・横浜市・長野市・山口市）を選び，図2の①～④のような雨温図を作成しました。山口市に当てはまるものを，図2中の①～④から1つ選び，番号で答えなさい。

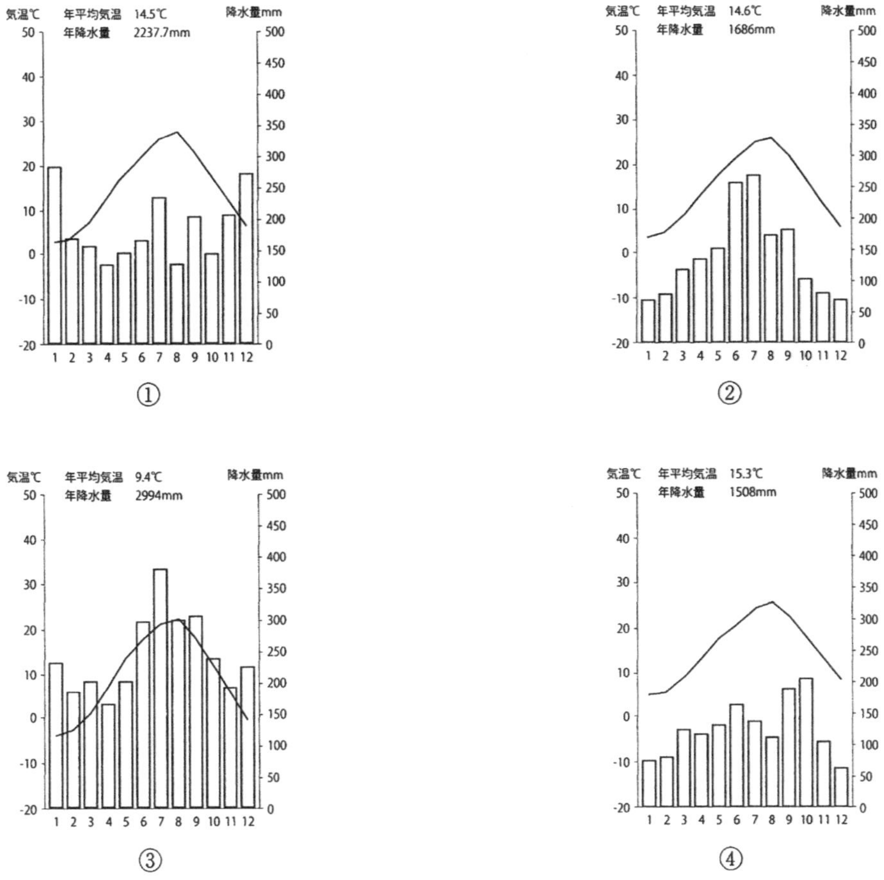

図2

（『CLIMATE-DATA.ORG』より作成）

（3） 次の文Ⅰ・Ⅱは，図1中で高位となっている東京都が行う自然災害への対策について述べたものです。Ⅰ・Ⅱの正誤の組み合わせとして最も適当なものを，次の①～④から1つ選び，番号で答えなさい。

Ⅰ：大雨によって起こる津波や液状化現象が発生しそうな場所を想定してハザードマップへ反映しておく。

Ⅱ：東京都では火山の噴火は見られないため，災害への対策の必要はない。

① Ⅰ：正 Ⅱ：正　② Ⅰ：正 Ⅱ：誤　③ Ⅰ：誤 Ⅱ：正　④ Ⅰ：誤 Ⅱ：誤

（4） 東明くんは，図1を見て，なぜ愛知県は1人あたり県民所得が高位なのか，気になって調べたところ，次の図が見つかりました。図3は，1人あたり製造業GDP*を示したものです。これを見て，愛知県が1人あたりの県民所得の割合が高位である理由を製造業名をあげて簡単に答えなさい。

*GDPとは，1年間など，一定期間内に国内で生産されたものの総額のこと。

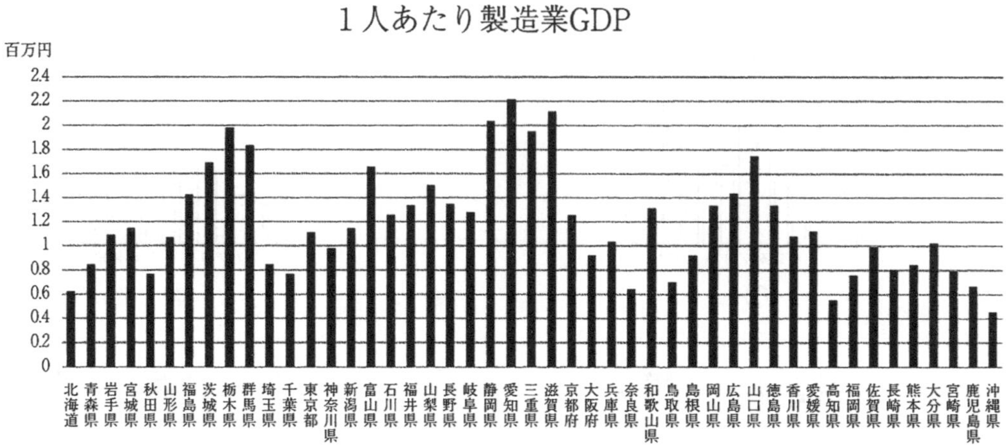

図3

（2015年　内閣府『国民経済計算』より作成）

(5) 図1について，四国地方で1人当たり県民所得が中位となっている香川県では，瀬戸内の気候が見られます。瀬戸内の気候は，特徴として温暖少雨があげられますが，温暖少雨をもたらす季節風の乾湿と風向きを模式的に示した図として最も適当なものを，次の図4中①～④から1つ選び，番号で答えなさい。

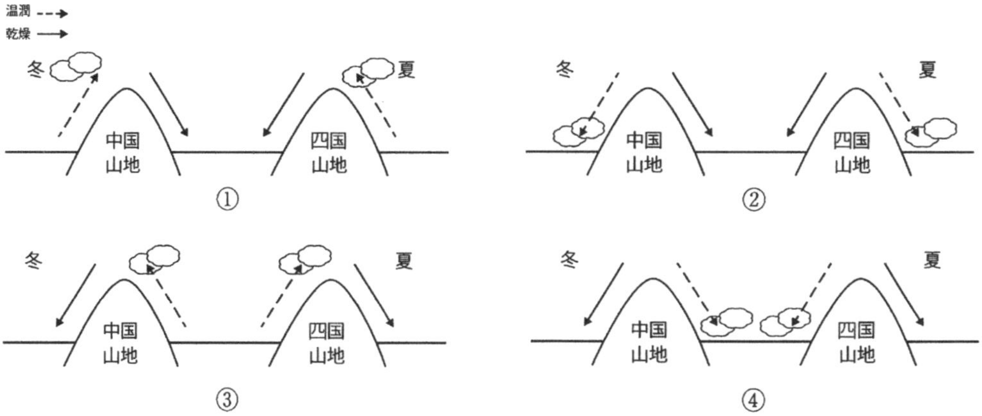

図4

2　次の図５中Ａ～Ｃは，九州地方で面積が大きい市*上位５つ・人口が少ない市*上位５つ・人口の多い市*上位５つを示したものです。Ａ～Ｃと各項目との組み合わせとして最も適当なものを次の①～⑥から１つ選び，番号で答えなさい。ただし島しょ部**は除きます。

*■はそれぞれ市役所の位置を示している。※人口は2019年
**島しょ部は，大小さまざまな島がある地域などを指す。

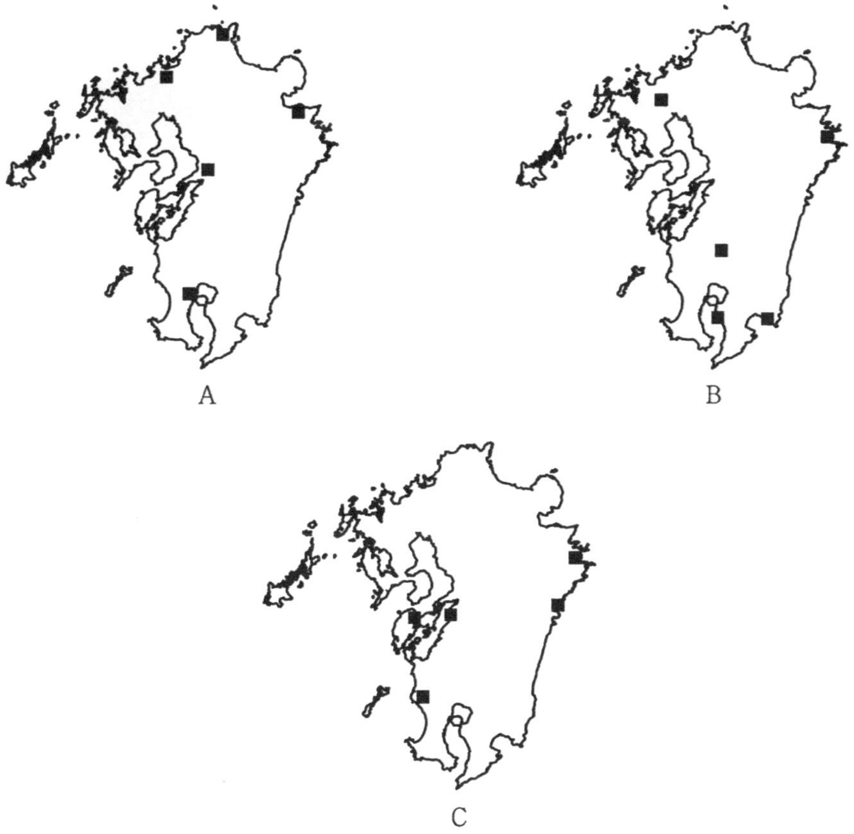

図５

（国土地理院『全国都道府県市区町村別面積調』，『住民基本台帳』などから作成）

	①	②	③	④	⑤	⑥
面積が大きい市	A	A	B	B	C	C
人口の多い市	B	C	A	C	A	B
人口の少ない市	C	B	C	A	B	A

3　東明くんは，仮想の統計地図を使って，様々な地域の特徴を比べたいと考えました。地域ごとの牛の飼育頭数を仮想の統計地図に表したい場合，最も適当な表現方法を，次の図６の①～④から１つ選び，番号で答えなさい。

※図６の　……　は各地域の境とします。

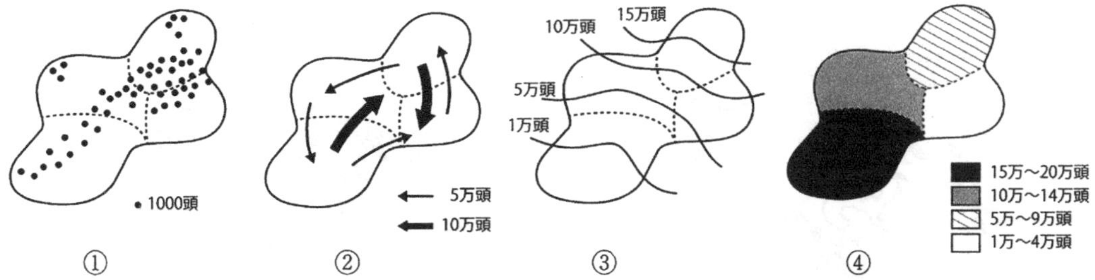

図６

4　食品の安全性について，2002年９月に日本初となるBSE（牛海綿状脳症）が発生したのをきっかけに，BSEの検査体制を確立するのと同時に，牛の生産履歴をきちんと管理する必要に迫られ，現在日本で飼育されているすべての牛に対して，10桁の個体識別番号を付け，流通過程を調べることができるようになりました。このような仕組みを何といいますか，最も適当なものを次の①～④から1つ選び，番号で答えなさい。

①　インフォーマルセクター　　　②　トレーサビリティ

③　ナショナルトラスト　　　　　④　フェアトレード

〔2〕 タロウさんは，大分県日田市の自然環境や，人間活動にかかわる地域調査を行いました。次の図1を見て，1～7の問いに答えなさい。

日田の航空写真

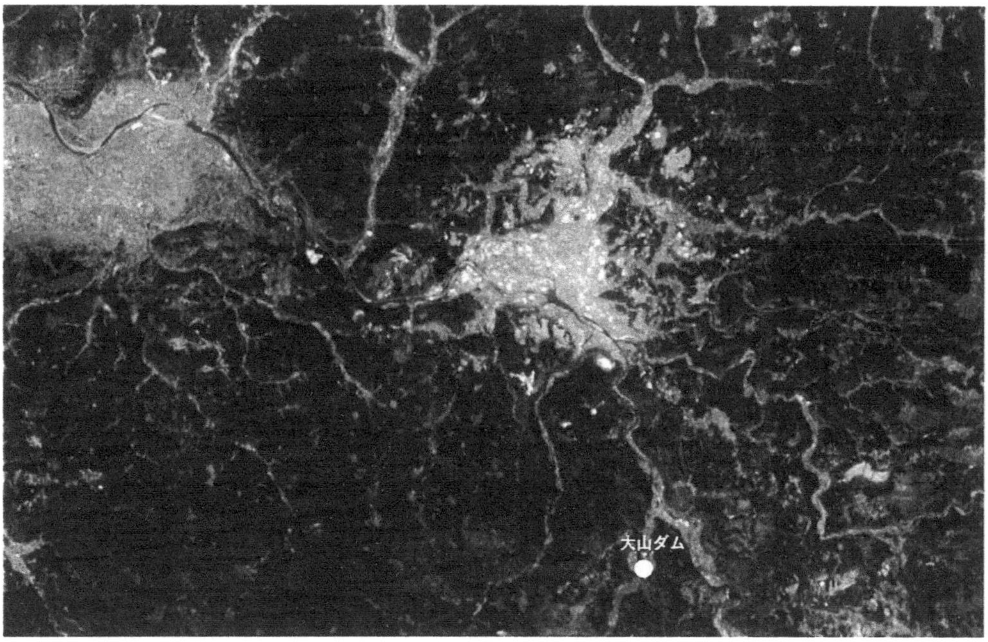

図1　　　　(Google Maps より作成)

1　タロウさんは，日田市を散策していると，図2のような水路を見つけました。この水路の役割を日田の地形（盆地）から簡単に答えなさい。

図2　日田市内（豆田町）付近

2　タロウさんは，日田市がなぜ，江戸時代に幕府の直轄《ちょっかつ》領（天領）になったのかを調べるために，市役所を訪問し，詳しい話を聞くことにしました。タロウさんと市役所の職員との会話文の（　ア　）・（　イ　）にあてはまる語句の正しい組み合わせとして，最も適当なものを次の①～④から１つ選び，番号で答えなさい。

タロウさん「なぜ日田市は天領になったのですか。」

職　　員「日田は，豊前，豊後，筑前，筑後，肥後の各地に境を接し，大山川，玖珠《くす》川，筑後川，山国川などによって四方に通ずる，古くからの（　ア　）でありました。」

タロウさん「当時の豊臣秀吉はこれに着目して，1594年にここを直轄の支配地としたのですね。でも，元々は不便な山あいの地であるのに，なぜ繁栄したのでしょうか。」

職　　員「江戸時代には，日田は幕府の九州統治の拠点とされ，幕府の公的資金が日田の商人たちによって運用されたからです。この資金は「日田金《ひたがね》」と呼ばれ，日田の商人たちを通して九州の大名や豪商に貸し付けられ，巨額の利益を生み出していきます。そして日田は，九州の経済を支配する幕府の直轄地になりました。」

タロウさん「それによって，九州各地からこの地に向う街道は，「（　イ　）」とよばれるようになったのですね。わかりやすい説明ありがとうございました。」

	①	②	③	④
ア	産業の中心地	産業の中心地	交通の要衝地	交通の要衝地
イ	日田街道	朝倉街道	日田街道	朝倉街道

3　タロウさんは，日田市には洪水被害の軽減のため，ダムがいくつか設置してあることを知り，図１の場所にある写真１の大山ダムを調べました。ダムの働きについて，タロウさんが述べた文として，**適当でないもの**を次の①～④から１つ選び，番号で答えなさい。

写真１　大山ダム

①　ダムは，普段日照りに備えてある程度の水を溜《た》めながら，大雨で増えた水を溜めるための余裕をとっている。

②　大雨でダムに流れ込む水が増えた時は，溜まりきった水を全て下流に流し，水の量を調節している。

③　大雨が止んだら溜まった水を普段の水位になるまで少しずつ流し，次の大雨に備える。

④　大山ダムの水は，福岡市や久留米市へ運ばれて，生活用水として使われている。

4　大分県の農牧業の地域的特徴を，統計データや図３の地形の情報から考えようと思い，調べてみました。次の図３は，大分の標高地形図*および米・乳用牛・果実の生産額を市町村別に示したものです。品目名とＰ～Ｒとの正しい組み合わせを次の①～⑥から１つ選び，番号で答えなさい。

*国土地理院「デジタル標高地形図」は一部改変しています。

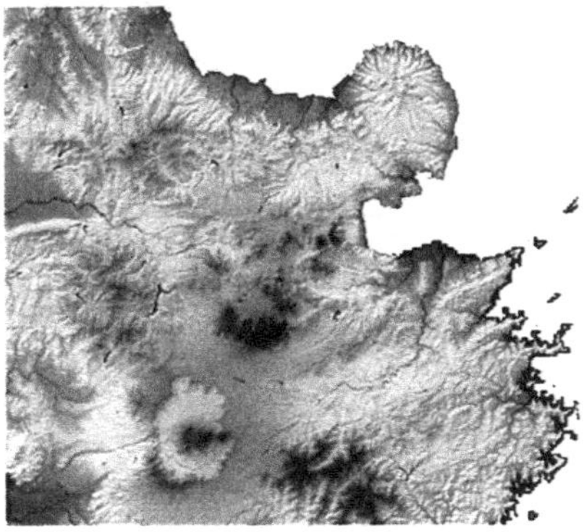

大分の標高地形図

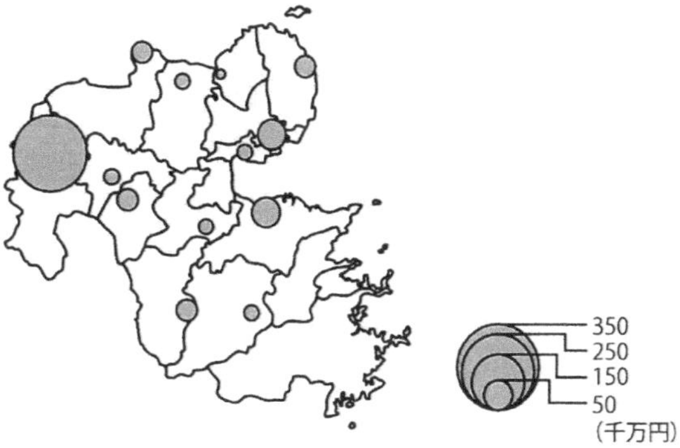

P

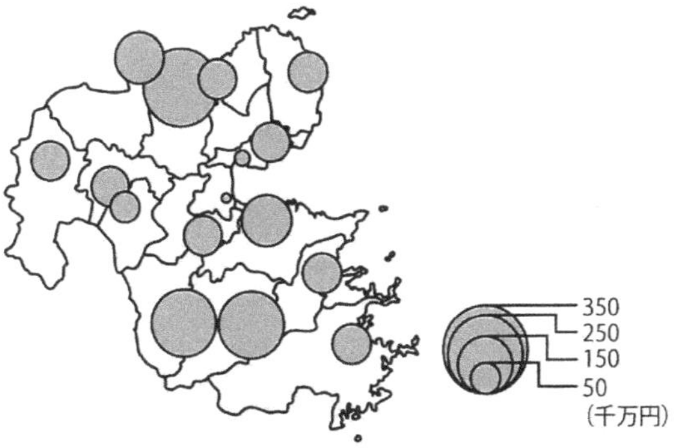

Q

R

図３

(e-Stat『市町村別農業産出額（推計)』より作成)

	①	②	③	④	⑤	⑥
米	P	P	Q	Q	R	R
乳用牛	Q	R	P	R	P	Q
果実	R	Q	R	P	Q	P

5　タロウさんは，日田駅とその周辺を訪れました。次の図4は，日田市における 2万5千分の1地形図（原寸・一部改変）で，写真2は，図4のＪ～Ｍの地点から矢印の方向にタロウさんが撮影したものです。Ｋにあてはまる写真を次の①～④から1つ選び，番号で答えなさい。

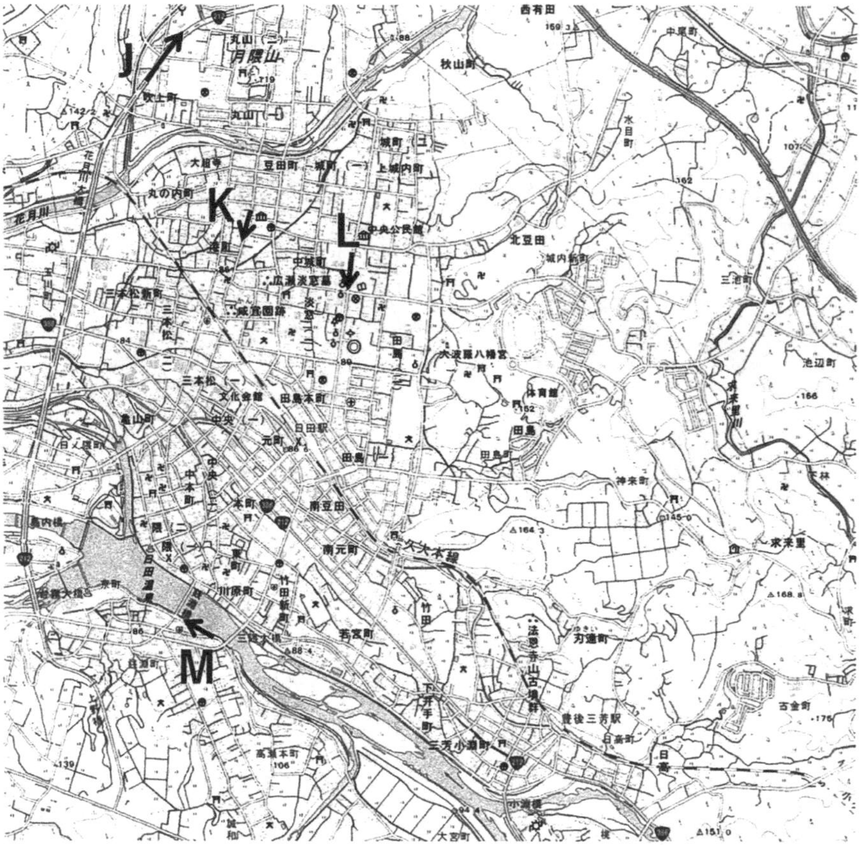

図4

①

②

③

④

写真2

小計

〔問題一〕

問1

㋐ 悩 んで

㋑ ドリョク

㋒ 就 き

㋓ セイセキ

問2

問3

問4

問5

問6

問7

問8

問9

問10

140

120

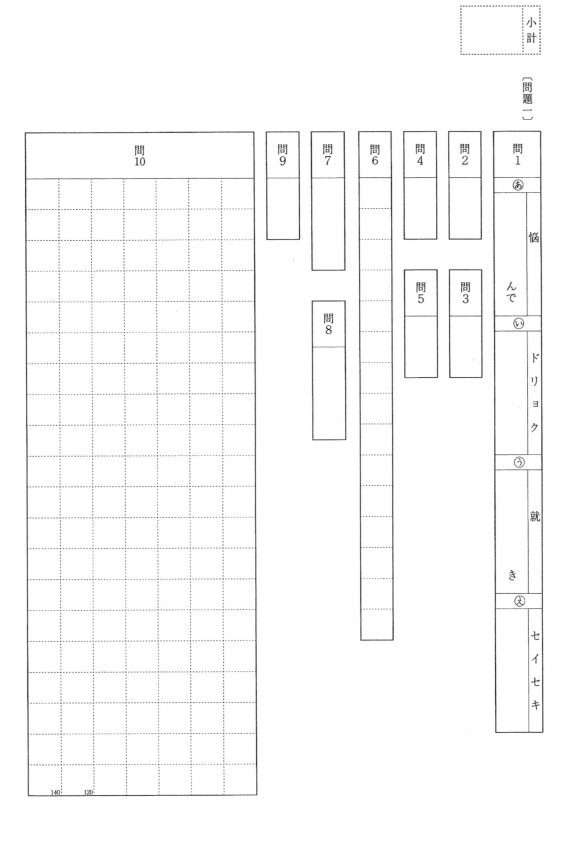

〔3〕

①	
②	
③	
④	
⑤	

〔4〕

(1)	円
(2)	円
(3)	午前　　　　時から

〔5〕

(1)	
(2)	cm^3
(3)	cm^2

得　点			

※100点満点
（配点非公表）

〔5〕

問1	(1)		(2)	
問2	(1)		(2)	
問3	(1)		(2)		問4	
問5	(1)		(2)	

〔6〕

問1		問2	
問3			

〔7〕

問1		問2	(1)	①		②	
問2	(2)	倍	問3		問4		

〔8〕

問1								
問2								
問3	①		②		③		④	
問4								

得　点	※50点満点 （配点非公表）

〔4〕

1		2		3	
4		5		6	
7		8	➡　➡　➡		
9		10			

〔5〕

1	(1)	(2)	(3)

(4)	2		3	

4		5	

得　点	※50点満点 （配点非公表）

A日程

令和5年度　中学社会　解答用紙

受験番号

氏　　名

〔1〕

1	(1) 都道府県名	(2)	(3)
	(4)		
	(5)		
2		3	4

〔2〕

1					
2		3		4	
5		6		7	

〔3〕

1	➡　➡　➡　➡			2	
3		4	(1) カ	キ	
4	(2)	5		6	
7	の乱				

A日程

令和5年度　中学理科　解答用紙

受験番号

氏　　名

〔1〕

問1		問2		問3	
問4					

〔2〕

問1	ア	点	イ	点	ウ	
問2	g	問3	g			
問4	5g	10g	30g			

〔3〕

問1		問2		問3	

〔4〕

問1		問2					
問3	A		B		問4	→ →	
問5		問6	a		b		

A日程

令和5年度 中学算数 解答用紙

受験番号

氏名

〔1〕

(1)	
(2)	
(3)	
(4)	
(5)	円
(6)	通り
(7)	
(8)	曜日
(9)	8時 分
(10)	才以上 才未満

〔2〕

(1)	°
(2)	cm^2
(3)	cm^2
(4)	cm

問2

問3

問4

問5

問6

問7

問8

問9

小計

〔問題三〕

問1 ① ② ③ ④ ⑤

問2 ①↓ ②↓ ③↓ ④↓ ⑤↓

小計

A日程

令和五年度　中学国語　解答用紙

受験番号

氏　名

得　点

※100点満点
（配点非公表）

6　タロウさんは，日田駅周辺の地形や土地利用の変化について，新旧の地形図を比較しました。次のページの図５は，日田駅周辺の1970年の２万５千分の１地形図（原寸・一部改変）であり，次のページの図６は2022年の２万５千分の１電子地形図（原寸・一部改変）です。次の図５・６から読み取れることがらを述べた文として，**適当でないもの**を次の①～④から１つ選び，番号で答えなさい。

①　月隈山付近から中ノ島町を通る国道が新しく開通した。

②　城町周辺に見られた水田の多くは消滅し，新たに住宅地や学校が建てられた。

③　萩尾稲荷社周辺にはトンネルが開通し，高速道路が開通するようになった。

④　豪雨の影響により，市役所が移転したが警察署や図書館，官公署などは変わっていない。

1970年

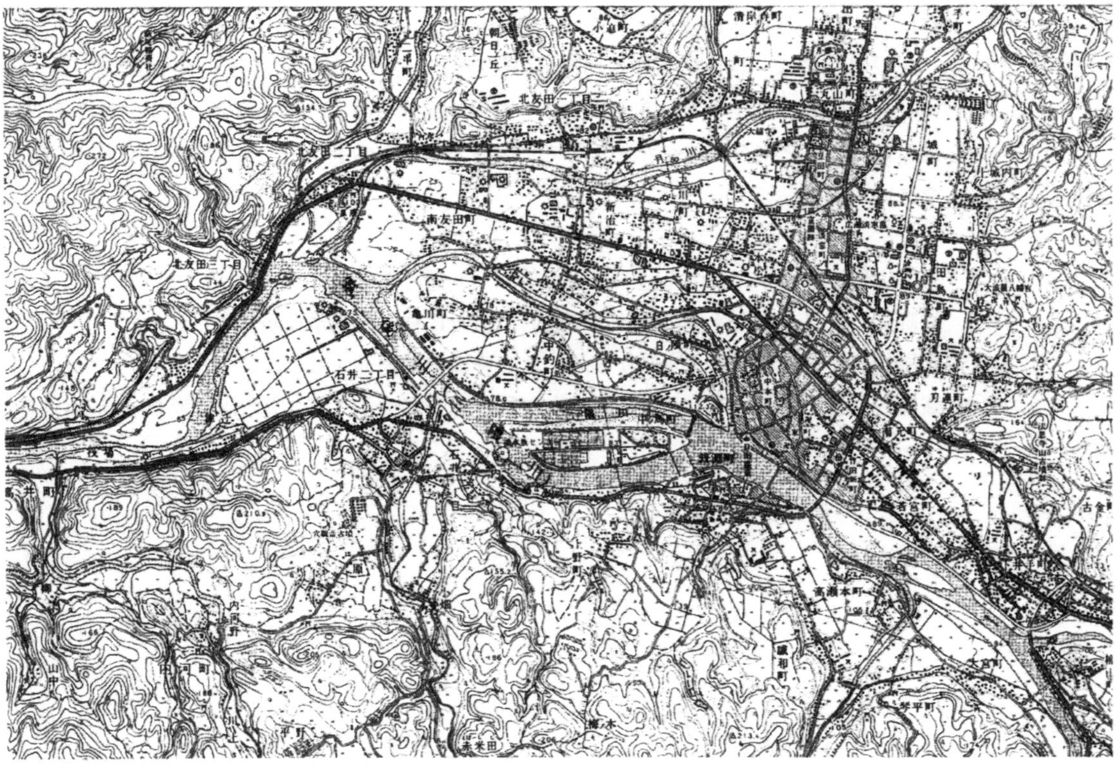

図５

2022年

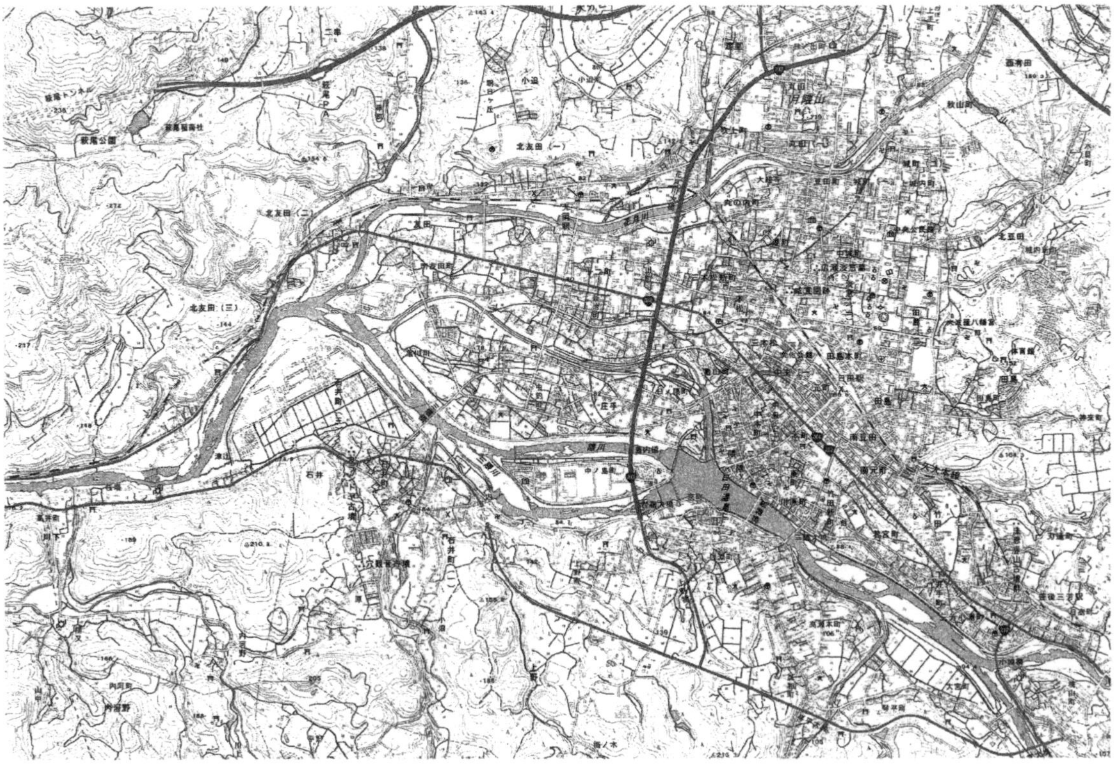

図６

7　日田は，九州三大美林として，有名な日田杉があることを知ったタロウさんは，日本の林業の現状を調べることにしました。次の図７は，日本の木材自給率の推移と，製材価格の推移を示したものです。図から読み取れることがらとして，**誤っているもの**を次の①～④から１つ選び，番号で答えなさい。

① 木材自給率は，1955年～1980年にかけて低下しているが，輸入材が減少した年は上昇傾向にある。

② 木材自給率低下の要因として，格安の輸入材が増加したことが挙げられる。

③ 製材価格における国内価格は，2016年以降上昇し続けている。

④ 木材自給率上昇の要因として，輸入価格が上昇し国内価格を上回ったことが挙げられる。

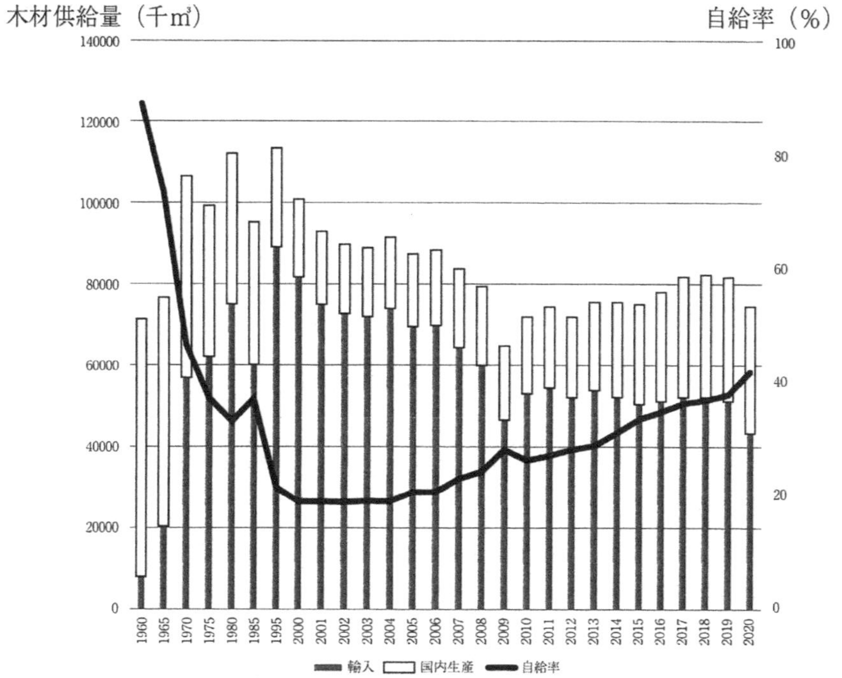

（2020年　『木材需給表』より作成）

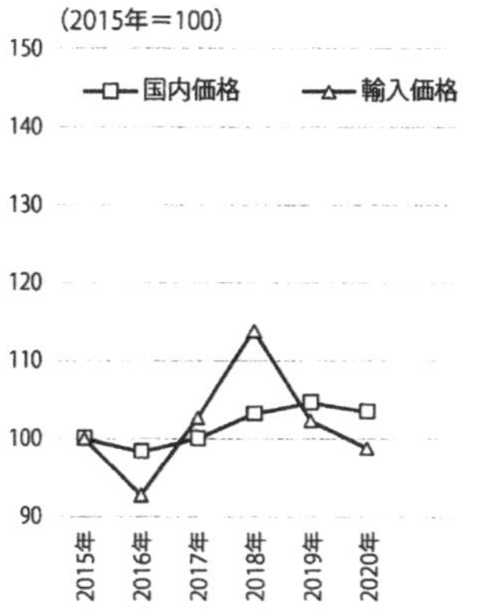

図７　　（『企業物価指数（日本銀行）』より作成）

〔3〕 次の表を見て，１～７の問いに答えなさい。

時代	人物	文化財	出来事
（　ア　）時代	a聖徳太子	法隆寺	
（　イ　）時代		東大寺	b大仏の造営
（　ウ　）時代	紫式部	平等院鳳凰堂	
（　エ　）時代		金剛力士像	c承久の乱
（　オ　）時代	d足利義政	銀閣寺	

１　上の表の（　ア　）～（　オ　）に入る語句を①～⑤から１つずつ選び，それぞれ番号で答えなさい。

①　鎌倉　　②　飛鳥　　③　平安　　④　室町　　⑤　奈良

２　下線部ａについて，この人物の業績とされるものとして**誤っているもの**を，①～④から１つ選び，番号で答えなさい。

①　律令という法律をととのえ，人々を戸籍に登録した。
②　使者として小野妹子らを中国に派遣した。
③　家柄にとらわれず，才能や功績のある人物を役人に取り立てる制度をつくった。
④　仏教や儒学の考え方を取り入れた役人の心構えを示した。

３　（　ア　）時代に，朝鮮半島をつうじて日本に伝わったものとして**誤っているもの**を，①～④から１つ選び，番号で答えなさい。

①　儒学　　②　鉄砲　　③　須恵器　　④　仏教

4　下線部ｂについて，（1）・（2）の問いに答えなさい。

（　カ　）天皇と光明皇后は，唐の皇帝にならって，仏教の力により，伝染病や災害などの不安から国家を守ろうと考えました。そこで，国ごとに（　キ　）寺と（　キ　）尼寺《にじ》を建て，都には東大寺を建てて金銅の大仏を造らせました。僧や尼《あま》は，国家から保護を受けましたが，そのかわりに国家を仏教の力で守るように命じられました。

（1）（　カ　）・（　キ　）に入る語句を答えなさい。

（2）文中の下線部について，この寺のたてられた場所として正しいものを，次の地図上の①～④から１つ選び，番号で答えなさい。

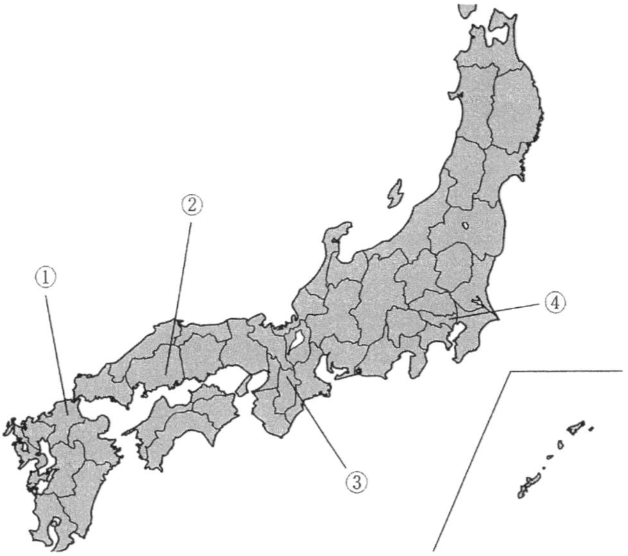

5　（　ウ　）時代の文化について述べた文として**誤っているもの**を，①～④から１つ選び，番号で答えなさい。

① 西アジアやインドから唐にもたらされ，遣唐使によって持ち帰られた宝物の多くが，正倉院におさめられた。

② 念仏をとなえて阿弥陀如来にすがり，死後に極楽浄土へ生まれ変わることを願う浄土信仰がおこった。

③ 宮廷につかえる教養や才能のある女性によって，仮名文字を用いた文学作品がさかんにつくられた。

④ それまで唐風だった天皇や貴族の衣装は，省略されたり変形されたりして，ゆったりとした独自のものになった。

6　下線部cについて，次の資料は，この出来事がおこった時に行われた演説の一部です。この演説を行った人物にもっとも関係の深い人物を，次の①～④から１つ選び，番号で答えなさい。

> みなの者，よく聞きなさい。これが最後の言葉です。頼朝公が朝廷の敵をたおし，幕府を開いてからは，官職といい，土地といい，みながいただいた恩は山より高く，海より深いものです。みながそれに報《むく》いたいという志《こころざし》はきっと浅くないはずです。名誉を大事にする者は，ただちに逆臣をうち取り，幕府を守りなさい。

①　後白河法皇　　②　北条義時　　③　北条時宗　　④　平清盛

7　下線部dについて，この人物が将軍の時におこった，将軍のあとつぎ問題をめぐる大規模な争乱を何といいますか，漢字で答えなさい。

〔4〕 A～Dの文を読み，1～10の問いに答えなさい。

A

私の祖父は，モンゴル高原の遊牧民の勢力を統一し，初代のハン(皇帝)になりました。その後，第5代皇帝となった私は，モンゴルから中国にかけての地域に［　　　］という中国風の国名をつけ，高麗や宋を服属させました。しかし，2度の日本遠征はうまくゆかず，長旅と武士の抵抗に苦労しました。

1　この人物名を，答えなさい。

2　文中の［　　　］に入る語句を答えなさい。

B

私はスペインに生まれ，ポルトガル王の依頼でインドのゴアに派遣され，1549年にはじめて日本の土を踏みました。その目的は世界中に神の教えを広めることであり，私はそのための組織［　　　］会の一員でした。私は，鹿児島・a平戸・山口・豊後府内《ぶんごふない》などをおとずれ，天皇・将軍・領主などに布教のための働きかけをおこないました。

3　この人物名を，答えなさい。

4　文中の［　　　］に入る語句を，カタカナ4文字で答えなさい。

5　下線部aの場所として正しいものを，次の地図上の①～④から1つ選び，番号で答えなさい。

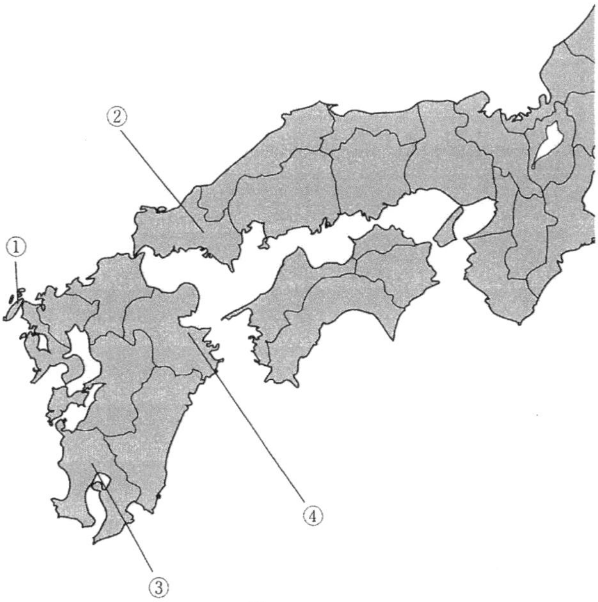

C

私は日本を侵略するためではなく，開国するためにやって来ました。父も軍人，兄は米英戦争の英雄です。1853年，大統領の親書をわたすべく４隻の軍艦をひきいて浦賀に入り，翌年，７隻の軍艦を率いて再び来航し，$_b$条約締結を実現しました。実はこのあと那覇にゆき，$_c$琉球王国とも条約を締結しました。

6　この人物名を，答えなさい。

7　下線部ｂについて，この条約の名称を漢字で答えなさい。

8　下線部ｃについて，①～④の文を古いものから順に並べ，番号で答えなさい。

① 琉球王国から，中国風の衣装を着た使節が江戸をおとずれた。
② 政権の許可をうけた薩摩藩によって，琉球王国は征服された。
③ 中山《ちゅうざん》の王になった尚氏によって，沖縄島が統一された。
④ 政府は軍隊の力を背景に，琉球藩を廃止して沖縄県を設置した。

D

私は第一次世界大戦で敗れたドイツをたてなおすため，戦勝国からおしつけられたベルサイユ条約を破棄し，ドイツ民族の生存圏を確保することが必要だと考えました。そのために，$_d$ユダヤ人を迫害し，共産主義者などを攻撃しながら，ドイツ人が他民族より優秀であると宣伝して注目を集めました。私が率いたナチス（国民社会主義ドイツ労働者党）は，1932年に議会で第一党となり，1933年に私はドイツの首相となりました。日本とは，1940年に日独伊三国同盟をむすび，イタリアとともに枢軸国として，イギリスを中心とする連合国とたたかいました。

9　この人物名を，答えなさい。

10　下線部ｄについて，このことともっとも関係の深いものを，①～④から１つ選び，番号で答えなさい。

①『赤毛のアン』　②『フランダースの犬』　③『十五少年漂流記』
④『アンネの日記』

〔5〕 次の文を読み，１～５の問いに答えなさい。

第２次世界大戦の反省から，1945年に，世界の平和と安全を維持することを目的としたa国際連合が生まれました。しかし，第２次世界大戦後の国際社会は，アメリカを中心とする資本主義国家と，ソ連を中心とする社会主義国家とのb新しい対立が起こりました。この対立は，1989年にソ連共産党書記長の（　ア　）とアメリカ大統領の（　イ　）が地中海のマルタ島で会談をおこない，対立の終わりを宣言しました。

現在，世界各地では，武力による紛争がおきています。紛争地域では，c住んでいた土地を離れて周辺国などへ逃げる人々が発生し，支援が必要な状態になっています。

1　下線部ａについて，次の（1）～（4）の問いに答えなさい。

（1） 国際連合がつくられた時の加盟国の数はいくつですか，数字で答えなさい。

（2） 世界の平和と安全の維持に関して主要な責任を持ち，国同士の争いの解決などを目的とする国際連合の中の主要機関を答えなさい。

（3） 世界の教育，科学，文化の協力と交流を通じて，国際平和と人類の福祉の促進を目的とした国際連合の専門機関を，カタカナで答えなさい。

（4） 日本が国際連合に加盟したのは何年ですか，次の①～④から１つ選び，番号で答えなさい。

①　1945年　　②　1951年　　③　1956年　　④　1972年

2　下線部ｂについて，この対立を何といいますか，漢字で答えなさい。

3　下線部ｃについて，このような人たちを何といいますか，答えなさい。

4　文中の（　ア　）に入る人物名を，次の①～④から１つ選び，番号で答えなさい。

①　ゴルバチョフ　　②　プーチン　　③　スターリン　　④　レーニン

5　文中の（　イ　）に入る人物名を，次の①～④から１つ選び，番号で答えなさい。

①　オバマ　　②　クリントン　　③　ブッシュ（父）　　④　ケネディ

令和四年度　東明館中学校入学試験問題　A日程

〔国　語〕

（60分）

（注意）解答はすべて解答用紙に記入のこと。
字数を制限した解答では、句読点や「　」、〝　〟などの表記符号はすべて一字に数える。

東明館中学校

受験番号	氏　名

〔問題一〕　次の文章を読んで、後の問いに答えなさい。

僕は常日頃から、人間が情報をインプットをするには「人・本・旅」の３つが大切であると思っています。ここで本以外のふたつについて、(あ)カンタンに触れておきましょう。

「人から学ぶ」というと、何かを成した人、成功者から学ぶことを思い浮かべる人が多いと思います。しかし、必ずしもそういった人にばかり出会えるとは限りません。[A]、そんな人に出会えるのは、人生において稀《まれ》なことでしょう。

日常生活においては、自分から行動を起こさない限り、毎日同じような人と会い、似たような会話をするなど、大きな変化のない日々を繰り返すことになります。それだけに、いかに自分に刺激を与えてくれる人と出会うか――。人から学ぶには、その点が重要なポイントになってきます。

そのためには、「数多くの人と会ってみる」しかありません。興味をそそられる会合を耳にしたり、誰かに誘われたりしたら、まずはその場に出かけてみることをお勧《すす》めします。結果的につまらないものであったなら、早々に切り上げて①退散すればいいだけの話です。ダメでもともと、という気持ちで、[B]たくさんの人に会ってみましょう。

書店に行くと『人脈の広げ方』といった類《たぐ》いのビジネス書が並んでいます。②人脈を広げるのはけっして悪いことではありません。ただ、その人脈を「③漫然《まんぜん》と広げていく」のでは意味がないと思います。自分にとっても相手にとっても有益なおつき合いができれば、その人との関係から多くの学びを得ることが出来るでしょう。

僕は、基本的に「その人といっしょにいると楽しいか、あるいはおもしろいかどうか」だけでつき合う相手を選んでいます。自分にはない考え方をする人、自分とは違う視点から物事を捉《とら》える人、逆に、趣味や興味が一致する人など、会っていて楽しいと思える人との交流は、何よりも勉強になります。

こういった人は、[C]探しにいかなくとも、④意外に身近なところにいたりするものです。僕には会社員時代の上司で、いまでも親しくおつき合いをさせていただいている方がいます。つい先日も晩ごはんをごちそうになってしまいました。現役時代から仕事ができ、颯爽《さっそう》として(い)格好がよく、いつも真似《まね》をしたくなるような先輩でした。皆さんの周りにも、そういった、思わず真似をしたくなるような先輩や上司がひとりやふたりは、いるのではないかと思います。

ライバルや恋人の存在もまた、自分を成長させるモチベーションとなります。「あいつにだけは負けたくない」と思えば、仕事や勉強だけではなく、趣味や雑学的な知識をも吸収しようとする動機になります。「好きな人と少しでも長く話がしたい」と思えば、その相手が興味を持っていることを、学んでみる気になるでしょう。誰しも、自分の好きなこと、興味があることを話題にされると会話が㋒弾むモノです。そして⑤そこには新たな発見があり、さらなる学びへとつながっていくのです。

　旅もまた、学びの場です。日常から離れてどこかへ行くことは、その土地に五感で触れることを意味します。空気や水の違いを肌や舌で感じ、見たことのない景色や㋓色彩を目にし、聞いたことのない音、触れたことのない風やにおいを感じる――。この体に刻み込まれる未知の体験のすべてが、興味の導火線となることがしばしばあります。

　なぜこの土地にはこういう料理があるのか、この国にはなぜこういった建造物が多いのだろうか――。興味の導火線に火がつけば「なぜ」から始まる学びのきっかけが生まれてくるのです。

　加えて僕は、何も飛行機や新幹線を使わなくても、旅は十分にできると考えています。

　吉行淳之介のエッセイに『街角の煙草屋《たばこや》までの旅』という作品があります。彼はこの中で、ヘンリー・ミラーの『ディエップ＝ニューヘイブン経由』という小説から次のような引用を行っています。

X
「私たちが飲み屋や角の八百屋まで歩いて行くときでさえ、それが、二度と戻って来ないことになるかもしれない旅だということに気が付いているだろうか。そのことを鋭く感じ、家から一歩外へ出る度《たび》に航海に出たという気になれば、それで人生が少しは変わるのではないだろうか」

（『吉行淳之介全集　１３巻』新潮社）

　さらに、このミラーの小説から吉行は、「ここに引用した部分を私の都合のいいようにねじ曲げると、『街角の煙草屋まで行くのも、旅と呼んでいい』ことになる」と解釈しています。いつも通っている煙草屋までの道であっても、目の付けどころによっては旅しているときと同じような発見があるというのです。僕も全く同感です。

　ビジネスパーソンならば、たとえば取引先で、普段の職場では目にすることができないシーンを見ることがあるでしょう。それを漫然と見て終わるのではなく、自分の職場とどこがどう違うのか、書類やデータで知っていた「机上の資料」と実物がどう違うのかを、五感をフルに活用して感じることもまた、⑥新たな学びへとつながっていくと思います。

（出典：出口　治明『出口版学問のすすめ』）

問１　本文中の㋐カンタン　㋑格好　㋒弾む　㋓色彩　について、漢字は読みをひらがなで、カタカナは漢字に書き改めて答えなさい。

問2　本文中の［A］～［C］にあてはまる言葉として最も適当なものを、次のア～オからそれぞれ選んで、記号で答えなさい。

ア　いつも　　イ　とにかく　　ウ　むしろ　　エ　わざわざ　　オ　やはり

問3　本文中に、①退散　とありますが、対義語として最も適当なものを次のア～エから一つ選んで、記号で答えなさい。

ア　離散　　イ　進出　　ウ　退去　　エ　進言

問4　本文中に、②人脈を広げる　とありますが、「人脈が広い」ことを表す慣用表現を次のア～エから一つ選んで、記号で答えなさい。

ア　目が利く　　イ　頭が下がる　　ウ　顔が利く　　エ　眉をひそめる

問5　本文中に、③漫然　とありますが、「漫然」の意味として最も適当なものを次のア～エから一つ選んで、記号で答えなさい。

ア　目的がなくとりとめのない様子。　　イ　必ずある結果にたどりつく様子。　　ウ　ぼんやり、はてしなく広い様子。

エ　たまたまある結果になる様子。

問6　本文中に、④意外に身近なところにいたりするものです。　とありますが、「人は身近なことには気づかないものだ」という意味の慣用表現で「灯台」を使ったものがあります。解答らんに合う形で適当な言葉を書き入れなさい。

問7　本文中に、⑤そこ　とありますが、どのようなことを指していますか。文章中の言葉を使って二十五字以内で答えなさい。

問8　本文中のXの部分について説明した次のア～エから最も適当なものを一つ選んで、記号で答えなさい。

ア　身近なところにある飲み屋や八百屋でさえ、道すがら注意をしてみると様々な発見があり、新たな体験につながるのだということ。

イ　身近なところにある飲み屋や八百屋には見慣れた光景が広がり、そこに落ち着きを感じることで生活の豊かさにつながるということ。

ウ　身近なところにある飲み屋や八百屋に行く時間は大きな無駄につながっているので時間の大切さを常に意識するべきだということ。

エ　身近なところにある飲み屋や八百屋に行くと過去の思い出につながることも多くあり人生の豊かさを感じることもあるということ。

問9　本文の内容について述べた次のア～エから最も適当なものを一つ選んで、記号で答えなさい。

ア　何かを成した人、成功した人から学ぶことが多いので数多くの分野の成功者を探して積極的に会いに行くことが大切だ。

イ　ライバルや恋人は、話していて楽しみが多いが、その会話は時間を無駄にすることも多くあるので注意が必要になる。

ウ　旅は五感を通じて多くの学びを与えてくれるが、料理や宿泊、移動などで経済的にも負担が大きいので日頃は出来ない。

エ　日常生活の中でも、注意しながら活動することで新たな発見や学びを得ることが出来るので心がけは大切なことである。

問10　本文中の⑥新たな学びへとつながっていくと思います。とありますが、「学び」とはどのようなもので、どのようにつながっていくのだと思いますか。自分の考えを百字以上百二十字以内でまとめて答えなさい。

〔問題二〕　次の文章を読んで、後の問いに答えなさい。

> 小学四年生の朝陽《あさひ》が通う小学校では、「ゆめ発表会」があり、学年全員が保護者の前で自分の将来の夢を発表しなければならない。しかし朝陽はまだ夢が決まっていない。クラスの中では同じように夢が決まっていない人もいて、そのこと自体をばかにするような人もいないが、もし発表会で夢を言わなかったら、ハシケン先生のせいになってしまいそうである。ハシケン先生本人は本当のことを言ってほしいと言っていたが、朝陽は迷っている。そしてついに発表会の日を迎えた。

三月六日、土曜日。「ゆめ発表会」の日。
春のようにやわらかい風が吹《ふ》いて、自然と㋐エガオになってしまうような天気だ。
お父さんやお母さんが来るから、みんな、朝から［Ａ］している。
「うち、店を閉めて、父ちゃんも来るんだよなー。まいるよなー」
大河《たいが》が、うれしそうに言った。
うちもお母さんとお父さんが来るけれど、親が来られない子もいる。
「叶希《とき》ちゃんちは、だれか来るの？」
「うん。来るよ。お母さんが」
叶希ちゃんは、いつもお母さんと料理やお菓子を作っていて、仲良しらしい。だから、叶希ちゃんの夢は、お菓子を作るパティシエだ。それって、叶希ちゃんっぽい夢だな、と思う。
大河も叶希ちゃんも、ちゃんと夢があってうらやましい。
「オレさー、夢、決めてきたんだ」
相川《あいかわ》くんが言って、周りのみんなが「なんだよ、教えろよ」なんて言っているのが聞こえた。
「だってさぁ、オレのせいで、ハシケン先生が怒られたりしたらかわいそうじゃん」
「大久保先生に？」
「うん。いじわるとか、されるかもしんねーし」
だよな……と、ぼくも思う。

夢を発表すれば、だれもいやな思いをしなくてすむ。世の中には、①ついていいうそもあるんだ。

②ぼくは、そう自分に言い聞かせた。

全員、舞台に置かれたひな壇《だん》に並んで座った。体育館に並べられたパイプいすには、保護者が座っている。

校長先生のあいさつがあって、四年生代表のあいさつがあって、いよいよ、夢を発表する番になった。

一組から順に、発表していく。ぼくらは練習のときに聞いているから、何を聞いてもおどろかないけれど、保護者席からは、ときどき笑いや感心する声が上がった。

二組が終わって、三組。

相川くんが、「ユーチューバー」と言って、ギクッとする。

別に、同じでも (い)構わ ないのに、言われてしまった……という気持ちになった。

木下さんは「動物のお医者さん」、篠原くんは「歴史研究家」と言った。

次は、大河だ。

大河は、「ぼくは、肉屋になります。うちが、(う)セイ肉店 だからです」と言うはずだった。

それなのに……。

「世界で活躍するゲーマーになりたいです。なぜなら、いくらゲームをしても、母ちゃんにしかられないからです！」

と言った。

会場から、笑いが起こる。

思わず大河を見たら、③大河もぼくのほうを見て、ニカッと笑ってピースした。

え……。

何？　今の笑い。

「オレは、やったぞ」って、言ったように見えた。

そんなことを考えている間も、次々と発表が進んでいった。

「あたしは……プロボクサーになりたいです！」

「おおっ」と、どよめきが起きる。

叶希ちゃんだ！

「お菓子作りも好きだけど、ボクシングは、もっとおもしろくて、大好きだからです！」
　はっきりと、そう言った。
④叶希ちゃんも、ぼくに向かってにこっと笑う。
うそ……叶希ちゃんまで、練習のときと違うことを言った。
ドクン、ドクン、ドクン……。
鼓動《こどう》が㋓ハゲしくて、息をするのも苦しい。
どうしよう。
だって、ハシケン先生のために……。
ぼくは、くちびるをかんだ。
本当に、そう？
ハシケン先生だって、言ってたじゃないか。
小学生のとき、本当のことを言わなかったから、後悔しているって。
ハシケン先生は、ぼくらに同じ思いをしてほしくないから、自分のことを話してくれたんじゃないの？
ぼくらのために、大久保先生にしかられたことも、かくしてたんじゃないの？
となりの子が座って、入れ替わるように、ぼくは立ち上がった。
「⑤ぼくはっ……」
まずい！　言葉につまり、発表の流れが止まる。
たらっと、汗が出た。
保護者が見ている。先生が見ている。周りの子たちが見ている。
空気がピンッと張りつめて、身体が［　B　］にかたくなった。
「⑥ぼくは……」
体育館の右側に、先生たちが並んで立っている。
校長先生、教頭先生、安中先生、大久保先生……。
ハシケン先生と目が合って、ハッとした。

みんなが心配そうな顔をしているのに、一人だけ［C］笑っている。
言霊（ことだま）の話を思い出す。
言ったことが、本当になってしまうこともある……。
「⑦ぼくは…… 夢がありません」
保護者席が、ざわめいた。
「得意なことがなくて、ふつうすぎるから……それで、夢が見つからないんだと思っていました」
かわいたくちびるを、ぺろっとなめる。
「でも、それは、間違いだとわかりました。得意なことがなくても、ぼくは、ぼくのやりたいことをすればいいんだって、わかったから……きっとこれから、夢ができると思います」
⑧体育館の空気が、ふわっとやわらいだ。微笑（ほほえ）んでいる人もいるし、うなずいている人もいる。
ハシケン先生を見ると、となりにいる大久保先生に話しかけられていた。
なんだか、［D］と頭を下げている。
やっぱり、怒られちゃったのかな……。
ハシケン先生、ごめんなさい。
ぼくは、心の中であやまりながら座った。
となりの子が立ち上がって、また発表が続いた。

（出典…工藤　純子『サイコーの通知表』）

問1　本文中の　あエガオ　い構わ　うセイ肉店　えハゲしく　について、漢字は読みをひらがなで答え、カタカナは漢字に書き改めなさい。

問2　本文中の［A］～［D］に当てはまる言葉を、次のア～エからそれぞれ選んで、記号で答えなさい。
ア　ガチガチ　　イ　にこにこ　　ウ　ぺこぺこ　　エ　そわそわ

問3　本文中の　①ついていいうそもあるんだ。　と同じ意味になる慣用表現を次のア～エから一つ選んで、記号で答えなさい。
ア　猫に小判（こばん）　　イ　虎の威（い）をかる狐（きつね）　　ウ　急がば回れ　　エ　嘘（うそ）も方便

問4　本文中に、②ぼくは、そう自分に言い聞かせた。とありますが、具体的に何をしようと言い聞かせているのですか。解答らんに合う形で説明しなさい。

問5　本文中に、③大河もぼくのほうを見て、ニカッと笑ってピースした。と④叶希ちゃんも、ぼくに向かってにこっと笑う。とありますが、この時の大河と叶希に共通する気持ちを、次のア～エから一つ選んで、記号で答えなさい。

ア　保護者の前で言ってもいいようなすばらしい夢を思いつき、それを発表できたことを朝陽に自慢《まん》している。

イ　先生や保護者の前で自分の夢を正直に発表したことを喜び、朝陽にも正直に発表することを求めている。

ウ　リハーサルでは緊張のせいで言えなかった夢を発表することができ、朝陽のことも大丈夫だと応援《えん》している。

エ　みんなにばかにされて言えなくなっていた夢を伝えることができ、朝陽の夢もばかにしないと合図している。

問6　本文中に、⑤ぼくはっ……　⑥ぼくは……　⑦ぼくは……　と同じような言葉が三回出てきますが、その時の気持ちの説明として最も適当なものを、次のア～エから選んで、それぞれ記号で答えなさい。

ア　本音を言おうと心をしずめている。　イ　ばかにされることをおそれている。　ウ　たくさんの人に見られて緊張している。

エ　本心を言うべきだとあせっている。

問7　本文中に、⑧体育館の空気が、ふわっとやわらいだ。とありますが、これと反対の表現を本文中から抜き出しなさい。

問8　本文の内容について述べた次のア～エから最も適当なものを一つ選んで、記号で答えなさい。

ア　朝陽の夢はプロゲーマーで、「ゆめ発表会」で言ったらみんなに笑われそうで悩んでいたが、大河が応援してくれて言うことができた。

イ　朝陽の夢は決まっておらず、「ゆめ発表会」で言ったらハシケン先生を困らせそうで迷っていたが、先生の笑顔を見て言うことができた。

ウ　朝陽の夢はユーチューバーであり、「ゆめ発表会」で言ったら保護者に怒られそうでためらっていたが、小声でも言うことができた。

エ　朝陽の夢はまだなく、「ゆめ発表会」で言ったら校長先生にあきれられそうで無言でいたが、大河と叶希の手助けにより言うことができた。

〔問題三〕 次の問いに答えなさい。

問1 次の四字熟語の傍線部のカタカナを漢字に直して答えなさい。

1 晴耕ウ読
2 フウ林火山
3 電コウ石火
4 ウン散霧消

問2 次の傍線部を漢字に直しなさい。

1
山の中(1)フクでひと休みする。
食後に薬を(2)フク用する。

2
ガードマンが会場の(1)ケイ備にあたる。
(2)ケイ統立ててわかりやすく話す。

3
成人式で市長が祝(1)ジを述べる。
方位(2)ジ針で北の方角を確かめる。

令和４年度　東明館中学校入学試験問題
Ａ日程

〔算　　数〕

（60分）

（注意）解答はすべて解答用紙に書きなさい。
また，答えが割り切れないものは答え方の指示がない限り，
最も簡単な分数で答えなさい。
また，円周率は3.14として計算しなさい。

東　明　館　中　学　校

受験番号	氏　　　名

〔1〕 次の□にあてはまる数を答えなさい。

(1) $48 \div \{32-(10-2)\times 3\} = \square$

(2) $1\frac{1}{4}\times 3-\frac{5}{2}\div 3=\square$

(3) $\{10\times(17-\square\times 3)\}+8\div 4=22$

(4) ばねの伸びる長さは，つるす物のおもさに比例します。ある 10 cm のばねに 20 g のおもりをつるしたところ，ばねの長さは 12 cm になりました。

このばねの長さを 17 cm にするには，□ g のおもりをつるせばよいです。

(5) [0]，[1]，[2]，[3]，[4] の 5 枚のカードから 3 枚を選んで並べて，3 けたの整数を作ります。

このとき偶数は□通りできます。

(6) 現在，よしとくんの算数のテストの平均点は 76 点です。次の算数のテストで 96 点を取ることができれば，算数のテストの平均点は 80 点になります。

今までに算数のテストは□回ありました。

(7)　1周300 mの運動場を，Aさんは毎秒5 mの速さで走ります。Aさんが走り始めて4秒後にBさんがスタートするとき，1周目までにAさんに追いつくためには毎秒□m以上の速さで走ればよいです。(四捨五入して小数第2位までの数で答えなさい)

(8)　1本90円の缶ジュースと1本140円のペットボトルのジュースを合わせて30本買ったところ，代金は3350円になりました。

このとき，缶ジュースは□本買ったことになります。

(9)　12 %の食塩水Aが250 g，濃度がわからない食塩水Bが150 gあります。この食塩水をすべて混ぜたら，濃度が10.5 %の食塩水ができました。

このとき，食塩水Bの濃度は□%となります。

(10)　右のグラフは，ある小学6年生のクラスのソフトボール投げの記録をまとめたものです。

このグラフから，記録が低い方から28人目は，□m以上□m未満の階級にいます。

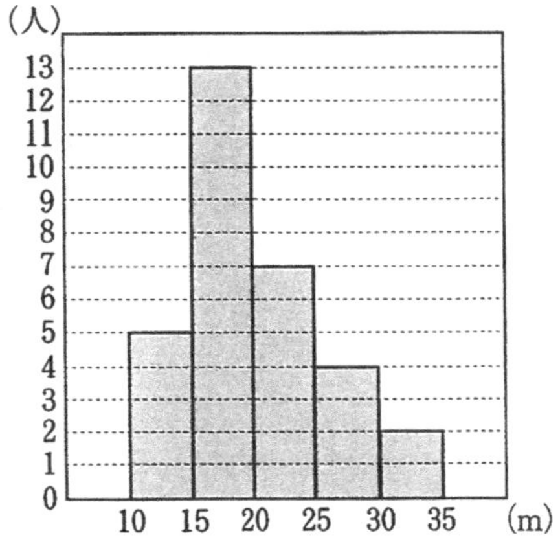

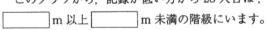

〔２〕 次の各問いに答えなさい。

(1) 右の図は，正五角形に対角線を３本書き入れた図形です。アの角度を求めなさい。

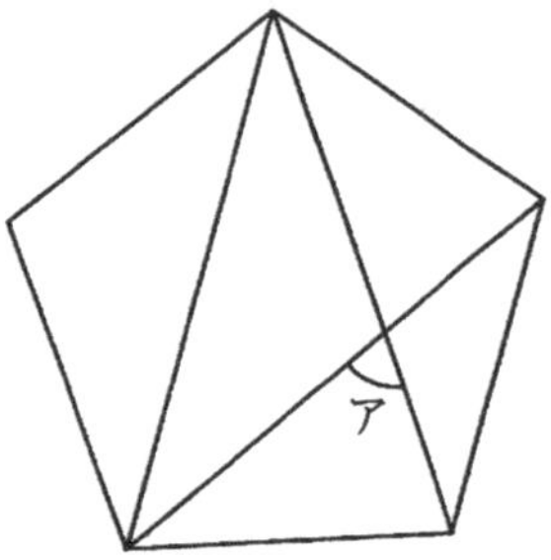

(2) 右の図のように，半径４cm の４本の缶をひもでゆるまないようにしばりました。このとき，かげをつけた部分の面積を求めなさい。ただし，ひもの結び目は考えないものとします。

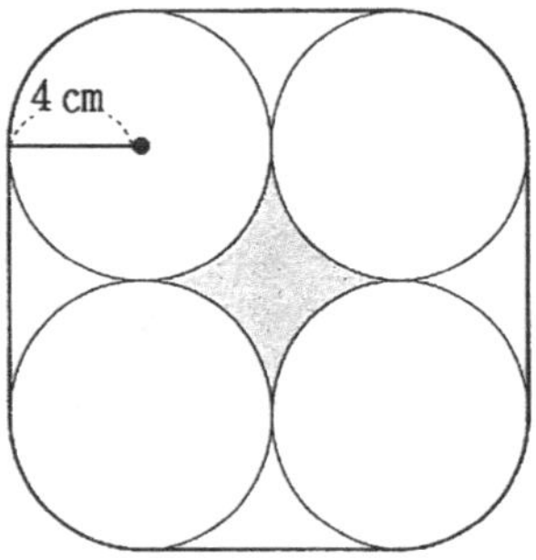

(3) 線対称な図形である右の五角形 ABCDE を，直線 ℓ 上をすべらないように転がしていきます。頂点Ｅが直線 ℓ にぶつかるまで転がしたとき，頂点Ｅが動いてできる線の長さを求めなさい。

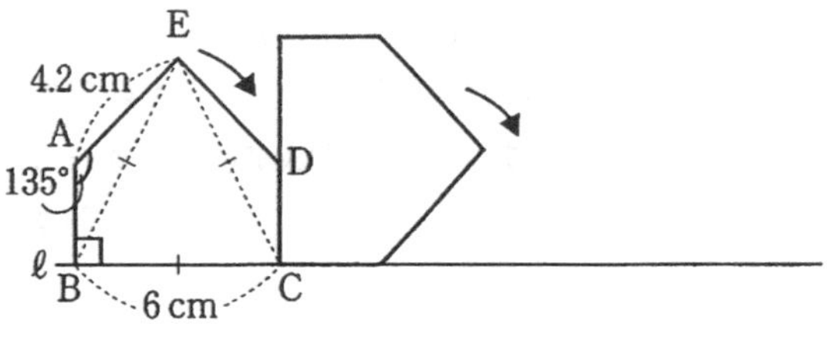

(4) 半径が４cm，高さが９cm の円柱の容器Ａに，容器の一番上のところまで水が入っています。容器Ａに入っている水をすべて，半径が６cm，高さが９cm の円柱の容器Ｂにうつします。このとき，容器Ｂには高さ何 cm のところまで水が入るか求めなさい。

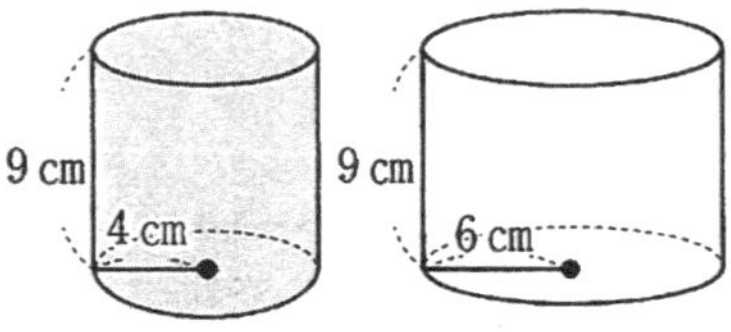

容器Ａ　　容器Ｂ

〔3〕 以下の文章を読んで，[①] ～ [⑤] に当てはまる数や式を答えなさい。

Aさんはいくつかの2けたの数が，十の位と一の位の値を入れ替えて足すと11の倍数になることに気づきました。

例 $35 \to 35+53=88 \quad 88=8\times11$

$86 \to 86+68=154 \quad 154=14\times11$

$70 \to 70+7=77 \quad 77=7\times11$

そこでAさんは，すべての2けたの数でこの法則が成り立つのか調べるため，先生にヒントをもらいに行きました。

先生 「よく気がついたね。他の数でも成り立つか調べてみよう。例えば，39だとどうなるかな？」

Aさん「ええと，十の位と一の位を入れ替えて足すと [①] になるので11の倍数です。」

先生 「それでは，すべての数で計算すると大変だから，記号を使って考えよう。十の位の値を○，一の位を△とすると『○△』と書くことができますね。
これを式にすると『○ × [②] ＋ △』と表すことができるね。」

Aさん「じゃあ，十の位と一の位を入れ替えた数は，式にすると『[③]』ですね。」

先生 「それでは，その2つを足してみると

（○ × [②] ＋ △）＋ [③]

となるね。この式を○と△でそれぞれ計算するとどうなるかな。」

Aさん「○ × [④] と△ × [④] になりました。」

先生 「そうだね，つまりこの式は

○ × [④] ＋ △ × [④] ＝ [⑤]

とできる。」

Aさん「だから，○と△がどんな数でも11の倍数になったんですね。ありがとうございました！」

〔4〕 右の図のような長針と短針がついた時計について，長針と短針からできる角のうち，180°以下の角の大きさをアとします。はじめ，時計の針の位置は正午（午後0時）を指しています。次の問いに答えなさい。

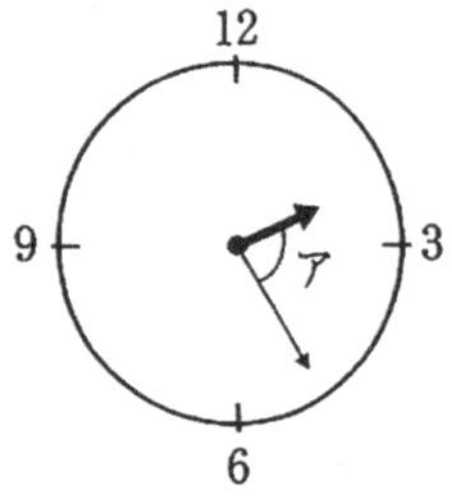

(1) 時計の針が午後0時20分を指しています。アの角度を求めなさい。

(2) 時計の針が動き始めて，はじめてアの角度が180°となるときの時刻を求めなさい。

(3) 時計の針が動き始めて，4回目にアの角度が90°になるときの時刻を求めなさい。

〔5〕 次の各問いに答えなさい。

(1) 次の図①～⑥で，立方体の展開図でないものをすべて選びなさい。

①

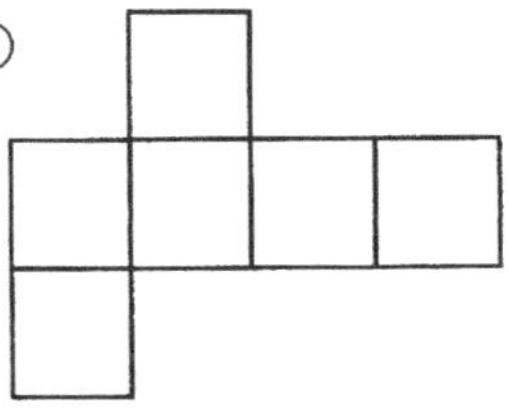

②

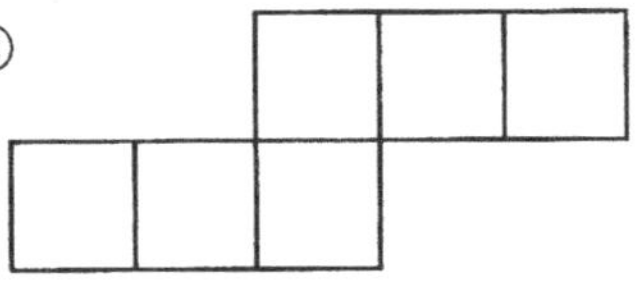

③

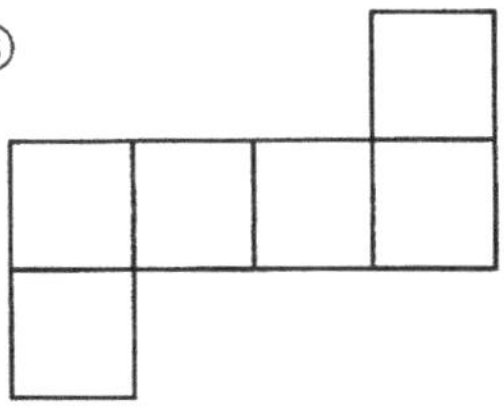

④

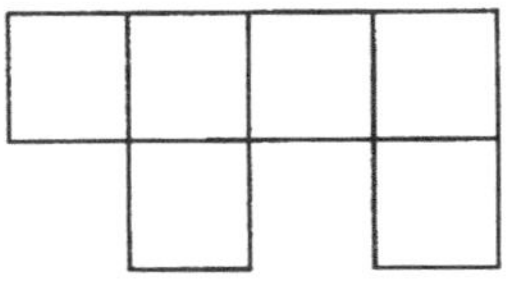

⑤

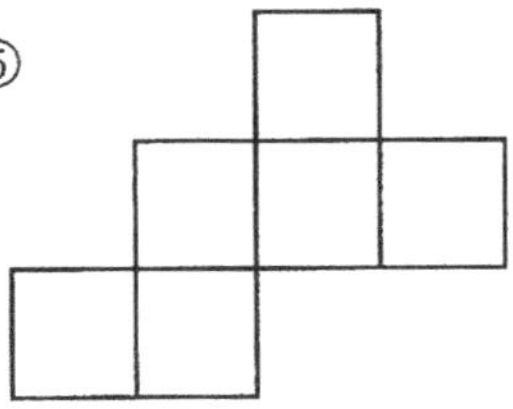

⑥

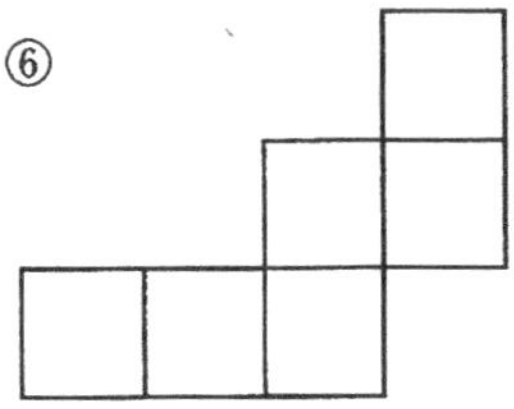

(2) 右の図は，1 辺が 10 cm の立方体です。3 つの頂点 A，F，H を通る平面でこの立方体を切ります。このとき，点 E をふくむ側の立体の体積を求めなさい。

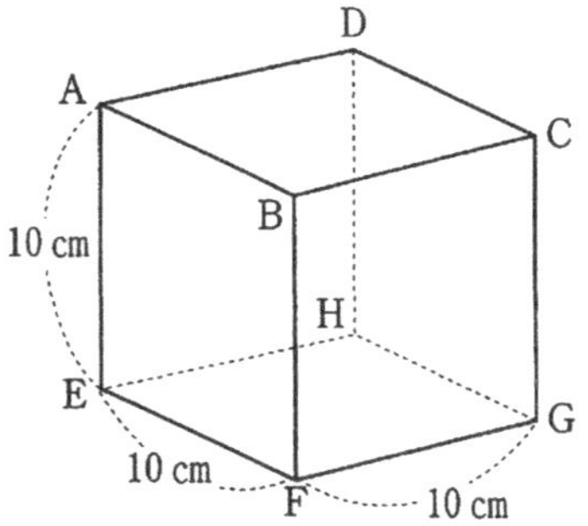

(3) (2)で体積を求めた立体に毎秒 3 cm^3 のペースで水を入れていきます。高さが 3 cm になるのは水を入れ始めてから何秒後か求めなさい。

2022(R4) 東明館中
K 教英出版

令和４年度　東明館中学校入学試験問題
Ａ日程

〔理　　科〕

（40分）

（注意）　解答はすべて解答用紙に記入のこと。

東明館中学校

受験番号	氏　　名

〔1〕 次の問いに答えなさい。

問１　熱の伝わり方には次の①～③がある。①～③に最も関係するものを，下のア～オからそれぞれ１つずつ選び，記号で答えなさい。

①　物体から他の物体に直接熱を伝える（伝導）

②　液体や気体が動いて熱を伝える（対流）

③　熱い物体からはなれた物体に熱を伝える（放射）

ア　クーラーは高いところに設置してある

イ　ドライアイスを放置しておくと，だんだん小さくなる

ウ　夏には白っぽい服，冬には黒っぽい服をよく着る

エ　地球温暖化により，南極大陸の氷が融け，海水面が上昇する

オ　氷水を入れたコップをさわると冷たく感じる

図１のように，ビーカーＡに10℃の水を200g入れ，その中に70℃の水が100g入ったビーカーＢを入れた。**図２**は，時間とともにＡとＢの温度変化を測定したものである。**図２**のある温度★でＡとＢが同じ温度になった。ただし，1gの水を1℃変化させるのに必要な熱量は1calである。また，それぞれのビーカーの熱は，空気中には移動しないものとします。

図１

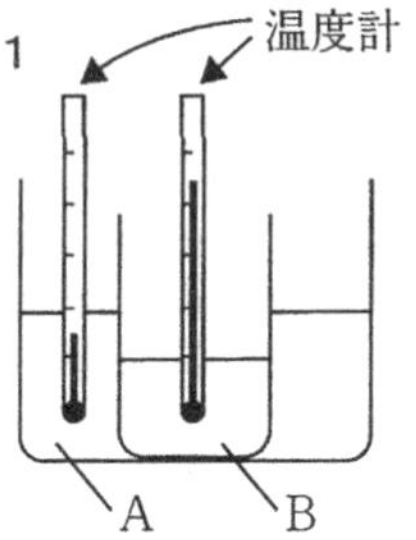

図２

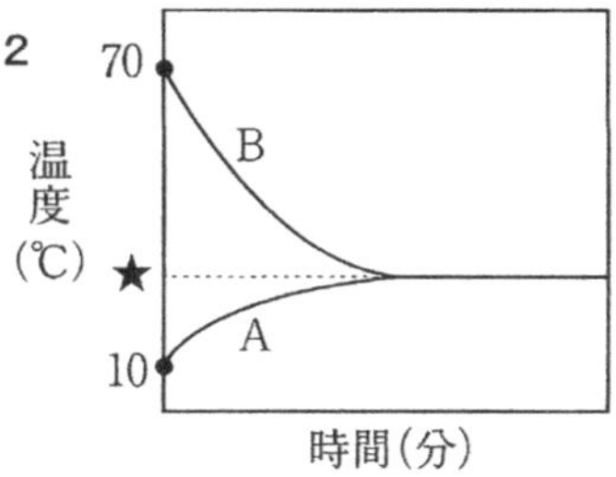

問２　10℃の水 100 cm^3 と 70℃の水 100 cm^3 では，どちらが重いか。次のア～ウから１つ選び，記号で答えなさい。

ア　10℃の水 100 cm^3　　　イ　70℃の水 100 cm^3　　　ウ　同じ

問３　ビーカーＡの水が受け取る熱量とビーカーＢの水が失う熱量の関係を，次のア～ウから１つ選び，記号で答えなさい。

ア　ビーカーＡの水が受け取る熱量の方が，ビーカーＢの水が失う熱量より大きい

イ　ビーカーＡの水が受け取る熱量の方が，ビーカーＢの水が失う熱量より小さい

ウ　ビーカーＡの水が受け取る熱量と，ビーカーＢの水が失う熱量は等しい

問４　**図２**の★のように，ビーカーＡとＢの水の温度が同じになるのは，何℃ですか。

問５　ビーカーＡの 10℃の水を 50 g 減らして実験すると，温度★は何℃下がりますか，または何℃上がりますか。解答欄には「何℃下がる」，「何℃上がる」となるように書いて下さい。

〔2〕 **図１**は，BTB 液を加えたある濃さの塩酸に，ある濃さの水酸化ナトリウム水溶液を混ぜ合わせていき，BTB 液が緑色になったときのそれぞれの体積を示したものです。

図１で用いた塩酸と水酸化ナトリウム水溶液を**表１**のように混ぜ合わせました。

図１

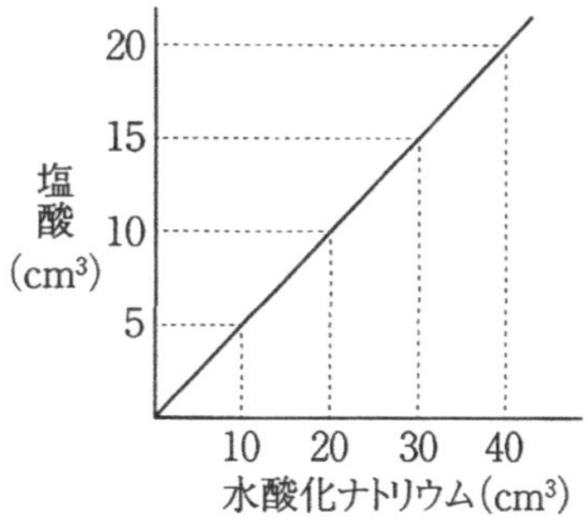

表１

ビーカー	A	B	C	D
塩酸 (cm^3)	15	15	15	15
水酸化ナトリウム水溶液 (cm^3)	0	15	30	45

問１ **表１**のビーカーA～DにBTB 液を加えたとき，緑色になるビーカーを１つ選び，記号で答えなさい。

問２ **表１**のビーカーA～Dの溶液をそれぞれ２つのビーカーに分けて，鉄とアルミニウムを別々に入れたとき，一方のビーカーからだけ気体が発生するビーカーを１つ選び，記号で答えなさい。

問３ **表１**のビーカーA～Dの溶液をそれぞれ加熱したとき，①何も残らないビーカー，②２種類の物質が残るビーカーをそれぞれ１つずつ選び，記号で答えなさい。

次に，**図１**で用いた塩酸に，水酸化ナトリウム3.6g を水に溶かして180 cm^3にした水酸化ナトリウム水溶液を**表２**のように混ぜ合わせました。ビーカーGにBTB 液を加えると緑色になりました。

表２

ビーカー	E	F	G	H
塩酸 (cm^3)	30	30	30	30
水酸化ナトリウム水溶液 (cm^3)	10	20	30	40

問４ ビーカーE～Hに石灰石を加えると，気体が発生するものがあった。気体が発生したビーカーの正しい組み合わせはどれか。次のア～キから１つ選び，記号で答えなさい。

ア Eのみ　　イ Fのみ　　ウ Gのみ　　エ Hのみ
オ EとF　　カ FとG　　キ GとH

問５ **図１**の水酸化ナトリウム 30cm^3 に含まれている水酸化ナトリウムは何 g ですか。

〔3〕 **図1**の装置A～Cのように，1つ30gの重さのかっ車をいくつか組み合わせて，おもりをゆっくりと持ち上げた。これについて，次の問いに答えなさい。ただし，糸の重さは考えないものとし，かっ車の両側で糸を引く力は同じとします。

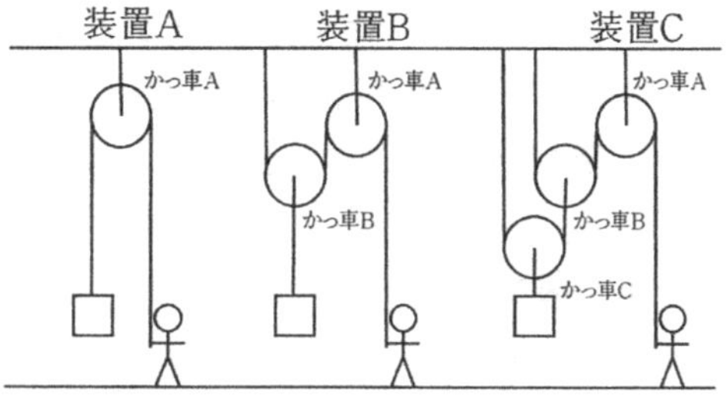

図1

問1　かっ車Bやかっ車Cのような，固定されていないかっ車のことを何といいますか。また，どのようなはたらきがあるか，最も適当なものを，次のア～オから1つ選び，記号で答えなさい。

ア　糸を引く力の大きさは変わらず，糸を引く距離が2倍になる
イ　糸を引く力の大きさが2倍になり，糸を引く距離は変わらない
ウ　糸を引く力の大きさが半分になり，糸を引く距離は2倍になる
エ　糸を引く力の大きさが2倍になり，糸を引く距離は半分になる
オ　糸を引く力の大きさも距離も半分になる

問2　装置B，Cのようにかっ車を組み合わせて300gのおもりを持ち上げる場合，糸を引く力はそれぞれ何g必要ですか。

問3　装置B，Cの状態で糸を20cm引くと，おもりはそれぞれ何cm上がりますか。

問4　**図2**のように，体重50kgの人が，体重計の上に乗って10kgのおもりを持ち上げる場合，体重計は何kgを示しますか。

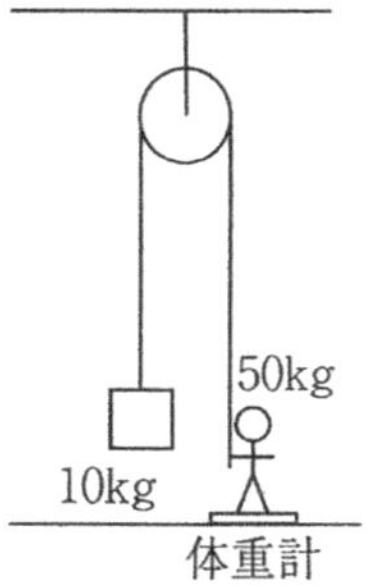

図2

〔4〕 弦《げん》楽器が音を出す原理を調べるために，弦とおもりを用いて，**図1**のような装置を作成した。弦の太さとおもりの重さを変えて，弦の中央をはじいて２回測定し，波の形を表示させると**図2**，**図3**のようになった。次の問いに答えなさい。

　ただし，**図2**，**図3**の縦軸，横軸のめもりの間隔《かく》は同じであり，横軸は時間を表しています。

　また，空気中を伝わる音の速さは秒速340mとします。

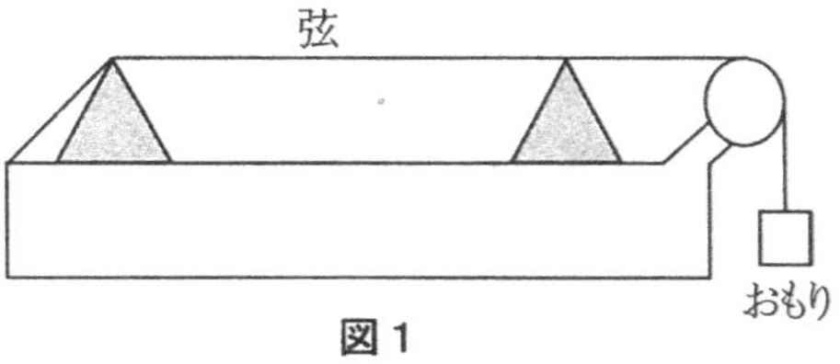

図1

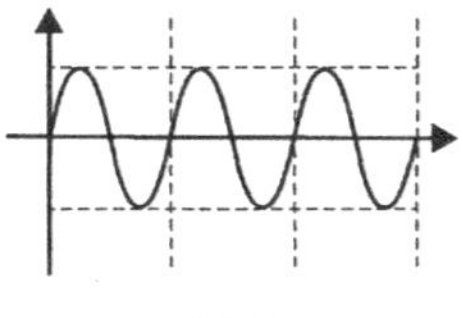

図2

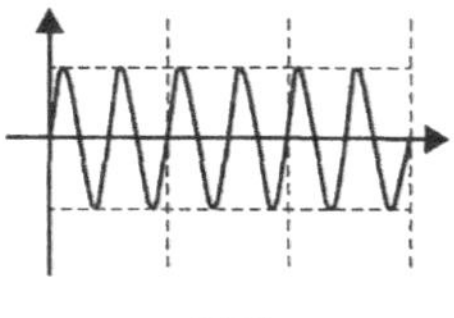

図3

問１　**図2**，**図3**の縦軸は何を表しているか。次のア～エから正しいものを１つ選び，記号で答えなさい。

ア　音の高さ　　イ　弦の太さ　　ウ　弦をはじく位置　　エ　音の大きさ

問２　**図2**から**図3**へ波の形を変化させるには，どのような操作をすればよいか。次のア～オから正しいものをすべて選び，記号で答えなさい。

ア　軽いおもりに交換してはじく　　イ　重いおもりに交換してはじく

ウ　太い弦に交換してはじく　　エ　細い弦に交換してはじく

オ　おもりと弦は交換せず，弦をより強くはじく

問３　**図4**のように，**図1**の装置を設置し，Ａさんが弦をはじいたところ，１秒後に壁《かべ》をはね返ってきて音が聞こえた。装置から壁までの距離は何ｍか。ただし，風はなくＡさんは設置している装置と同じ位置にいるものとします。

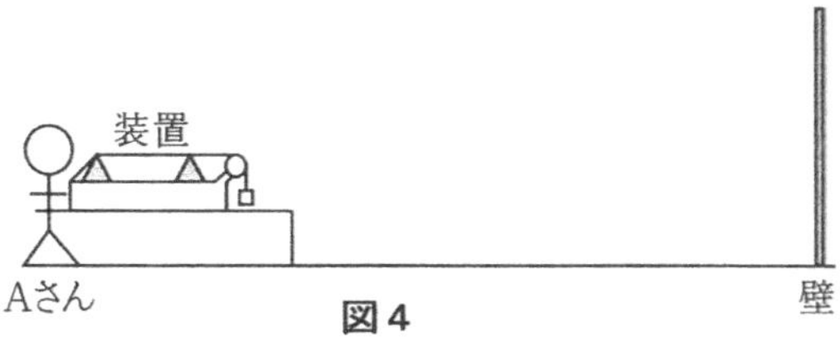

図4

問４　**図5**のように，ＡさんとＢさんは280m離れた場所にいる。ＢさんがＡさんに向かって秒速10mの一定の速さで進み始めると同時に，Ａさんは装置の弦をはじいて10秒間鳴らし続けた。

　この時，Ｂさんが装置の音を聞き始めるのは，動き始めてから何秒後ですか。ただし，風はなくＡさんは設置している装置と同じ位置にいるものとします。

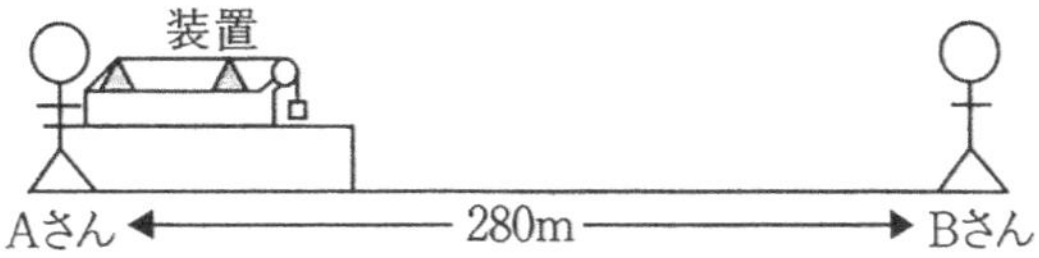

図5

問５　問４の時，装置の音がＢさんには高く聞こえる。この現象に最も近いものを，次のア～エから１つ選び，記号で答えなさい。

ア　山頂でとなりの山に向かって「ヤッホー」と声を発すると，声が返ってくる
イ　水の入ったグラスに向かって特定の高さの音を発すると，グラスが振動する
ウ　コウモリが動いている物体に超音波を当てることで，物体との距離や大きさを把握する
エ　気温差によって，音の聞こえる範囲が変化する

〔５〕　植物は①その特徴《とくちょう》によって②コケ植物，③シダ植物，④裸子植物，⑤被子植物の４種類に分けられる。植物のなかまに関する，次の問いに答えなさい。

問１　下線部①について，４種類の植物を様々な特徴によってＡ，Ｂのように２つに分けた。それぞれどのような特徴をもとに分けたと考えられるか。次のア～オから正しいものを１つずつ選び，記号で答えなさい。

Ａ	コケ植物	シダ植物，裸子植物，被子植物
Ｂ	コケ植物，シダ植物	裸子植物，被子植物

ア　光合成をするかしないか
イ　根，くき，葉の区別があるかないか
ウ　呼吸をするかしないか
エ　子房があるかないか
オ　種子をつくるかつくらないか

問２　下線部②について，次のア～カからコケ植物に**当てはまらない**特徴を１つ選び，記号で答えなさい。

ア　気孔がある
イ　日かげのしめった場所に生えているものが多い
ウ　ほう子をつくる
エ　お株とめ株に分かれているものが多い
オ　精子をつくる
カ　からだ全体で水を吸収する

問３　下線部③と下線部④について，次のａ～ｊからシダ植物と裸子植物に当てはまるものをそれぞれすべて選び，記号で答えなさい。

ａ　サクラ　　ｂ　イチョウ　　ｃ　ゼンマイ　　ｄ　イヌワラビ　　ｅ　オニユリ
ｆ　アカマツ　　ｇ　スギナ　　ｈ　ヒマワリ　　ｉ　アサガオ　　ｊ　ソテツ

問４　下線部⑤について，被子植物について書いた下の文章の（　　）に当てはまる語句の正しい組み合わせを次のａ～ｄから１つ選び，記号で答えなさい。

被子植物はその特徴により（　ア　）と（　イ　）に分けられ，さらに（ア）は（　ウ　）と（　エ　）に分けることができる。

	ア	イ	ウ	エ
a	合弁花	離弁花	双子葉類	単子葉類
b	離弁花	合弁花	双子葉類	単子葉類
c	双子葉類	単子葉類	合弁花	離弁花
d	単子葉類	双子葉類	合弁花	離弁花

問５　次の表は単子葉類と双子葉類の特徴を４つの部分についてまとめたものである。双子葉類の特徴をすべて選び，記号で答えなさい。

子葉の数	葉脈の形	維管束の分布	根のようす
a　１枚	c　網目状	e　環状に分布	g　主根と側根
b　２枚	d　平行	f　ばらばらに分布	h　ひげ根

問６　次のａ～ｈから合弁花をすべて選び，記号で答えなさい。

ａ　キク　　ｂ　ツツジ　　ｃ　タンポポ　　ｄ　サクラ　　ｅ　アブラナ
ｆ　ヒマワリ　　ｇ　ダイコン　　ｈ　アサガオ

〔６〕 カイコガのオスは，特定の時期にメスを見つけると，羽をはばたかせながらメスに近づき，交尾行動をとる。カイコガのオスがメスを見つけるしくみについて調べるために次の実験を行った。これについて，下の問いに答えなさい。

【実験１】 カイコガのメスを透明な容器に入れてふたをした。その容器に小さな穴を多数あけ，そばにカイコガのオスをおいた。

→　オスは羽をはばたかせながら，メスに近づこうとした。

問１　**実験１**の結果から考えられる，カイコガのオスがメスを見つけるしくみについて，正しいと考えられるものを次のア～エからすべて選び，記号で答えなさい。

ア　メスを目で見る　　イ　メスに触れる　　ウ　メスをなめる
エ　メスが出すにおい（空気中に放出される物質）を感じる

実験１だけでは，カイコガのオスがメスを見つけるしくみを特定できなかったので，さらに**実験２**と**実験３**を行った。

【実験２】 カイコガのメスを透明な容器に入れてふたをした。そのそばにカイコガのオスをおいた。

→ オスは無反応だった。

【実験３】 カイコガのメスを中の見えない容器に入れてふたをした。その容器に小さな穴を多数あけ，そばにカイコガのオスをおいた。

→ オスは羽をはばたかせながら，容器に近づいた。

問２ **実験２**と**実験３**から考えられる，カイコガのオスがメスを見つけるしくみについて，正しいと考えられるものを次のア～エから１つ選び，記号で答えなさい。

ア メスを目で見る　　イ メスに触れる　　ウ メスをなめる

エ メスが出すにおい（空気中に放出される物質）を感じる

問３ もし，**実験２**と**実験３**の結果が逆で，**実験２**が容器に近づき，**実験３**が無反応であった場合，カイコガのオスがメスを見つけるしくみはどのようなしくみだと考えられるか。次のア～エから１つ選び，記号で答えなさい。

ア メスを目で見る　　イ メスに触れる　　ウ メスをなめる

エ メスが出すにおい（空気中に放出される物質）を感じる

問４ カイコガは幼虫と成虫の間にさなぎの時期があるが，さなぎの時期がないこん虫もいる。次のａ～ｌのうち，さなぎの時期がないこん虫をすべて選び，記号で答えなさい。

a トノサマバッタ	b モンシロチョウ	c ダンゴムシ	d コオロギ
e カブトムシ	f クモ	g アリ	h アブラゼミ
i ダニ	j ムカデ	k カマキリ	l ハエ

問５ 問４のａ～ｌのうち，**こん虫ではないもの**をすべて選び，記号で答えなさい。

〔7〕 地球の形や大きさについて，下の問いに答えなさい。

現在，「地球は丸い」ことは誰もが知る事実であるが，人類史上においてはさまざまな議論が行われてきた。地球は球体であるとする説を「地球球体説」という。その起源は紀元前6世紀（約2600年前）頃の古代ギリシャ哲学にさかのぼる。

大地が丸いことの実際的な証拠はフェルディナンド・マゼランとフアン・セバスティアン・エルカーノの世界一周旅行（1519年～1521年）によってなされた。

歴史的にみると，地球球体説にとって代わられるまでは，「地球平面説」が主流であった。古代のメソポタミア神話では，世界が平らな円盤状で海に浮いており，球状の空に包まれているように描かれている。

問1　地球が丸いことを示す説の1つとして考えられていた次の文の（　　）に当てはまる語句を，下のア～カからそれぞれ1つずつ選び，記号で答えなさい。

船が沖から陸に近づくとき，陸にある（　①　）から見え始め，やがてだんだんと（　②　）が見えてくる。また，北極星の見える高さは，（　③　）にいくほど高くなる。

ア　港　　イ　山の山頂　　ウ　東　　エ　西　　オ　南　　カ　北

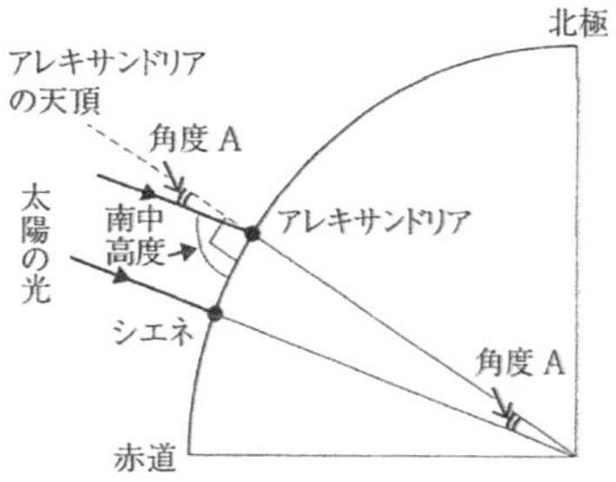

紀元前230年頃，ギリシャのエラトステネスという人は，初めて地球の大きさを求めた。彼は，シエネという町では夏至の日（最も太陽が高く昇る日）の正午に深い井戸の底まで太陽の光が差し込むことを知った。また，シエネの北にあるアレキサンドリアでは，夏至の日の正午に，太陽の位置と天頂とのなす角度が360°の$\frac{1}{50}$となることを測定した。

さらに，シエネとアレキサンドリアの間をキャラバン（らくだに荷物を載せていく隊のこと）が50日かけて移動していたことから，シエネからアレキサンドリアまでの距離が925kmであることが分かった。

問2　下線部の角度（図中の角度A）を求めなさい。ただし，小数第1位まで答えること。

問3　地球の全周と半径をそれぞれ求めなさい。ただし，円周率は3.14とし，小数第1位を四捨五入し，整数で答えなさい。

問4　地球の全周はおよそ40000kmです。問3の値は，実際の値40000kmより，何％大きい値になりますか。ただし，小数第1位を四捨五入し，整数で答えなさい。

〔8〕 近年，台風による被害はじんだいであり，北部九州でも大雨や暴風による災害で多くの影響をもたらしています。次の台風に関する説明文などを参照し，下の問いに答えなさい。
　なお，説明文（抜粋，一部改変）と説明文中の図および天気図は，気象庁のホームページ，雲画像は日本気象協会のホームページによるものです。

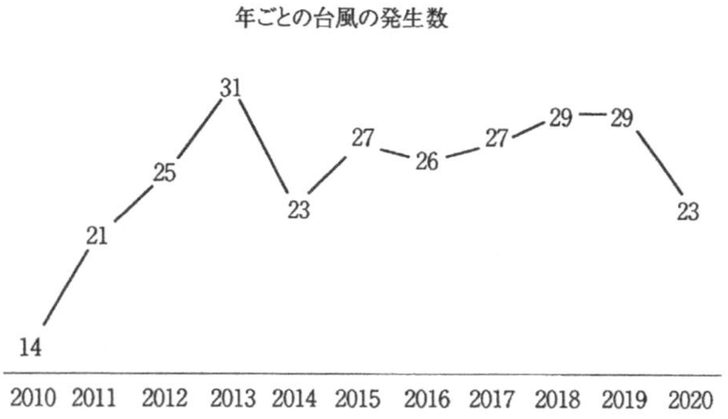

《台風とは》

　熱帯の海上で発生する低気圧を「熱帯低気圧」と呼びますが，このうち北西太平洋または南シナ海に存在し，なおかつ低気圧域内の最大風速(10分間平均)がおよそ17m/秒以上のものを「台風」と呼びます。そのため，通常東風（貿易風）が吹いている低緯度では西に移動し，太平洋高気圧のまわりを北上して中・高緯度に達すると，(A)上空の強い西風により速い速度で北東へ進むなど，上空の風や台風周辺の気圧配置の影響を受けて動きます。
　また，台風は地球の自転の影響で北へ向かう性質を持っています。台風は暖かい海面から供給された（　①　）が凝結して雲粒になるときに放出される（　②　）をエネルギーとして発達します。しかし，移動する際に海面や地上とのまさつにより絶えずエネルギーを失っており，仮にエネルギーの供給がなくなれば２～３日で消滅してしまいます。
　さらに，日本付近に接近すると上空に寒気が流れ込むようになり，次第に台風本来の性質を失って（　③　）に変わります。あるいは，熱エネルギーの供給が少なくなりおとろえ「熱帯低気圧」に変わることもあります。(B)上陸した台風が急速におとろえるのは［　　　　　　　　　］からです。

《台風にともなう雨の特性》

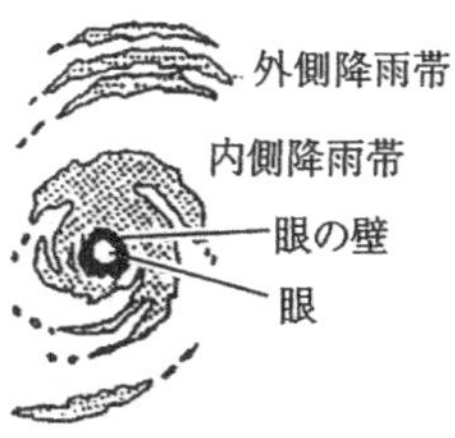

　台風は，強い風とともに大雨をともないます。台風は（　④　）雲が集まったもので，雨を広い範囲に長時間にわたって降らせます。台風は，垂直に発達した(④)雲が眼の周りを壁のように取り巻いており，そこではもうれつな暴風雨となっています。この眼の壁のすぐ外は濃密な（④）雲が占めており，激しい雨が連続的に降っています。
　さらに外側の200～600kmのところには帯状の降雨帯があり，断続的に激しい雨が降ったり，ときには竜巻が発生することもあります。これらの降雨帯は上の図のように台風の周りに渦を巻くように存在しています。
　また，日本付近に前線が停滞していると，台風から流れ込む暖かく湿った空気が前線の活動を活発化させ，大雨となることがあります。雨による大きな被害をもたらした台風の多くは，この前線の影響が加わっています。

問１　下線部(A)について，「上空の強い西風」は何と呼ばれますか。漢字３文字で答えなさい。

問２　下線部(B)について，上陸した台風が急速に衰える理由として，［　　］にあてはまる，最も適当なものを次のア～エから１つ選び，記号で答えなさい。

ア　北上することで気温が下がり，地上とのまさつによりエネルギーが失われる

イ　北上することで気温が下がり，寒気の流れ込みによりエネルギーが失われる

ウ　水蒸気の供給が絶たれ，地上とのまさつによりエネルギーが失われる

エ　水蒸気の供給が絶たれ，寒気の流れ込みによりエネルギーが失われる

問３　文中の（　①　）～（　④　）に入る当てはまる語句を，次のア～スからそれぞれ１つずつ選び，記号で答えなさい。

ア　東　　イ　西　　ウ　南　　エ　北　　オ　水　　カ　水蒸気　　キ　電気

ク　熱　　ケ　温帯低気圧　　コ　温帯高気圧　　サ　乱層　　シ　積乱　　ス　巻

次の図は，2021年８月８日の雲画像および天気図です。この日は，日本列島上空に台風が２つ発生しており，九州北部をはじめとした西日本では，大雨による被害が発生しました。なお，天気図中の記号「高」および「低」はそれぞれ，高気圧と低気圧を表します。

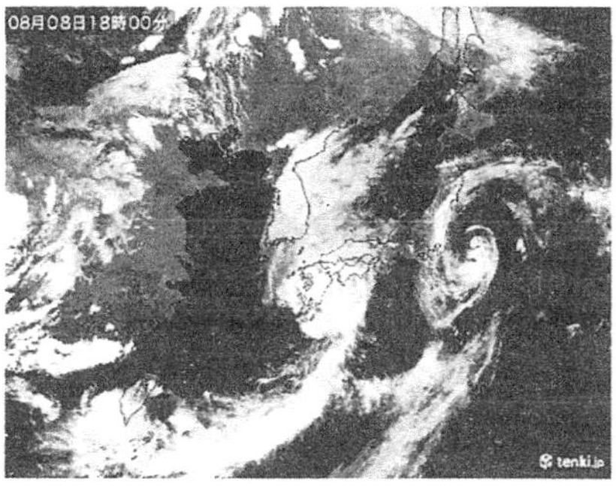

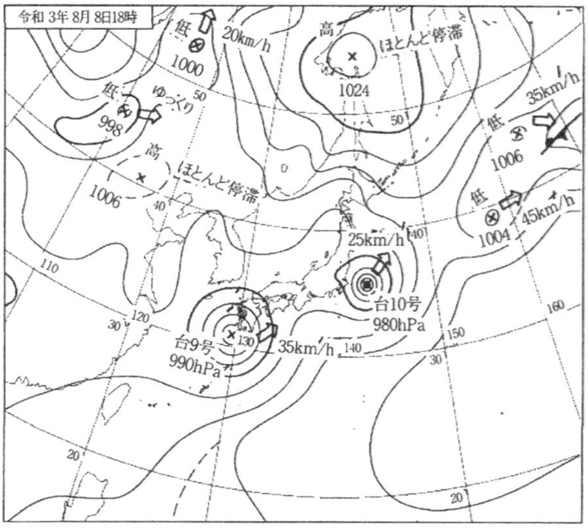

問４　台風９号は，この後，福岡・佐賀の東側を北上しました。一般的に台風は，観測地点の西側を北上したときに，大きな被害が出やすい傾向にあります。その理由を台風の「進行方向」と台風の「風向き」とに着目して簡潔に述べなさい。

2022(R4) 東明館中
教英出版

令和４年度　東明館中学校入学試験問題
Ａ日程

〔社　　会〕

（40分）

（注意）　解答はすべて解答用紙に記入のこと。

東 明 館 中 学 校

受 験 番 号	氏　　　名

〔1〕 日本の諸地域について，１～８の問いに答えなさい。

１　次の図１は，各都道府県別の合計特殊出生率*を示したものです。図１を見て，（１）～（３）の問いに答えなさい。*合計特殊出生率とは15～49歳までの女性の年齢別出生率を合計したもの

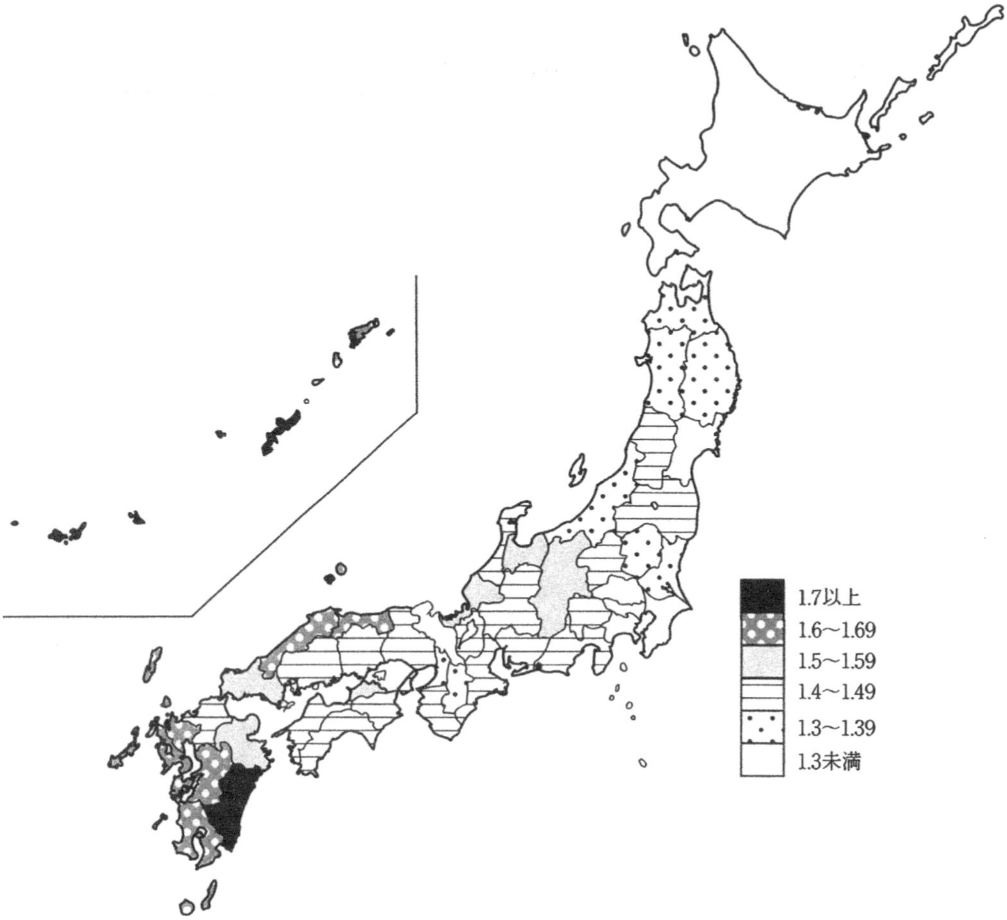

図１

（総務省統計局『国勢調査報告』および『人口推計』より作成）

⑴　次に指定された文にあてはまる都道府県のうち２つを選び，漢字で答えなさい。

日本海に海岸線を持つ都道府県 合計特殊出生率が1.5～1.59の都道府県

(2) 次の雨温図ア～ウは，合計特殊出生率が1.6～1.69の都道府県における県庁所在地（松江市・熊本市・鹿児島市）のいずれかを示しています。ア～ウと各県庁所在地との組み合わせとして，あてはまるものを，次の①～⑥から１つ選び，番号で答えなさい。

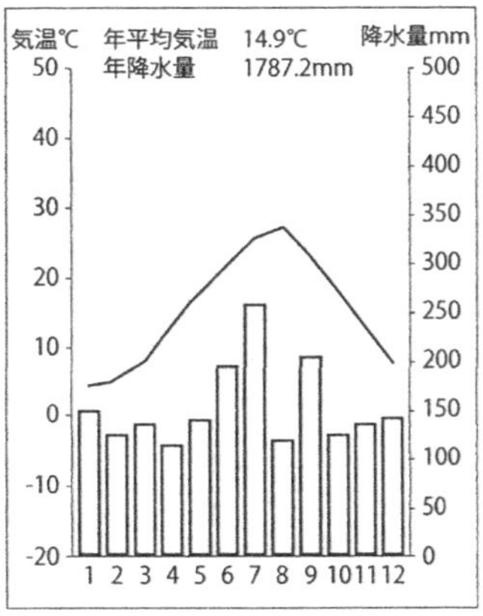

ア

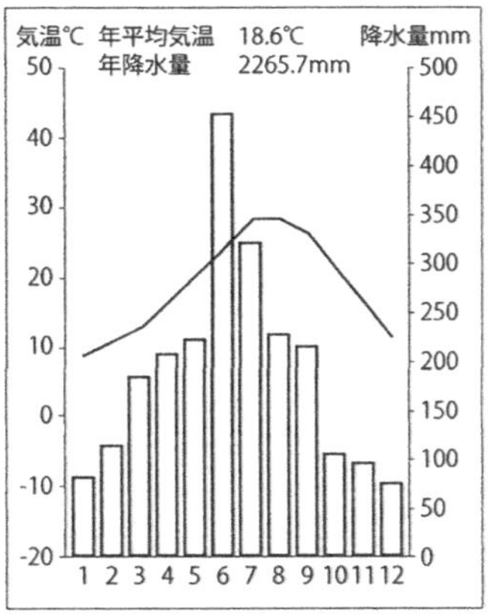

イ

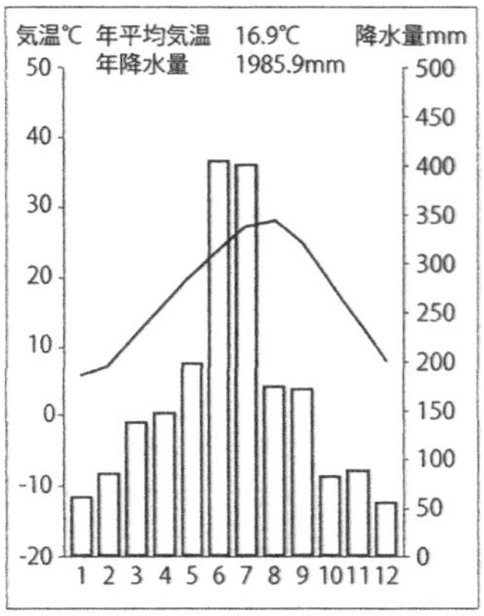

ウ

（気象庁ＨＰより作成）

	①	②	③	④	⑤	⑥
ア	松江市	松江市	熊本市	熊本市	鹿児島市	鹿児島市
イ	熊本市	鹿児島市	松江市	鹿児島市	松江市	熊本市
ウ	鹿児島市	熊本市	鹿児島市	松江市	熊本市	松江市

(3) 次の表１は，合計特殊出生率が，1.7以上のある都道府県における県庁所在地の気候を示しています。このような気候になる理由を簡単に答えなさい。

表１

	1月	2月	3月	4月	5月	6月	7月	8月	9月	10月	11月	12月
平均気温（℃）	7.5	8.6	11.9	16.1	19.9	23.1	27.3	27.2	24.4	19.4	14.3	9.6
降水量（mm）	63.8	90.8	182.1	212.5	239.3	429.2	309.4	290.2	354.6	181.8	95	60

（気象庁ＨＰより作成）

2　森林のはたらきと役割として**誤っているもの**を，次の①～⑤から１つ選び，番号で答えなさい。

①　色々な動物のすみかになる　②　土砂災害を防止する　③　文化・景観を形づくる
④　酸素を吸収し，きれいな空気をつくる　⑤　水を貯《たくわ》え，きれいにする

3　次の表２は，漁獲量上位５道県を示したものであり，カ～クは2020年におけるブリ類（養殖）・タラ類・カキ類（養殖）のいずれかを示しています。カ～クと各魚種との組み合わせとして，あてはまるものを，次の①～⑥から１つ選び，番号で答えなさい。

表２

	カ	漁獲量（総数）		キ	漁獲量（総数）		ク	漁獲量（総数）
1	鹿児島県	42,700トン	1	北海道	199,700トン	1	広島県	96,000トン
2	愛媛県	21,000トン	2	青森県	4,900トン	2	宮城県	18,200トン
3	大分県	20,000トン	3	岩手県	4,700トン	3	岡山県	15,300トン
4	宮崎県	11,900トン	4	宮城県	3,600トン	4	兵庫県	9,200トン
5	高知県	9,700トン	5	石川県	700トン	5	岩手県	6,200トン

（農林水産省 海面漁業生産統計調査 より作成）

	①	②	③	④	⑤	⑥
カ	ブリ類	ブリ類	タラ類	タラ類	カキ類	カキ類
キ	タラ類	カキ類	ブリ類	カキ類	ブリ類	タラ類
ク	カキ類	タラ類	カキ類	ブリ類	タラ類	ブリ類

4　近年，SNS*（ソーシャルネットワーキングサービス）の発達が人々の生活に影響を与えています。次の表３は，国民生活時間調査**を示したものであり，表中①～④は1995年の平日における10代女性・2020年の平日における10代女性・1995年の平日における10代男性・2020年の平日における10代男性のいずれかです。2020年の平日における10代女性にあてはまるものを，次の①～④から１つ選び，番号で答えなさい。

* SNS（ソーシャルネットワーキングサービス）とは，登録された利用者同士が交流できるwebサイトの会員制サービスのこと。

**国民生活時間調査とは，１日の生活における行動（睡眠や仕事，家事，食事，テレビ視聴など）を，「時間」や「人」の面からとらえて調査したもので,「行為者」とは,その行動（例:テレビ）を何%の人が見たか（行ったか）を示します。

表３

	行動	行為者（%）	行動	行為者（%）	行動	行為者（%）
①	テレビ	90.5	ラジオ	12.4	新聞	12.6
②	テレビ	89.8	ラジオ	9.3	新聞	13.5
③	テレビ	54	ラジオ	4.3	新聞	4.3
④	テレビ	50	ラジオ	2.4	新聞	0.0

（NHK 放送文化研究所「国民生活時間調査」より作成）

5　次の表4は，福岡県内のあるバス停・駅・空港における時刻表を示したものであり，①～④は博多駅前のバス停（福岡タワー行き）・福岡空港（新千歳空港行き）の航空便・人口10万人都市のバス停（最寄り駅前のバス停行き）・人口約5000人の市町村のバス停（最寄りの役場行き）のいずれかです。人口10万人都市のバス停（最寄り駅前のバス停行き）にあてはまるものを次の①～④から1つ選び，番号で答えなさい。

表4

時	①（分）	②（分）	③（分）	④（分）
6	55	04 32 47	16	
7	01 15 29 35 45	07 29 47	02 43	
8	00 11 31 37 51 59	12	29	
9	16 35 53	47	20 55	
10	09 23 30 44 50 57	47	50	50
11	09 14 20 32	18 59		00 50
12	14 23 46	19 49	54	
13	04 31 41	15		
14	01 41 54	06 28	36	00
15	00 14 36 51	30 59	18	
16	04 29 52	20 30	16	
17	00 16 25 29 34 42 49 56	18 42	06 56	
18	13 29 44 58	11 53	46	
19	11 16 28 36 50 58	05 22 47		
20	14 23 39 49	11 59		
21	15 25 45	24 44		
22	09 42	47		
23	07	03		

（https://www.navitime.co.jp/ より作成）

6　肉類や穀物などの農産物の生産には，その国の水資源が使用されています。次の表5は，農畜産物の生産に使用される水資源量と，主要品目における日本の仮想水*輸入の割合を示したものであり，①～④は牛肉・小麦・大豆・豚肉のいずれかです。牛肉にあてはまるものを次の①～④から1つ選び，番号で答えなさい。

*仮想水とは，食料を輸入している国（消費国）において，その輸入食料を生産するとした場合，どの程度の水が必要かを推定したもの

表5

	農畜産物1kgを生産するのに必要な水資源量	各農畜産物輸入における仮想水の量
①	2.0トン	18.25 km^3
②	2.5トン	7.94 km^3
③	20.6トン	11.28 km^3
④	5.9トン	8.09 km^3

（「環境省 HP」より作成）

7　次の図２中のサ～スは，産業別人口構成（第一次産業～第三次産業）のいずれかを示したものであり，X・Yは，富山県・宮崎県のいずれかです。シの産業別人口構成とXの県との組み合わせとして，あてはまるものを，次の①～⑥から１つ選び，番号で答えなさい。

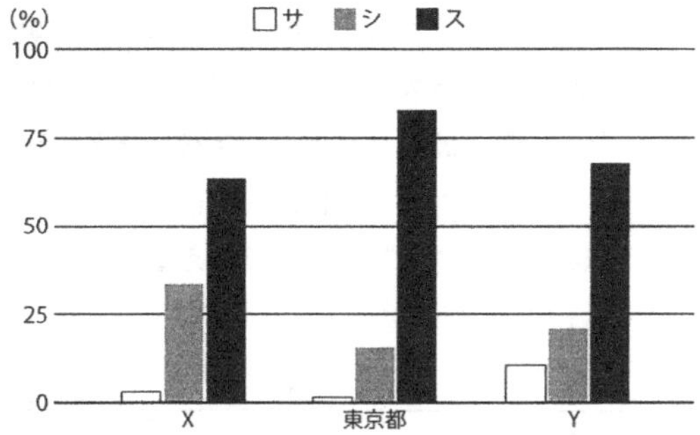

図２

（『日本国勢図会2020／21』より作成）

	①	②	③	④	⑤	⑥
シ	第一次産業	第一次産業	第二次産業	第二次産業	第三次産業	第三次産業
Xの県	富山県	宮崎県	富山県	宮崎県	富山県	宮崎県

8　次の図３は，香川県の一部を示した２万５千分の１地形図（原寸・一部改変）です。
香川県は，図３のような他ではあまりみられない土地利用がみられます。
次の文は，その土地利用に関するものです。文の空らんにあてはまる語句を答えなさい。

農業をするために，[　　　　　]が作られ利用されています。

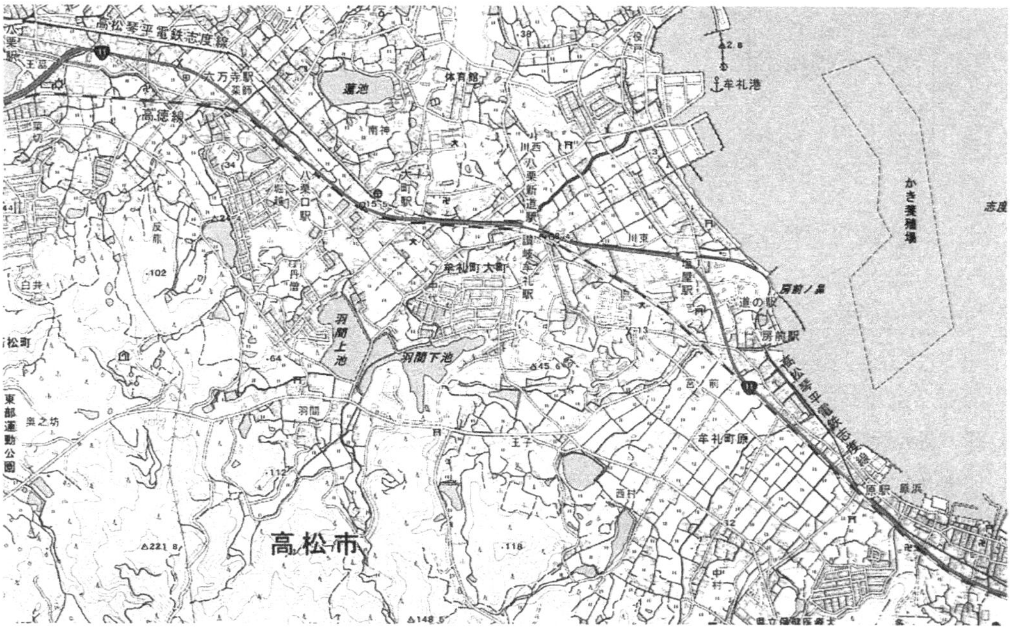

図３

〔2〕 次の図1をみて，1～3の問いに答えなさい。

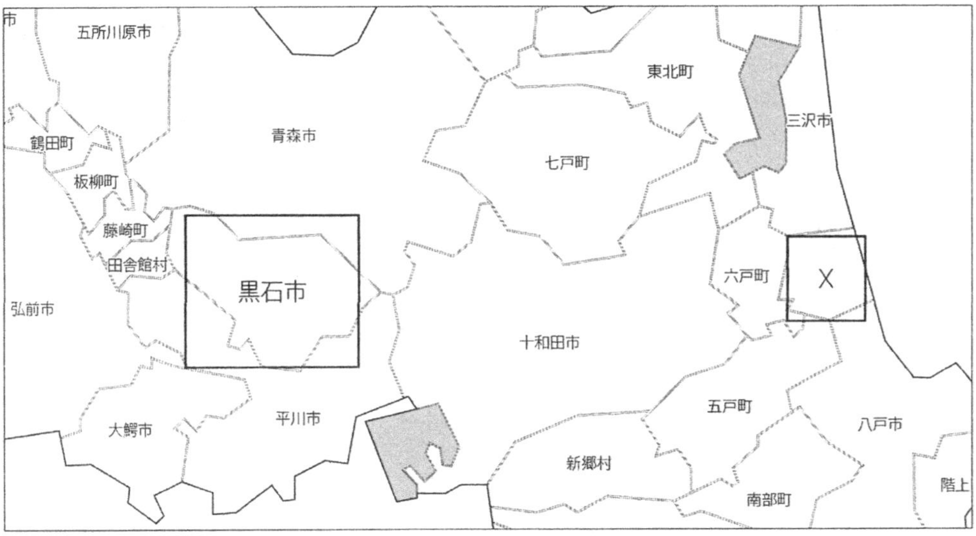

図1

1 次の図2は，図1中Xの範囲の一部を示した2万5千分の1地形図（原寸・一部改変）です。図2をみて，（1）～（3）の問いに答えなさい。

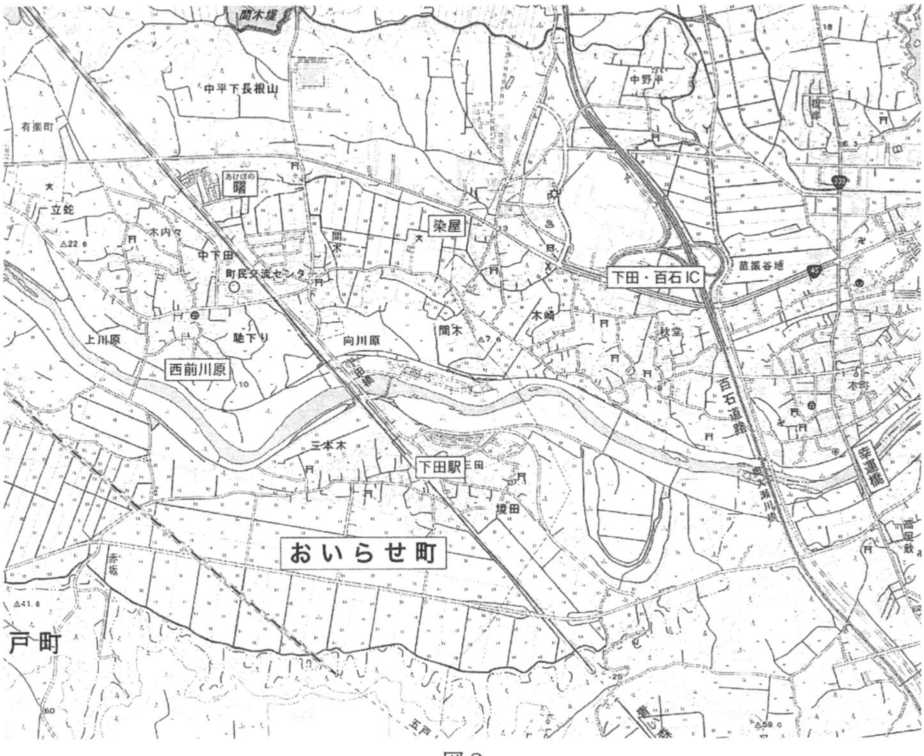

図2

小計

〔問題一〕

問1
あ カンタン
い 格好
う 弾　む
え 色彩

問2
A
B
C

問3

問4

問5

問6
灯台

問7

問8

問9

問10

80
100
120

小計

〔問題二〕

問1
あ エガオ
い 構
う セイ
え ハゲ

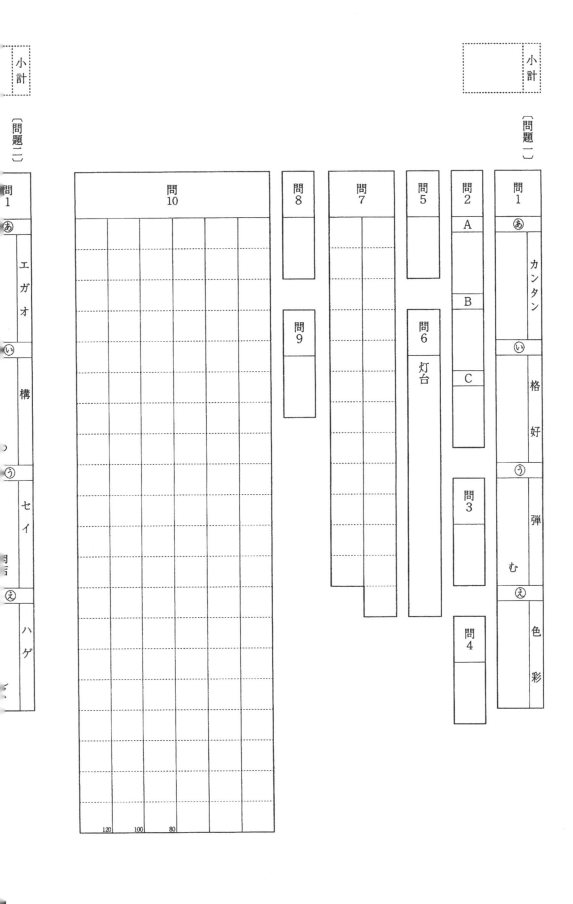

〔3〕

①	
②	
③	
④	
⑤	

〔4〕

(1)			°
(2)	午後	時	分
(3)	午後	時	分

〔5〕

(1)	
(2)	cm^3
(3)	秒後

得　点			

※100点満点
（配点非公表）

〔5〕

問1	A		B			
問2		問3	シダ植物		裸子植物	
問4		問5				
問6						

〔6〕

問1		問2		問3	
問4		問5			

〔7〕

問1	①		②		③		問2	度
問3	全周	km	半径	km	問4	%		

〔8〕

問1					問2			
問3	①		②		③		④	
問4								

得点	

※50点満点
（配点非公表）

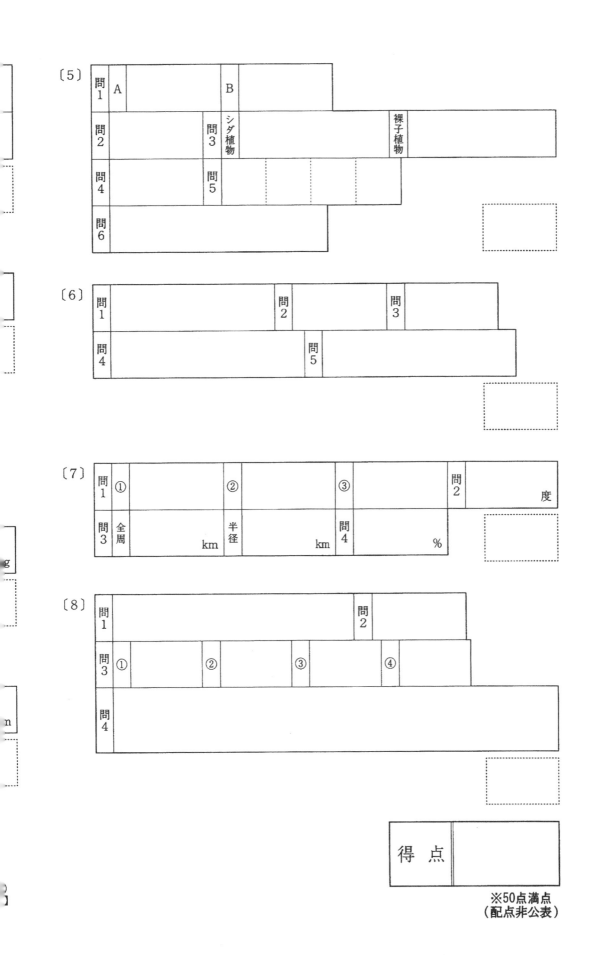

〔4〕

1	月　日	2		3	
4		5		6	
7		8			
9		10			

〔5〕

1		2	

3	ア	イ	ウ
	エ	4	

得　点	

※50点満点
（配点非公表）

A日程

令和4年度　中学社会　解答用紙

受験番号

氏　名

〔1〕

1	(1)		(2)
	(3)		

2		3		4		5	
6		7		8			

〔2〕

1	(1)	(2)	(3)

2	➡ ➡ ➡
3	

〔3〕

1		2		3	
4		5		6	

7	➡ ➡ ➡ ➡ ➡

A日程

令和4年度　中学理科　解答用紙

受験番号

氏　名

〔1〕

問1	①		②		③		問2	
問3		問4	℃	問5	℃			

〔2〕

問1		問2		問3	①		②
問4		問5	g				

〔3〕

問1		はたらき					
問2	B	g	C	g			
問3	B	cm	C	cm	問4		

〔4〕

問1		問2		問3	
問4	秒後	問5			

A日程

令和4年度 中学算数 解答用紙

受験番号	
氏名	

〔1〕

(1)		
(2)		
(3)		
(4)		g
(5)		通り
(6)		回
(7)	毎秒	m 以上
(8)		本
(9)		%
(10)	m 以上	m 未満

〔2〕

(1)		°
(2)		cm^2
(3)		cm
(4)		cm

A日程

令和四年度　中学国語　解答用紙

受験番号

氏　名

問2

A

B

C

D

問3

問4

と言い聞かせている。

問5

問6

⑤

⑥

⑦

問7

問8

小計

〔問題三〕

問1

1

2

3

4

問2

3	2	1
(1)	(1)	(1)
(2)	(2)	(2)

※100点満点
（配点非公表）

得　点	

(1)　図２中に**みられない**地図記号を①～④から１つ選び，番号で答えなさい。

①　市役所　　②　電波塔　　③　果樹園　　④　図書館

(2)　図２に関する次の文について，あてはまるものを①～④から１つ選び，番号で答えなさい。

①　染屋地区の東側には，警察署がみられる。
②　染屋地区には，小中学校がみられる。
③　ＪＲ沿線に裁判所がみられる。
④　幸運橋を北に進むと，西側に博物館がみられる。

(3)　図2の特徴を述べた次の文を読み,**誤っているもの**を①～④から1つ選び, 番号で答えなさい。

①　下田駅の南側には水田が広がっている地域がみられる。
②　下田・百石 IC の北部には，風車がみられ，その周辺に工場がみられる。
③　おいらせ町から南部にかけて二つの鉄道がそれぞれトンネルを通っている。
④　西前川原から曙（あけぼの）にかけて標高が高くなっている。

2　次の①～④の文は，図１のある地域において，自然災害に関する調査を行う際の内容について示したものであり，下の図は調査の各手順です。①～④の順番をそれぞれ答えなさい。

①　少人数のグループを作り，話し合いの中で河川周辺の地形が自然災害に影響を与えているのではないか，と予想する。
②　教科書で図１のある地域がよく自然災害の被害を受けていることを知る。
③　図１のある地域の過去の災害から，なぜこの地域では，特定の自然災害が起きているのか，原因と対策を調べることに決める。
④　自然災害の具体的な対策や原因について，現地で聞き取り調査などをもとに分析を行う。

【手順】　課題を知る ➡ 課題の設定 ➡ 仮説の設定 ➡ 仮説の検証 ➡ まとめ

3　図１中の黒石市では，図３のような歴史的建築物が見られます。このような「ひさし*」が見られる理由を簡単に答えなさい。

*ひさしとは，窓や出入口などの上に取り付けられるでっぱり部分の屋根のこと

図３　　(黒石市 HP より作成)

〔3〕 花子さんは，平安時代までの日本のあゆみについて，歴史カルタにまとめてみました。1～7の問いに答えなさい。

A

（こ）
米作り　指図《さしず》するのは
クニの王

B

（ふ）
藤原氏　さかえて
日本風の文化

C

（し）
聖徳太子　飛鳥時代に
十七条の憲法

D

（と）
渡来人　結びつきを
強めて大きな古墳

E

（た）
大仏様　仏教の力で
国づくり

F

（い）
石や骨の道具を使って
狩りや漁

1　Aの札《ふだ》について，邪馬台国を支配した人物名を漢字で答えなさい。

2　Bの札について，藤原氏などの貴族の住居（住まい）を何といいますか，漢字で答えなさい。

3　Cの札について，聖徳太子が建てた寺を漢字で答えなさい。

4　Dの札について，面積では日本最大の古墳名を漢字で答えなさい。

5　Eの札について，大仏づくりの命令を出した天皇名を漢字で答えなさい。

6　Fの札について，この時代のことを何といいますか，漢字で答えなさい。

7　A～Fの札を古いものから年代順にならべ替えなさい。

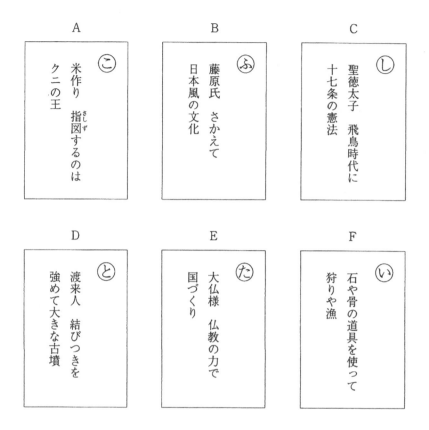

〔4〕 たろう君は，第2次世界大戦から今までのことを年表にまとめてみました。1～10の問いに答えなさい。

西暦年	で き ご と
1945	第2次世界大戦が終わる。
1946	a日本国憲法が公布される。
1950	b朝鮮戦争が起こる。
1951	cサンフランシスコ平和条約と日米安全保障条約を結ぶ。
1956	国際連合に加盟する。
1960	d日米安全保障条約を改定する。
1964	[A] オリンピックが開催される。
1970	日本で初めてe万国博覧会が開催される。
1972	沖縄が日本に復帰する。
	f中華人民共和国との国交が正常化される。
1973	g四大公害訴訟裁判が終わる。
1978	日中平和友好条約を結ぶ。
1988	青函トンネルとh瀬戸大橋が開通する。
1995	阪神・淡路大震災が起こる。
2001	iアメリカで同時多発テロが発生する。
2011	東日本大震災が起こる。

1　下線部aについて，公布された月日を答えなさい。

2　下線部bについて，GHQ（連合国軍最高司令官総司令部）の要請で作られた警察予備隊の現在の名称を何といいますか，漢字で答えなさい。

3　下線部cについて，日本とこの条約を結ばなかった国名を次の①～④から1つ選び，番号で答えなさい。

①　イギリス　　②　アメリカ　　③　フランス　　④　ソヴィエト

4　下線部dについて，この時の改定反対運動を何といいますか，漢字で答えなさい。

5　A　にあてはまる都市名を漢字で答えなさい。

6　下線部eについて，2025年に予定されている万国博覧会はどこで開催されますか，都市名を漢字で答えなさい。

7　下線部fについて，この時の内閣名を次の①～④から1つ選び，番号で答えなさい。

①　福田赳《たけ》夫《お》　　②　大平正芳　　③　田中角栄　　④　中曽根康弘

8　下線部gについて，四大公害訴訟の一つである水俣病の原因は何ですか，簡単に説明しなさい。

9　下線部hについて，現在，本州と四国地方を結ぶ連絡橋のルートはいくつありますか，数字で答えなさい。

10　下線部iについて，この時のアメリカ大統領を次の①～④から1つ選び，番号で答えなさい。

①　クリントン　　②　ジョージ・ブッシュ（父）
③　ジョージ・ブッシュ（子）　　④　トランプ

〔5〕 日本国憲法や日本の政治について，１～４の問いに答えなさい。

1　日本国憲法には「侵すことのできない永久の権利」として，さまざまな権利が定められています。日本国憲法に書かれていない「新しい人権」を次の①～④から１つ選び，番号で答えなさい。

①　生存権　　②　環境権　　③　参政権　　④　自由権

2　日本国憲法について，次の①～④から**誤っているもの**を１つ選び，番号で答えなさい。

①　日本国憲法では，天皇の国事行為について，国会の助言と承認を必要とし，国会がその責任を負うとしています。
②　日本国憲法では，一人一人の個性を尊重し，かけがえのない人間としてあつかうという「個人の尊重」が認められています。
③　日本国憲法では，すべて国民は，ひとしく教育を受ける権利を持っていると定めています。
④　日本国憲法では，衆議院議員の任期は４年と定めていますが，衆議院が解散した場合は，任期の途中で議員の職を失うことになります。

3　次の条文を読んで，（　ア　）～（　エ　）にあてはまる語句を答えなさい。

> 第９条
> ①　日本国民は，正義と秩序を基調とする国際平和を誠実に希求し，国権の発動たる（　ア　）と，（　イ　）による威嚇《いかく》又は（　イ　）の行使は，国際紛争を解決する手段としては，永久にこれを放棄する。
> ②　前項の目的を達するため，陸海空軍その他の（　ウ　）は，これを保持しない。国の（　エ　）は，これを認めない。

4　日本国憲法では，裁判所に，一切の法律・命令などが憲法に違反していないかどうかを判断する権限を与えています。この権限を何といいますか，漢字で答えなさい。

2022(R4) 東明館中
K 教英出版

令和三年度　東明館中学校入学試験問題　A日程

〔国　語〕

（60分）

（注意）　解答はすべて解答用紙に記入のこと。
字数を制限した解答では、句読点や「　」、〝　〟などの
表記符号はすべて一字に数える。

東明館中学校

受験番号	氏名

〔問題一〕　次の文章を読んで、後の問いに答えなさい。

著作権に関係する弊社の都合により
本文は省略いたします。

教英出版編集部

著作権に関係する弊社の都合により
本文は省略いたします。

教英出版編集部

（出典：池上　彰『なんのために学ぶのか』）

問1　本文中の(あ)ツウカン　(い)耕し　(う)境遇　(え)封建　について、カタカナは漢字に書き改め、漢字は読みをひらがなで答えなさい。

問2　本文中の［A］～［C］にあてはまることばとして最も適当なものを、次のア～オの中からそれぞれ選んで、記号で答えなさい。

ア　ところが　　イ　たとえば　　ウ　なぜなら　　エ　すると　　オ　では

問3　本文中に、①その人たち　とありますが、内容として最も適当なものを次のア～エの中から一つ選んで、記号で答えなさい。

ア　大地主からの借金のために奉公に出され、懸命に働かされて、学校にも行かせてもらえない女性たち。

イ　大地主からの借金のために奉公に出され、家政婦としての技術を身につけ独立しようとする女性たち。

ウ　大地主制度の中で、小作農の娘として、奉公に出されるが、人一倍自分で勉強するような女性たち。

エ　大地主制度の中で、家族と離ればなれになりながらも家族を恨むことなく勉強するような女性たち。

問4　本文中に、②自分がかけがえのない存在だということが自覚できた瞬間　とありますが、その説明として最も適当なものを次のア～エの中から一つ選んで、記号で答えなさい。

ア　幼い頃から親の借金のために親元から離され、自分の名前や親の名前などの自己の存在に関わるものを忘れさせられていた生活であったので、名前を自分で書くことによって存在の意味を理解する瞬間。

イ　幼い頃から親の借金のために奉公に行かされ、好きなものや、やりたいことも我慢させられて、家族や地主たちに尽くす中で自分の名前も忘れかけていたが自分の手で名前を書けたという尊い瞬間。

ウ　幼い頃から親の借金のために奉公に行かされ、制限を受けた人生の中で、自分の存在する意味も分からない状況で、名前という自分自身の存在に関わるものを自分の手で書けたという尊い瞬間。

エ　幼い頃から親の借金のために親元から離され、家族や友人たちと交流することもなくなったことから、名前を呼ばれることもなくなり、自分の名前を書くことによって、尊い思い出がよみがえる瞬間。

問5　本文中に、③白い目で見られる　とありますが、意味として最も適当なものを次のア～エの中から一つ選んで、記号で答えなさい。

ア　冷静な判断力のある目で見られる　　イ　何もない純粋な目で見られる　　ウ　価値も何もないように見られる

エ　冷たい悪意を込めた目で見られる

問6　本文中に、④村の長老がいいと言えば、「長老が言うなら」ということで村人たちはみんな従います。　とありますが、「権力のある人の一言で決着がつく」という意味を持つ慣用句を次のア～エから一つ選んで、記号で答えなさい。

ア　馬の耳に念仏　　イ　鶴の一声　　ウ　猫に小判　　エ　虎の尾を踏む

問7　本文中に、⑤ツト　⑥オサ　とありますが、そこにあてはまる漢字が使われている熟語をそれぞれ次のア～エから一つ選んで、記号で答えなさい。

⑤　ア　勉強　　イ　努力　　ウ　出勤　　エ　激務

⑥　ア　納入　　イ　収集　　ウ　修学　　エ　政治

問8　本文中に、⑦積極的　⑨単純　とありますが、それぞれの対義語を漢字で答えなさい。

問9　本文中に、⑧社会全体に大きな影響を与えます。とありますが、本文の内容から考えてどんな影響が考えられますか。説明した次のア～エの中から最も適当なものを一つ選んで、記号で答えなさい。

ア　母乳が出ない女性は粉ミルクを赤ちゃんに飲ませることになるが、女性たちが読み書きができるようになると、粉ミルクの欠点が分かるようになって使用が減っていく。

イ　女性たちが読み書きできないと、食品の袋や缶などの説明が分からないので、衛生上の危険性があり、子どもの死亡率が上がり、子どもの出生率が高くなっていく。

ウ　母乳が出ない女性は粉ミルクを赤ちゃんに飲ませることになるが、女性たちが読み書きができるようになると、当たり前のことは説明されていないことが分かるようになる。

エ　女性たちが読み書きできるようになると、食品の袋や缶などの説明が分からないで、誤った使用をして多くの子どもの命が失われていく状況が改善されていくようになる。

問10　本文中に⑩それ　とありますが、指し示す内容について本文中の言葉を用いて、十字程度で答えなさい。

問11　教育がどのように大切かということについて、自分の考えを具体例を用いて、百字以上百二十字以内で分かりやすくまとめて説明しなさい。

〔問題二〕　次の文章を読んで、後の問いに答えなさい。

内村は東北の大震災を機に、岩手県釜石《かまいし》市から熊本県へ移住した。ある夕暮れ、軽トラックを運転して家へ帰る途中、飼い主を亡くした犬の多聞《たもん》と出会い、獣医《じゅうい》のもとへ連れていく。内村は妻の久子に相談し、治療により回復した多聞を引き取ることにした。内村には震災による心の傷で、話せなくなっていた八歳の息子（光）がいるが、多聞と一緒に過ごすようになってから笑顔を見せるようになった。
本文は内村と光と多聞が散歩に行っている場面である。

著作権に関係する弊社の都合により
本文は省略いたします。

教英出版編集部

（出典：馳《はせ》　星周《せいしゅう》『少年と犬』文藝春秋刊）

注

＊リード…犬などに着ける引き綱。　＊破顔…顔をほころばせること。笑うこと。

＊慈しんでいる…かわいがり大切にする。いとおしむ。　＊畦道…水田の境に泥土を盛って水が外に出ないようにした畦を道として用いるもの。

＊辟易…嫌気がさすこと。

問1　本文中の（あ）カクシン　（い）ハイ　（う）芽生え　（え）奮い　について、カタカナは漢字に書き改め、漢字は読みをひらがなで答えなさい。

問2　本文中の①多聞の目もまた、光のそれと同じように輝いていた。について、次の二つの問いに答えなさい。

1　「それ」とは何のことですか。本文中から十字以内で抜き出して答えなさい。

2　多聞は内村に何を伝えようとしていたのですか。二十字以内で説明しなさい。

問3　本文中の［A］に当てはまる言葉を、次のア～エの中から一つ選んで、記号で答えなさい。

ア　からから　　イ　くしゃくしゃ　　ウ　ぴかぴか　　エ　ぐるぐる

問4　本文中に②春の色と匂いと音に満ちた世界を、光と多聞が歩いている。とありますが、この時の内村の気持ちを説明したものとして最も適当なものを次のア～エの中から一つ選んで、記号で答えなさい。

ア　学校に行かずにただ絵を描くことしかできなくなった光が、多聞と一緒に春の陽射しの中を歩いていることを悔いている。

イ　話せなくなってしまった光に愛情をなくしてしまっていたが、春の温かい雰囲気の中で光と多聞に親しみを感じている。

ウ　震災で負った心の傷により家の外に出ることのなくなった光が、春の陽気の中で多聞と歩いている様子を見て喜んでいる。

エ　散歩をしながら光と多聞と過ごした釜石での生活を思い出し、熊本はもう春なのだと気候の違いを感じて悲しんでいる。

問5　本文中に③苦しい日々を耐《た》えてきた光に、神様が手を差し伸べてくれたのだ。とありますが、具体的にどのようなことをしてくれたと考えているのですか。十五字以内で答えなさい。

問6　本文中に④光は多聞の身振りの意味を理解した。とありますが、どのような意味だったのですか。十字以内で解答らんに合う形で答えなさい。

問7　本文中に⑤内村は涙を流しながら光たちの方へ駆けだした。とありますが、なぜ涙を流しているのですか。四十五字以内で説明しなさい。

〔問題三〕 次の問いに答えなさい。

問1 次の四字熟語の傍線部のカタカナを漢字に書き改めて答えなさい。

1 高ソウ建築

2 意識改カク

3 世界イ産

4 国際親ゼン

問2 次の傍線部を漢字に書き改めて答えなさい。

1
(1) ノートに問題をウツす。
(2) はち植えをベランダにウツす。

2
(1) 病気が完チする。
(2) 血圧の数チをはかる。

3
(1) ダン流に乗ってカツオが来る。
(2) 神社の石ダンを数えながら上がる。

令和3年度　東明館中学校入学試験問題
A日程

〔算　　数〕

（60分）

（注意）解答はすべて解答用紙に書きなさい。
また，答えが割り切れないものは答え方の指示がない限り，
最も簡単な分数で答えなさい。
また，円周率は3.14として計算しなさい。

東 明 館 中 学 校

受験番号	氏　　名

〔1〕 次の□にあてはまる数を答えなさい。

(1) $22-14\times15\div30-(3+4)\times2=$ □

(2) $4.2\div\left\{\left(2.4-1\frac{3}{5}\right)\times\frac{3}{4}\right\}=$ □

(3) $1\frac{5}{6}-\left(1\frac{1}{5}-0.25\right)\div\frac{3}{4}=$ □

(4) □には同じ数が入ります。
(155－□)：(113－□)＝5：3

(5) 3で割れば1余り，5で割れば1余り，7で割れば4余る整数のうち，最も小さい数は□です。

(6) ある国の人口は2021万人で，1 km^2 あたりの人口密度は11人です。この国の面積は□ km^2 です。
ただし，千の位を四捨五入して一万の位までのがい数で答えなさい。

(7) 時速 72 km で走る列車があります。この列車が長さ 2.5 km のトンネルに入り始めてから完全に通り抜けるのに 2 分 15 秒かかるとき，この列車の長さは □ m です。

(8) ある店で，定価の比が 5：6 である 2 つの商品 A，B があります。ある日セールが行われ，A は 2 割引，B は 1000 円引きとすると，A と B の売値が同じになりました。このとき，A の定価は □ 円です。

(9) 下のように，線で区切られた数の組があります。10 組目の最初の数は □ です。

1	3, 5	7, 9, 11	13, 15, 17, 19	21 ……
(1 組目)	(2 組目)	(3 組目)	(4 組目)	

(10) 右の表は，ある地域の人口を年代別にまとめたものです。この地域の人を年れいが低い順に並べたとき，ちょうど真ん中の位置にある人の年れいは □ です。下のア〜ウから選び，記号で答えなさい。

ア　40 才〜 49 才

イ　50 才〜 59 才

ウ　60 才〜 69 才

	計
0 才〜 9 才	1,469
10 才〜 19 才	1,529
20 才〜 29 才	1,668
30 才〜 39 才	1,964
40 才〜 49 才	2,043
50 才〜 59 才	2,032
60 才〜 69 才	2,927
70 才〜 79 才	2,304
80 才〜 89 才	1,105
90 才〜 99 才	308
100 才〜	16
合　計	17,365

〔２〕 次の各問いに答えなさい。

(1) 右の図形は正三角形と正五角形を重ねたものです。アの角度を求めなさい。

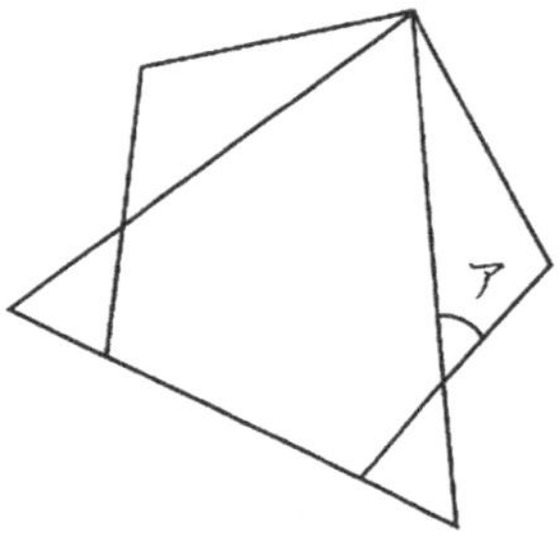

(2) 右の図形は２つの二等辺三角形が重なった形です。イの角度を求めなさい。

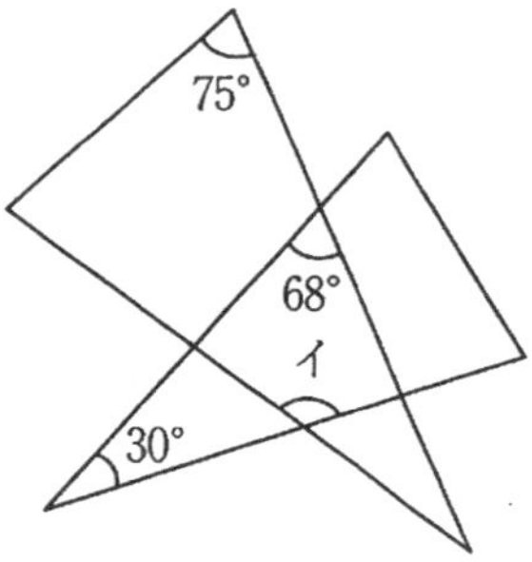

(3) 右の図形は，台形の各頂点と，底辺の中点からそれぞれおうぎ形をかいたものです。ぬりつぶした部分の面積を求めなさい。

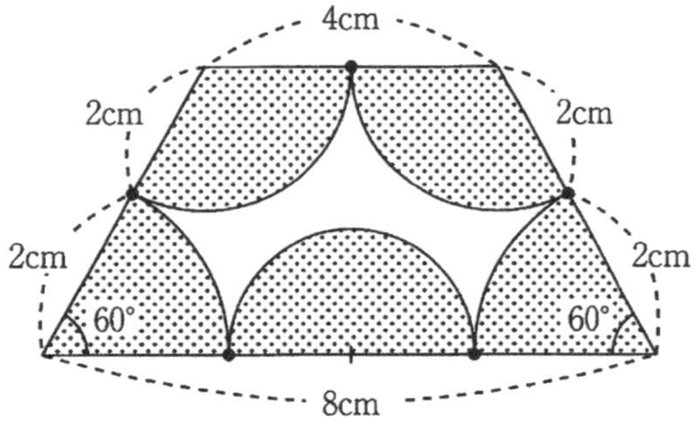

(4) 底面が１辺 1cm の正方形で，高さがそれぞれ 1cm，2cm，3cm，4cm のとう明でない積み木があり，それぞれ ①，②，③，④とします。これらの積み木を下の図のようにすき間なく並べ，矢印の方向から見たとき，積み木は何個見えるか答えなさい。

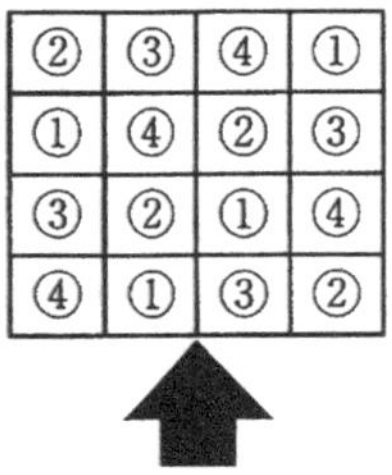

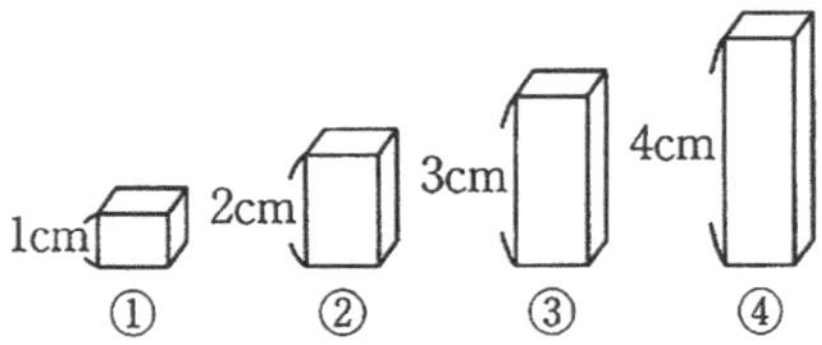

〔3〕 以下の東さんと明さんの会話文を読み，次の問いに答えなさい。

東さん 「明さん，2×2×2×…と，2を何回かかけてみたんだ。すると，

2, 4, 8, 16, 32, 64, …

の一の位に注目すると，2, 4, 8, 6がくり返し出てくるんだ。」

明さん 「そうだね。今日は1月5日だから，例えば2を15回かけた数の一の位は [A] となるね。」

東さん 「なるほど。それでは，他の数でも試してみよう。例えば3を何回かかけてみると，初めて一の位が1になるのは [B] 回かけたときだね。」

明さん 「だから，今年は2021年だから，3を2021回かけた数を計算すると，一の位は [C] だね。」

東さん 「おもしろい！それでは，次は5を考えてみよう。おや？5は何回かけても一の位は5だよ。」

明さん 「そうだね，東さん。よく見たら，①2回以上かけると十の位はずっと2になっているんだけど，なぜだかわかるかい？」

東さん 「ええと。それは [D] だからだ。」

明さん 「その通りだね。それならば，2回以上かけたら必ず，下三けたの数が同じになる数は何か分かるかい？最小の数を考えてみよう。」

東さん 「下二けたが同じなのは5の倍数だから，分かった！ [E] だ！」

明さん 「正解！東さん，計算が早いね。」

(1) [A] ～ [C] に入る数をそれぞれ答えなさい。

(2) 下線部①になる理由を，会話文の [D] に合うように書きなさい。

(3) [E] に入る数を答えなさい。

〔4〕 次の図のように，直線上に正方形 ABCD（図形①）と二等辺三角形 PQR（図形②）があります。

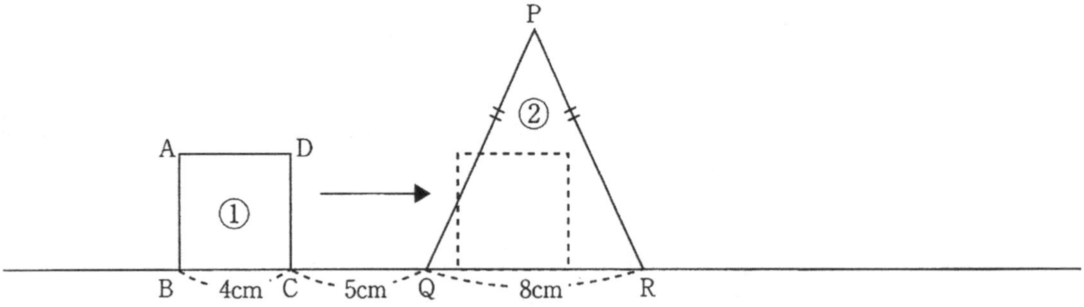

はじめ，点 C と点 Q は 5cm はなれています。図形①は上の図の位置から矢印の方向に，秒速 1cm の速さで動きます。また，図形②は止まっています。図形①が動き始めて，あるときだけ図形①が図形②と完全に重なります。このとき，次の問いに答えなさい。

(1) 図形①が図形②と完全に重なるのは何秒後か答えなさい。

(2) △PQR の面積を求めなさい。

(3) 図形①と図形②が重なった部分で，**できない図形**を下のア～オから選び，記号で答えなさい。

ア 台形　　イ 五角形　　ウ 二等辺三角形　　エ 正方形　　オ 直角三角形

(4) 図形①が動き始めてから 10 秒後，図形①と図形②が重なっている部分の面積を求めなさい。

〔5〕 下の図において，太郎くんはサイコロをふって，その出た目に応じて，次の規則にしたがって動きます。

（規則）

1　サイコロを1回ふり，き数の目が出たとき，太郎くんはその数だけ右へ動く。

2　サイコロを1回ふり，ぐう数の目が出たとき，太郎くんはその数だけ上へ動く。

はじめ，太郎くんは点Xの位置にいるとき，次の問いに答えなさい。

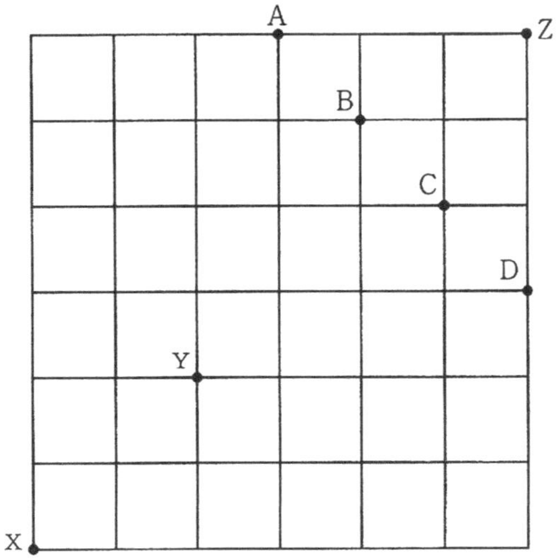

(1) 太郎くんが点Xから点Yへ行くとき，サイコロの目の出方は何通りあるか答えなさい。

(2) 点A，点B，点C，点Dの中には，サイコロを何回ふっても太郎くんがたどり着けない点が存在します。その点を**すべて**答えなさい。

(3) 太郎くんがサイコロを3回ふって点Xから点Zへ行くとき，サイコロの目の出方は何通りあるか答えなさい。

2021(R3) 東明館中
K 教英出版

令和３年度　東明館中学校入学試験問題
Ａ日程

〔理　　科〕

（40分）

（注意）　解答はすべて解答用紙に記入のこと。

東　明　館　中　学　校

受　験　番　号	氏　　　名

〔1〕 次の文章を読んで，各問いに答えなさい。

日本は自動販売機（自販機）の売上が世界トップクラスです。自販機はそれほど私達日本人の生活に欠かせない存在となっています。自販機にはさまざまな種類の飲み物があり，その容器として使われているペットボトルと缶に注目します。

【ペットボトルの容器】

大きく２つのグループがあります。それは，右の**図１**のような形のグループと，**図２**のような形のグループです。炭酸飲料はすべて，**図２**のような形のペットボトルに入っていることに気づきました。

図１

図２

問１　炭酸飲料に溶けている気体と同じ気体を実験室で発生させるためには，何と何を混ぜればよいですか。必要な物質を次の中から２つ選んで答えなさい。

アルミニウム　　アンモニア水　　塩酸　　砂糖　　食塩　　石灰水　　石灰石
でんぷん　　ミョウバン　　水酸化ナトリウム水溶液

問２　下線部について，炭酸飲料が，**図２**のような形のペットボトルに入っているのはなぜか，その理由としてもっとも適当なものを次のア～オから１つ選び，記号で答えなさい。

ア　炭酸飲料をいれやすいから　　イ　炭酸の圧力に耐えられるから
ウ　容器を作りやすいから　　エ　炭酸と化学反応をしないから
オ　運びやすいから

【缶の容器】

大きく２つのグループがあります。それは，右の**図３**のようなボトル形のグループと，**図４**のような円柱形のグループです。そして缶の容器の材料はアルミとスチール（鉄が主成分）の２つだけで，「アルミ缶」は簡単に変形してしまうくらいやわらかく，「スチール缶」はとてもかたいです。**図３**のボトル形の缶の材質はすべてアルミでした。これはキャップをはめこむ部分のように，ボトル形の缶には複雑なつくりをした部分があり，その

図３

図４

部分をかたいスチールで作ることが難しいためだと考えられます。また，**図4**のような円柱形の缶に入っている飲み物の種類に注目すると，炭酸飲料はアルミ缶に，ミルクや砂糖を加えてあるコーヒーはスチール缶に入っていることに気づきました。

問3　アルミ缶・スチール缶・ペットボトルの３種類の中でも，それらをリサイクルする工程には大きな差があります。特に，スチール缶はこの３種類の中でも圧倒的に少ない工程で（簡単に）リサイクルすることが可能ですが，その理由は何か答えなさい。

問4　**図4**のような円柱形のスチール缶にもアルミでできた部分があります。それはどこだと考えられますか。もっとも適当なものを次のア～カから１つ選び，記号で答えなさい。
ア　缶の上部　　イ　缶の側面　　ウ　缶の底　　エ　缶の上部と側面
オ　缶の側面と底　　カ　缶の底と上部

問5　缶の側面には，A「温めるときは直火にかけず，お湯にいれてください。」B「容器に入れたまま凍らせないでください。」と書いてありました。このような注意が書かれているのはなぜですか。それぞれの理由を，両者のちがいがわかるように答えなさい。

〔2〕 次の文章を読んで，各問いに答えなさい。

日本では温度を「摂氏《せっし》」で表しますが，アメリカなどの地域では日常の温度を「華氏《かし》」で表しています。摂氏（セルシウス温度）はスウェーデンの天文学者アンデルス・セルシウスが1742年に考案《こうあん》した温度です。摂氏と表すのは，中国を経由して日本に伝えられたときに，セルシウスの「セ」を中国語では「摂」と表すためだといわれています。また，摂氏の単位は，セルシウスの頭文字を取って，「℃」と表されます。

彼は，水の凝固点（かたまる温度）を0℃，沸点（ふっとうする温度）を100℃と定めました。

一方，華氏（ファーレンハイド温度）はドイツの物理学者ガブリエル・ファーレンハイドが1724年に考案した温度です。華氏と表すのは，摂氏同様にファーレンハイドの「ファ」を中国語では「華」と表すためだと言われています。また，華氏の単位は，ファーレンハイドの頭文字を使って「°F」と表されます。現在，華氏は摂氏を換算《かんさん》して求められます。

A【換算の式】：華氏（°F）＝摂氏（℃）× 1.8 ＋ 32

1878年フランスの発明家ジャック・シャルルは，「B同じ圧力のもとで気体の体積は，温度が1℃上昇するごとに，0℃のときの体積の$\frac{1}{273}$ずつ大きくなること」を発見しました。これをシャルルの法則といいます。

問1　下線部Aの換算の式を用いて，摂氏16℃（日本の平均気温）を華氏に換算しなさい。
※答えは，必要であれば四捨五入して整数で答えなさい。

問2　0℃のとき27.3 Lの気体を，同じ圧力に保ちながら加熱をして，100℃にすると，体積は何Lになりますか。下線部Bを参考にして答えなさい。
※答えは，必要であれば四捨五入して整数で答えなさい。

ジャック・シャルルは現在ではシャルルの法則を見つけた人物として有名ですが，実はロベール兄弟とともに，世界で初めて水素を詰めた気球での有人飛行に成功した人物の一人でもあります。

1783年にシャルルはシャン・ド・マルス公園（現在はエッフェル塔《とう》が建っている）で世界初の水素気球の飛行試験を行いました。C水素は，硫酸《りゅうさん》250 kgを鉄くず500 kgに注《そそ》いで発生させました。しかし，Dある工程《こうてい》を省いてしまったために，気球を十分に膨らませるのに苦労したようです。このときの気球は直径4 mで体積33 m^3と小さく，9 kg程度のおもりしか持ち上げられませんでした。その後，このシャルルはこの反省をいかして，見事有人飛行に成功しました。

問３　シャルルは水素を発生させるために，鉄くずと硫酸を用いましたが，うすい塩酸を用いて水素を発生させることができる金属を鉄以外に２つ答えなさい。

問４　実験室でうすい硫酸と鉄を使って水素を発生させるとき，うすい硫酸と鉄は７：１の比でちょうど反応します。シャルルが下線部Ｃのように水素を発生させたときには，どちらの物質が何 kg 余りますか。
※答えは，必要であれば四捨五入して整数で答えなさい。

問５　下線部Ｃで発生した水素の温度は，まわりの空気と比べてどうなっていたと考えられますか。最も適当なものを次のア～ウから１つ選び，記号で答えなさい。
ア　高い　　イ　同じ　　ウ　低い

問６　下線部Ｄについて，ある操作とはどのようなことか考え，簡潔に答えなさい。

〔3〕 植物の呼吸と光合成について調べる実験を行いました。下の各問いに答えなさい。

《実　験》

操作1　ビーカーに水を入れ，沸とうさせた後，ふたをして冷ます。

操作2　操作1の水に青色のBTBよう液を加え，息をふきこみ（　A　）色にする。この水を図のように試験管①～④の4本に分け，①，②に大きさの等しいオオカナダモを入れる。②，④には試験管の外側全体をアルミニウムはくで包む。

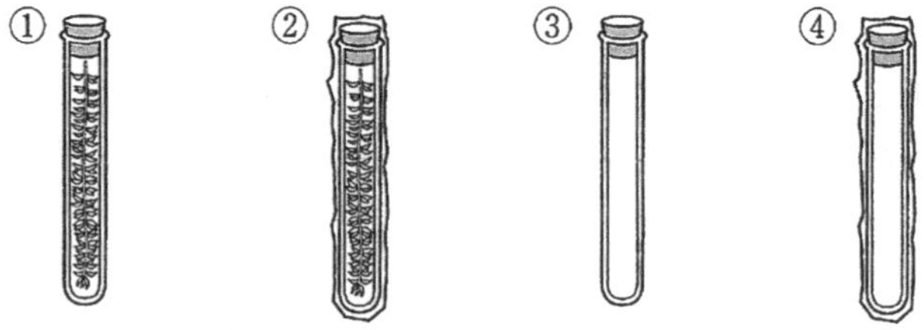

操作3　試験管に十分な明るさの日光を長時間当てる。

《結　果》

試験管①	試験管②	試験管③	試験管④
青色	黄色	変化なし	変化なし

《結　論》

(1)　光合成により，二酸化炭素が吸収された。

(2)　呼吸により，二酸化炭素が放出された。

問1　（　A　）に適する色はどれですか。次のア～オから1つ選び，記号で答えなさい。

ア　赤　　イ　黄　　ウ　緑　　エ　紫　　オ　黒

問2　結論(1)・(2)をみちびくために必要な試験管の組合せはどれですか。次のア～カからそれぞれ1つ選び，記号で答えなさい。

ア　試験管①と試験管②　　イ　試験管①と試験管③　　ウ　試験管①と試験管④

エ　試験管②と試験管③　　オ　試験管②と試験管④　　カ　試験管③と試験管④

問3　実験後，試験管①をひと晩，暗い部屋に放置しました。次の日の早朝，試験管①は何色になっていましたか。次のア～オから1つ選び，記号で答えなさい。

ア　赤色　　イ　黄色　　ウ　緑色　　エ　紫色　　オ　青色

問4　ある班は，間違えて試験管②にリトマス液を入れました。日光を長時間当てると試験管②は何色になっていましたか。次のア～オから1つ選び，記号で答えなさい。

ア　赤色　　イ　黄色　　ウ　緑色　　エ　紫色　　オ　青色

〔4〕 人の体のつくりとはたらきについて，次の問いに答えなさい。

問1　次の(1)～(6)の臓器のはたらきについて，正しいものはどれですか。次のア～カからそれぞれ1つ選び，記号で答えなさい。

(1) 肺　　(2) 心臓　　(3) 胃　　(4) かん臓　　(5) 小腸　　(6) じん臓

＜はたらき＞

ア　体の中で不要となったものや余分な水分を，こし出す。

イ　食べ物を消化液と混ぜながら消化し，体に吸収されやすいものに変化させる。

ウ　体に必要な酸素をとり入れ，不要な二酸化炭素を体の外に出す。

エ　養分をたくわえたり，必要なときに全身に送ったりする。

オ　血液を全身にじゅんかんさせて，酸素や養分，二酸化炭素や不要なものを運ぶ。

カ　消化された食べ物の養分を，水とともに血液中に吸収する。

問2　かん臓には薬を分解するはたらきもあります。薬は体に吸収されると血液にとけて，体中をじゅんかんします。血液は全身を平均1分間でじゅんかんし，1回かん臓を通ります。インフルエンザ薬のタミフルは体の中では，8時間で濃度が半分になります。タミフルはかん臓を1回通過すると平均何％分解されますか。小数第二位を四捨五入し，小数第一位まで答えなさい。

〔5〕 次の文を読んで，下の問いに答えなさい。

地球表面は，海洋が約70％，陸地が約30％である。その陸地のようすは，高い山脈や広大な平野などがあり，様々な姿がある。さらに，その状態も一定ではなく，①川の流れによって地面や岩石がけずられて，できた土砂が運搬《うんぱん》され，土砂がたい積したり，地震などによって②大地がもち上がったり沈んだりしている。

図１

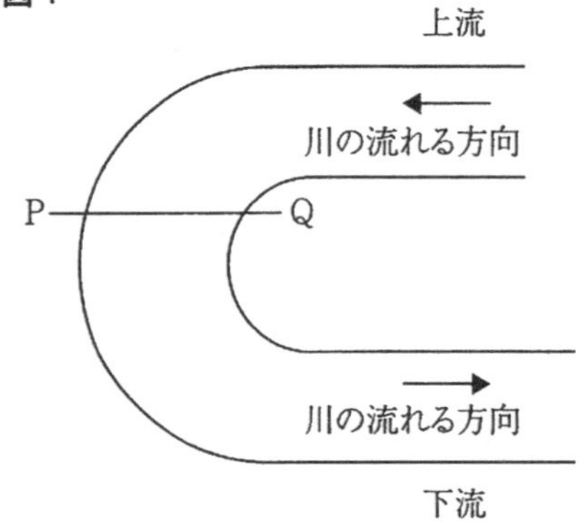

図２

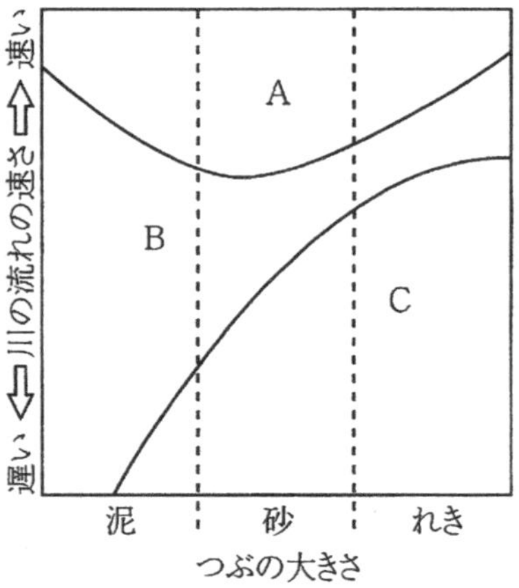

問１ 下線部①の流れる水のはたらきのうち，「流れる水が川底や河岸の岩石をけずるはたらき」を何作用というか答えなさい。

問２ 図１は，広い川原をもち，曲がりながら流れる川を示しています。図１のＰＱで切った断面を下流側から見たとき，川底のようすとして正しいものを次のア～ケから１つ選び，記号で答えなさい。

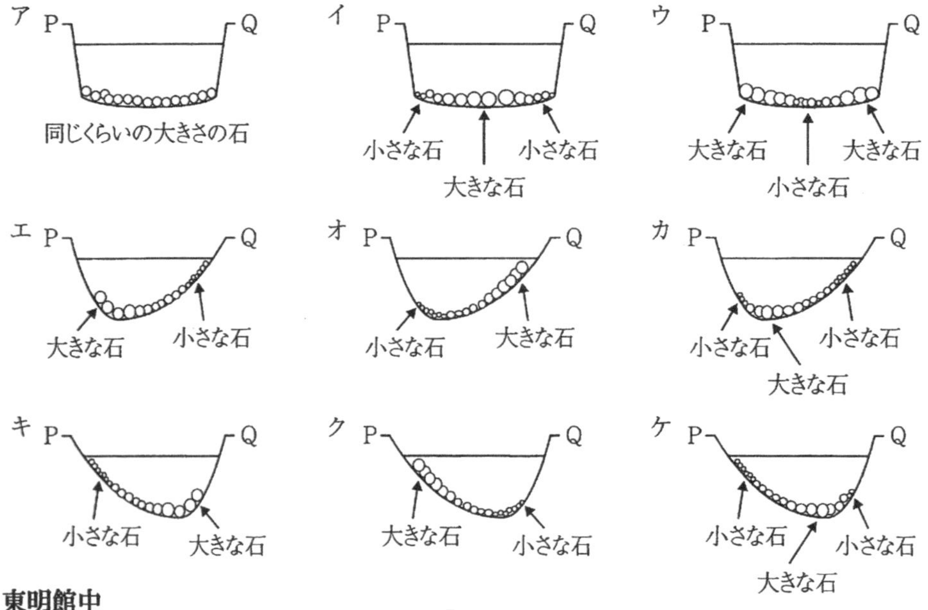

問3　**図2**は，川の水の流れでけずられてできたれき・砂・泥が，流れの速さによってどのように運搬《うんぱん》されたり，たい積するかをまとめたものです。Aは川底にあるれき・砂・泥が動き始め，運搬される範囲，Bは運搬されているものがそのまま運搬され続ける範囲，Cは運搬されているものがたい積され始める範囲を示しています。次の①，②にあてはまるものの組み合わせとして正しいものを次のア～ケから1つ選び，記号で答えなさい。

①　川の流れが速くなっていくときに，もっとも早く運搬され始めるもの
②　川の流れが遅くなっていくときに，もっとも早くたい積を始めるもの

	ア	イ	ウ	エ	オ	カ	キ	ク	ケ
①	れき	れき	れき	砂	砂	砂	泥	泥	泥
②	れき	砂	泥	れき	砂	泥	れき	砂	泥

問4　下線部②のような変化でつくられる地形を次のア～オから1つ選び，記号で答えなさい。

ア　三日月湖　　イ　三角州　　ウ　扇状地
エ　V字谷　　オ　リアス式海岸

問5　**図3**は，ある場所のがけのようすを一部しめしたものです。

(1)　**図3**のように，土地に見られるしま模様を何というか漢字で答えなさい。

(2)　(1)について説明した次の文のうち，**誤りを含むもの**をア～オから1つ選び，記号で答えなさい。

ア　層には，火山灰や溶岩が含まれることもある。
イ　上の層と下の層では，下の層の方が新しく出来たものである。
ウ　地震などによって，層がずれることがある。
エ　層に含まれる化石は，その層がたい積した時代や環境を知ることができる手がかりになる。
オ　層をつくる粒《つぶ》は，角がとがっているものと角がとれて丸くなっている場合がある。

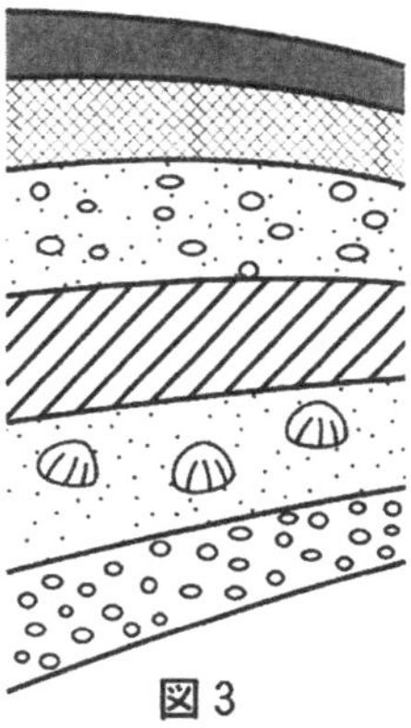

図3

〔6〕 地球と太陽との間に月があるとき，太陽の光が月にさえぎられて，太陽の一部または全部が見えなくなります。2020 年 6 月 21 日には，**図 1** のように，月によって太陽の一部がかくされる現象が観察されました。**図 2** は，地球・太陽・月の位置関係を模式的に表したもので，○は天体，→はそれぞれの天体が動く方向をしめしています。ただし，実際の大きさや距離を表したものではありません。各問いに答えなさい。

図 1

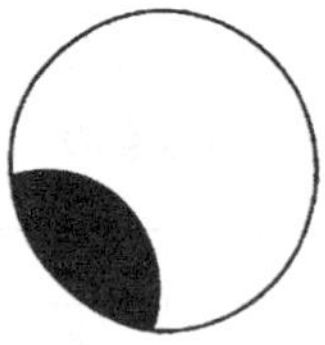

(黒い部分をかくされた部分とする)

図 2

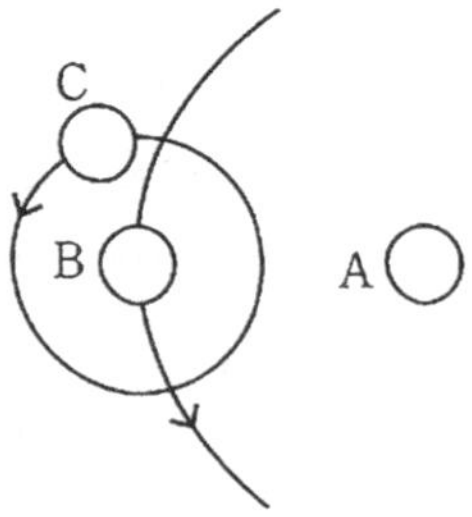

問 1 **図 1** のように，月によって太陽の一部がかくされる現象を漢字 4 字で答えなさい。

問 2 問 1 のときの太陽の形を観察する方法について，次のア～カから正しいものをすべて選び，記号で答えなさい。

ア 双眼鏡や望遠鏡を用いて，太陽の形を直接観察する。

イ ガラスを黒くぬって，黒いガラスを通して太陽の形を観察する。

ウ 厚紙に空けた小さな穴に太陽光を通して，壁や地面にうつし，太陽の形を観察する。

エ 3 枚重ねた色付き下敷きを用いて，太陽の形を観察する。

オ 専用のしゃ光板を通して，太陽の形を観察する。

カ 地面にうつった木もれ日で，太陽の形を観察する。

問 3 **図 2** で，A～C は太陽・月・地球のどれにあてはまりますか。正しい組み合わせを次のア～カから 1 つ選び，記号で答えなさい。

	ア	イ	ウ	エ	オ	カ
A	太陽	太陽	地球	地球	月	月
B	地球	月	太陽	月	太陽	地球
C	月	地球	月	太陽	地球	太陽

問 4 問 1 の現象が観察されるときの月の呼び名を次のア～オから 1 つ選び，記号で答えなさい。

ア 上弦の月　　イ 下弦の月　　ウ 三日月　　エ 満月　　オ 新月

問 5 2020 年 6 月 21 日は，暦の上では「夏至」と呼ばれる日でもありました。夏至について，「時間」という語句を用いて 10 字以上 15 字以内で説明しなさい。

〔7〕 電磁石について，次の問いに答えなさい。

問1　スイッチを入れて回路に電流を流したとき，方位磁針のはりが動き，**図1**のような向きで止まりました。**図1**のAは何極ですか。

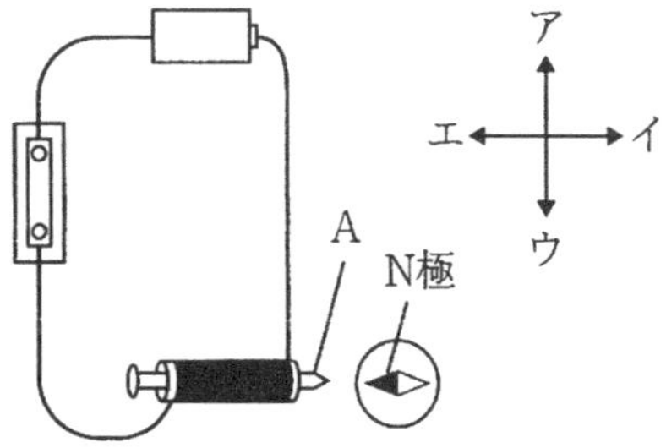

図1

問2　コイルの部分はそのままの向きで鉄の釘を反対向きから差しこんだとき，方位磁針のN極はどちらを向きますか。**図1**のア～エから1つ選び，記号で答えなさい。

次に，電磁石を回路につなげたまま，鉄のクリップに近づけスイッチを入れたところ，**図2**のように鉄のクリップが電磁石にくっつきました。次の問いに答えなさい。

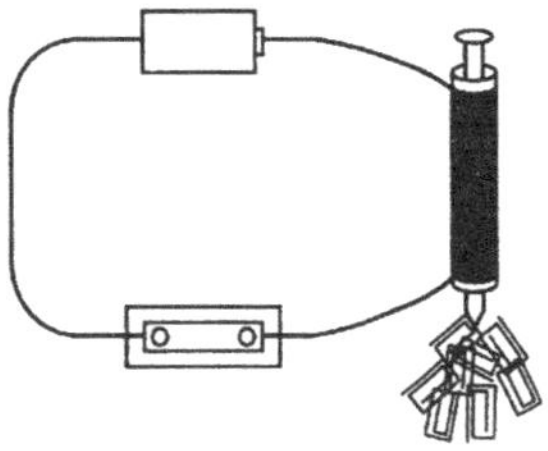

図2

問3　スイッチを切った状態の電磁石を鉄のクリップに近づけた。このとき，クリップは電磁石にくっつくか，くっつかないかを答えなさい。

問4　次の操作のうち，くっつくクリップが増えるのはどの操作ですか。正しいものを次のア～エからすべて選び，記号で答えなさい。

ア　コイルの巻き数を2倍にする。

イ　かん電池を直列に2個つなげる。

ウ　釘をよく温める。

エ　釘を長いものと取りかえる。

問5　鉄の釘を鉄の棒と取りかえると，鉄の棒にクリップはくっつくか，くっつかないかを答えなさい。

〔8〕 **図１**のように離れた床から床へと荷物の受け渡しをするために天井からつり下げられたひもを使いました。荷物はひもが張った状態で静かに離し，離した高さと受け取る高さは同じ高さとします。ひもの重さは考えないものとし，次の問いに答えなさい。

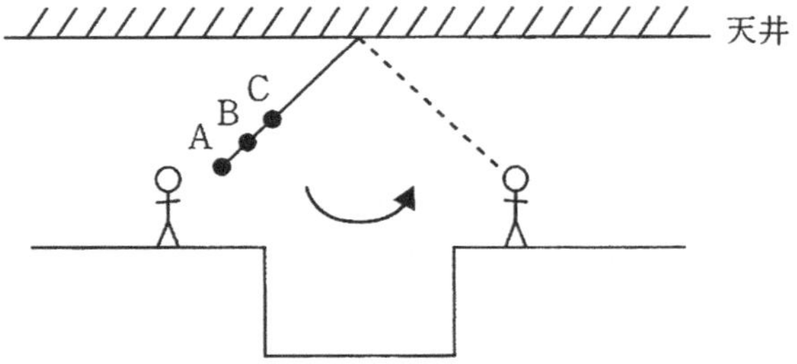

図１

問１　**図１**の角度から，荷物を位置（Ａ，Ｂ，Ｃ）につけ変えて，受け渡しを行いました。荷物の受け渡しについて，正しいものを次のア～エから１つ選び，記号で答えなさい。

ア　荷物をＡにつけると１番早く渡すことができる。

イ　荷物をＢにつけると１番早く渡すことができる。

ウ　荷物はＣにつけると１番早く渡すことができる。

エ　どこにつけても渡すのにかかる時間は同じ。

問２　Ａに付けた荷物を問１のときよりも重くすると受け渡しの時間はどうなるか答えなさい。

問３　次にＡにつけた荷物を**図１**よりも高い位置から荷物の受け渡しを行なった。**図１**のときと比べて荷物の受け渡しにかかる時間はどうなるか答えなさい。なお，手を離した高さで受け取るものとする。

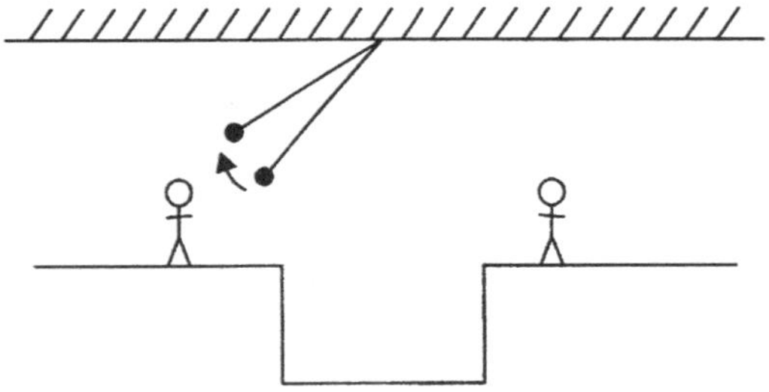

図２

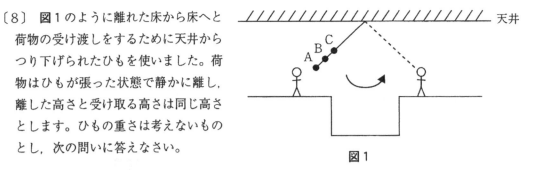

令和３年度　東明館中学校入学試験問題
Ａ日程

〔社　　会〕

（40分）

（注意）解答はすべて解答用紙に記入のこと。

東　明　館　中　学　校

受験番号	氏　　名

〔1〕 次の図1は，2019年に発生した震度3以上の地震回数を，都道府県別に示したものです。図1を見て，1～6の問いに答えなさい。

図1

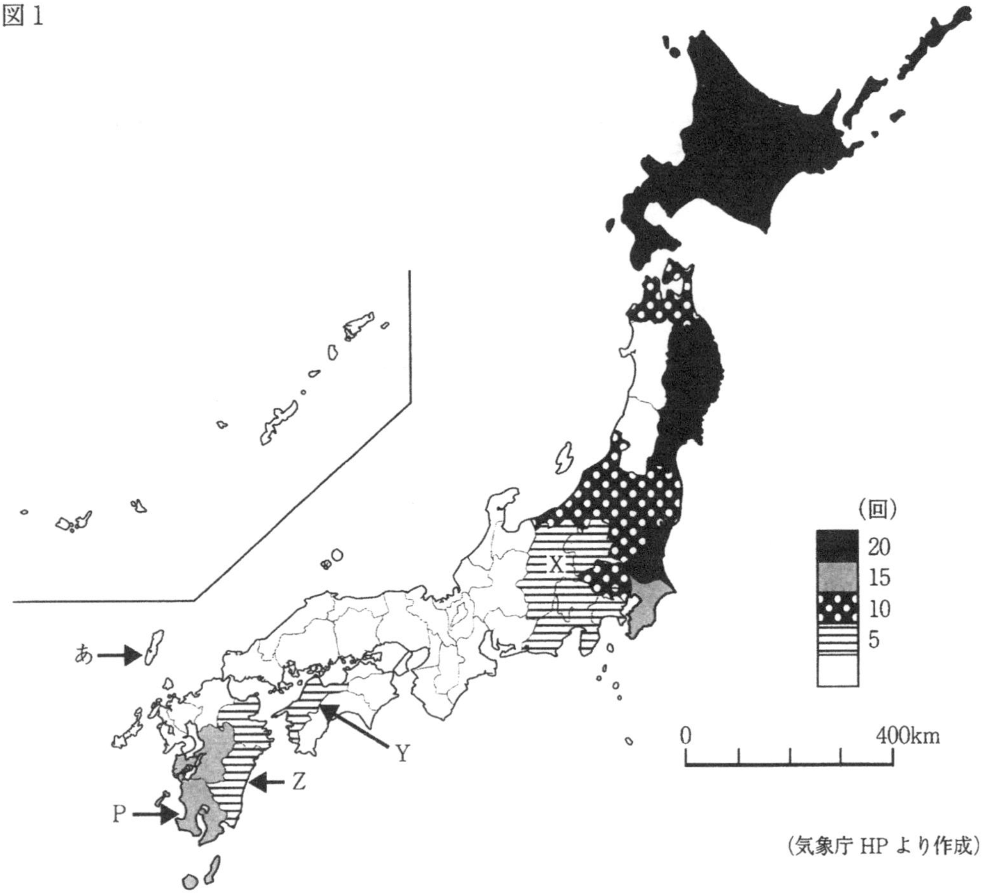

(気象庁 HP より作成)

1 震度3以上の地震が，15回以上発生している都道府県を，九州地方と関東地方から1つずつ選び，漢字で答えなさい。

2 関東地方で，震度3以上の地震発生回数が多い理由として，正しいものを，次の①～④から1つ選び，番号で答えなさい。

① 大陸プレート同士が離れることで，火山が噴火したため，地震が発生しました。

② 4つのプレートが重なり合うところに位置しているため，地震が発生しました。

③ 大陸プレート同士がぶつかり合って，山が形成された際に地震が発生しました。

④ 4つのプレートがそれぞれ離れるように動いているため，地震が発生しました。

3　次の雨温図ア～ウは，図１のＸ～Ｚのいずれかの都市を示したものです。雨温図ア～ウと，図１のＸ～Ｚとの組み合わせとして，あてはまるものを，次の①～⑥から１つ選び，番号で答えなさい。

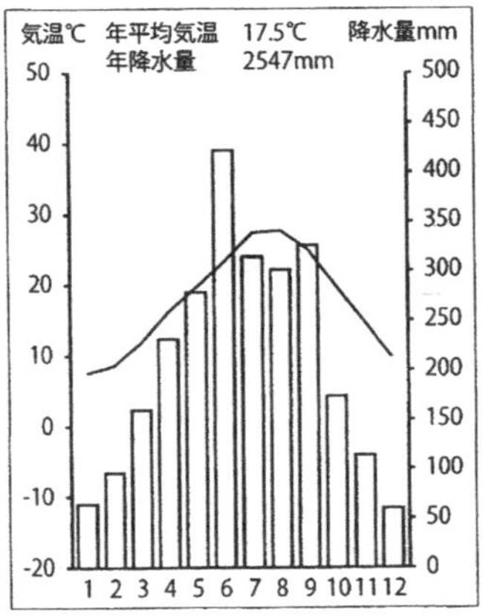

ア

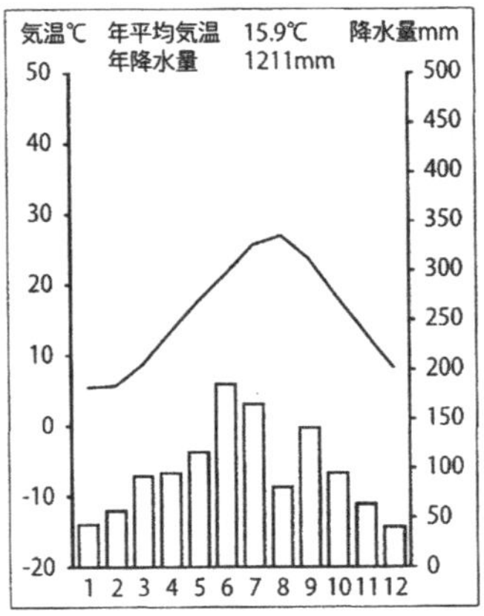

イ

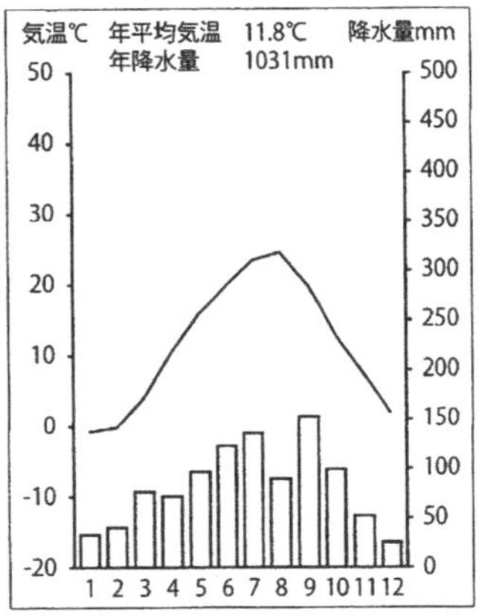

ウ

（https://www.time-j.net/ より作成）

	①	②	③	④	⑤	⑥
ア	X	X	Y	Y	Z	Z
イ	Y	Z	X	Z	X	Y
ウ	Z	Y	Z	X	Y	X

4　図１のＰの地域では，地震発生の原因が，プレート境界や断層によるもの以外でも，発生すると考えられています。プレート境界や断層以外で，どんな要因によって地震が発生するか，簡単に答えなさい。

5　次の表は，図１の震度３以上の地震回数が，20回以上を記録した都市のいずれかの工業出荷額等を示しています。④にあてはまる都道府県名を答えなさい。

（単位：10億円）

都市	食料品	化学工業	鉄鋼業	金属製品	生産用機械器具	電子部品・デバイス・電子回路
①	2160	187	451	270	102	189
②	366	73	85	117	204	212
③	560	74	150	193	292	556
④	1437	1414	688	818	1043	264

統計年次は2016年

（『データブック・オブ・ザ・ワールド2019』より作成）

6　図２は図１の　あ　の島の縮尺10000分の１の地形図です。（原寸・一部改変）図２を見て，(1)～(5)の問いに答えなさい。

図２

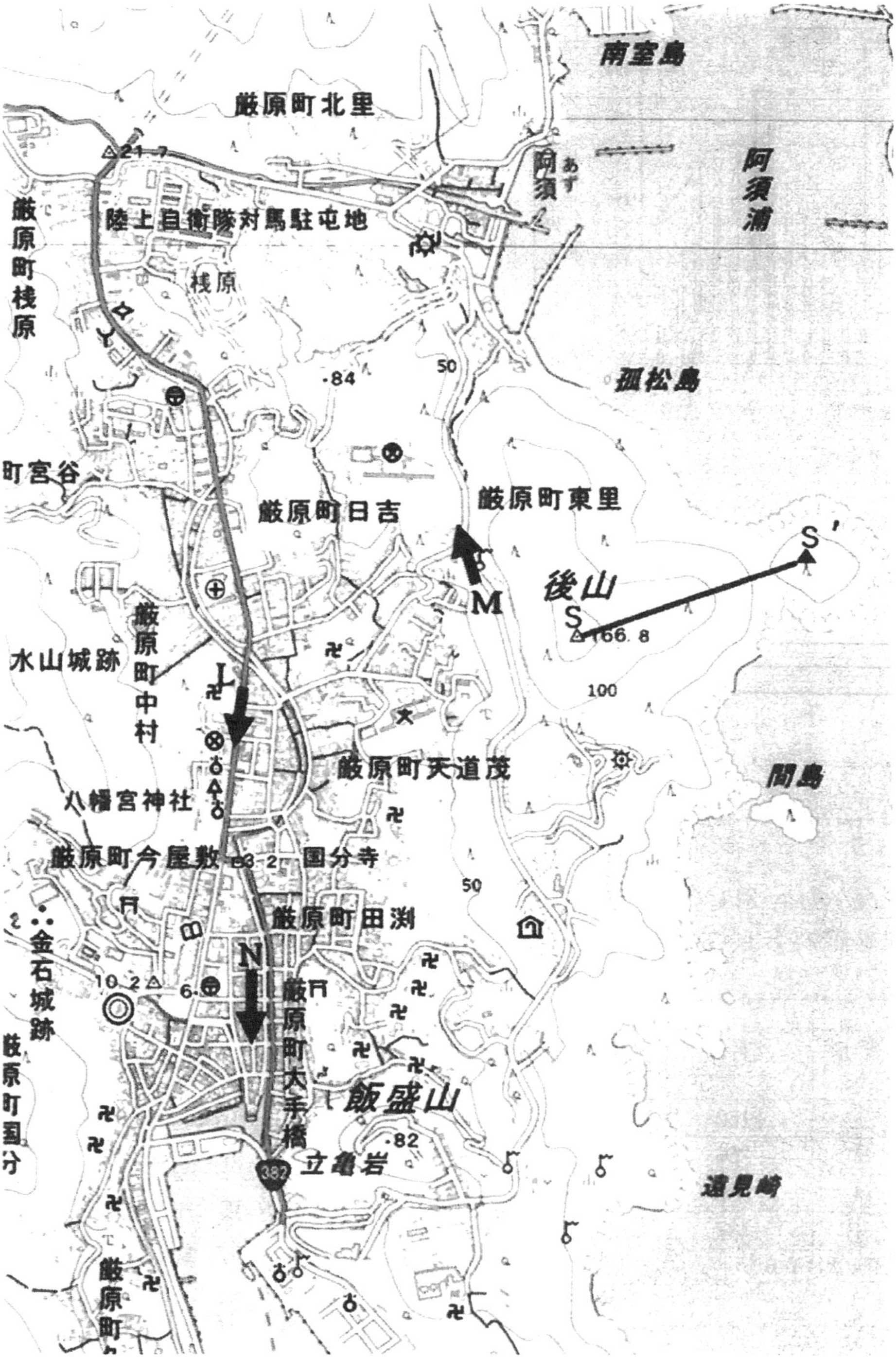

(1) 図２のＳ－Ｓ' の断面図にあてはまるものを，次の①～④から１つ選び，番号で答えなさい。ただし，断面図の高さは全て統一しています。

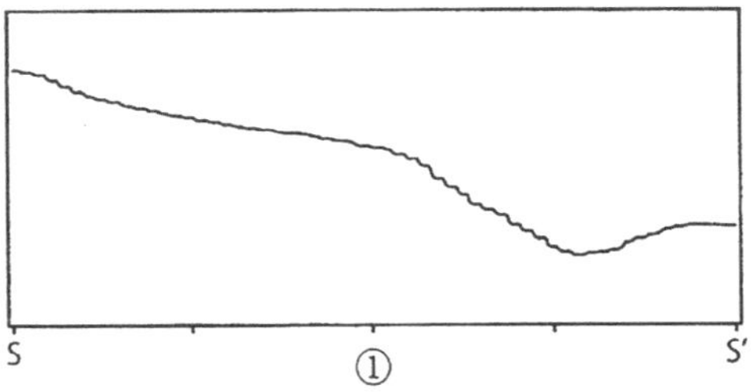

①

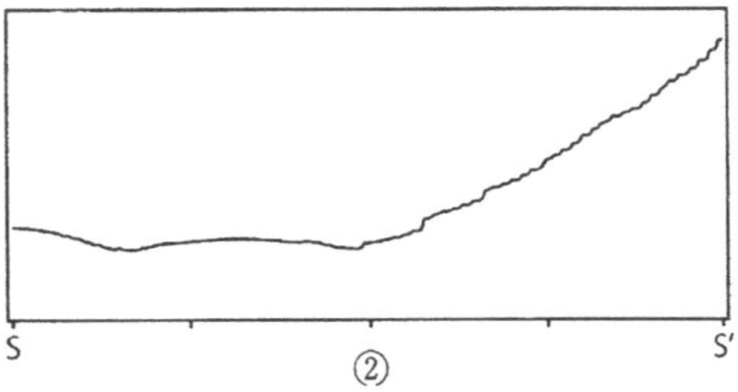

②

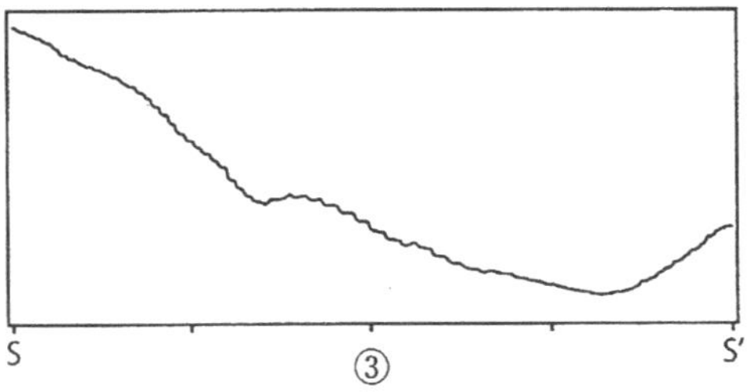

③

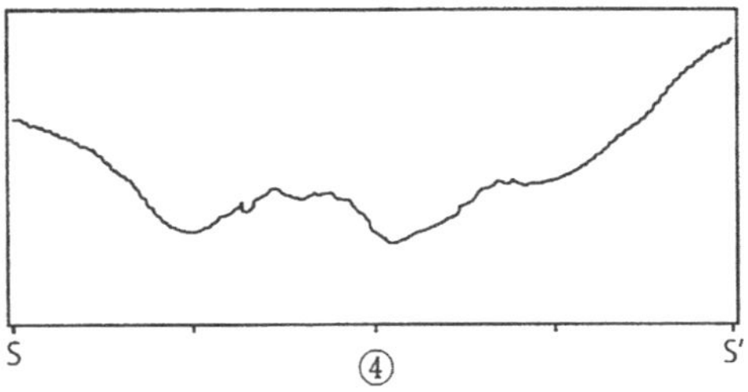

④

(2) 次のア～ウの写真は，図２のL～Nのいずれかで撮影されたものです。ア～ウと，L～Nとの組み合わせとしてあてはまるものを，次の①～⑥から１つ選び，番号で答えなさい。

ア

イ

ウ

	①	②	③	④	⑤	⑥
ア	L	L	M	M	N	N
イ	M	N	L	N	L	M
ウ	N	M	N	L	M	L

(3)　図２の地形図から，読み取ることができる内容としてあてはまるものを，次の①～④から１つ選び，番号で答えなさい。

①　間島の海岸には岩崖《がんがい》がみられますが，海岸のほとんどは砂浜が分布しています。
②　小・中学校から阿須の方を見ると，発電所が見えます。
③　飯盛山の山頂よりも老人ホームの方が，高い位置に立地しています。
④　後山周辺には針葉樹林が広がっており，広葉樹林は見られません。

(4)　Ａ君は地域調査をするため，各地を徒歩で回りました。次の文章は，その時に回ったルートについて書かれたものです。この文章を読んで，（　ア　）～（　ウ　）に入る語句の組み合わせとしてあてはまるものを，次の①～⑨から１つ選び，番号で答えなさい。

市役所北側の大通りを東に進んでいくと，突き当たったところに（　ア　）が見えます。突き当りを右に曲がり，４つ目の角を左に進むと，寺院が見えます。そのまま道なりに沿って進むと，（　イ　）が見えます。（　イ　）の丁字路を左に曲がると，（　ウ　）が見え，道なりに沿って行くことで，目的地Ｔに到着します。

	①	②	③	④	⑤	⑥	⑦	⑧	⑨
ア	郵便局	郵便局	郵便局	神社	神社	神社	図書館	図書館	図書館
イ	電波塔	電波塔	官公署	電波塔	電波塔	官公署	電波塔	電波塔	官公署
ウ	果樹園	広葉樹林	果樹園	広葉樹林	果樹園	広葉樹林	果樹園	広葉樹林	果樹園

(5)　Ａ君は，夏休みの課題研究として，地域調査を行いました。次の文章は，Ａ君が行った調査方法のメモです。このメモの【手順】を読んで，下線部ａ～ｃに書かれた調査方法として，**誤っているもの**を，次の①～⑦から１つ選び，番号で答えなさい。

【Ａ君のメモ】
身近な地域は様々な特色（地域性）を持っている。その地域の特色や変化の原因などについて，自然条件や社会条件から多角的に考察・分析し，その地域の特性（地域性）を明確にするということが現地調査である。
上から順番に進めていくことで，より良い地域調査が行えるので，その手順を書いておく。

【手順】

・地域調査では，a最初に調査内容は決めず，フィールドワークをする中で調査内容を決める。

・目的・内容・方針（テーマ）を決め，調査項目を選び設定する。

・１．準備　２．行動　３．整理（まとめ）という３つの段階に分けて調査を行う。

・準備調査としてはb文献や統計資料，地形図，空中写真などを活用しながら概要を調査する。

・概要を調査後，現地での調査に向けて計画をたて，聞き取り調査が必要な時は依頼を行う。

・調査当日は現地で聞き取りを行ったり，観察や測定をしたりしながら資料を収集する。

・調査を終えた後は，調査結果をもとに内容の分析を行い，整理する。

・最後に学習内容のまとめとして，cポスターやICTを利用してまとめたものを発表する。

①　a
②　b
③　c
④　a・b
⑤　a・c
⑥　b・c
⑦　a・b・c

〔2〕 日本の身近な地域の産業と諸課題について，１～３の問いに答えなさい。

1　A君は研究課題として，大型ショッピングセンターや百貨店などの立地場所には，規則性があるのではないかと仮説を立て，調べ学習を行いました。次の表1は，日本の小売業に関する業態別事業所数などを示したものであり，ア～ウは総合スーパー・百貨店・コンビニエンスストアのいずれかです。ア～ウと各項目との組み合わせとして，あてはまるものを次の①～⑥から1つ選び，番号で答えなさい。

表1

2014年	事業所数（件）	1事業所あたりの年間販売額（万円）	売場面積（㎡）	年間商品販売額の構成比（%）				
				商業集積地区				住宅地区
				駅周辺型	住宅地背景型*	ロードサイド型**	その他	
ア	195	2524410	476	58.4	2.8	1.6	0.3	…
イ	1413	425605	1255	22.7	14.6	27.4	1.7	6.4
ウ	35096	18465	434	11.7	6.5	1.8	0.5	30.4

* 住宅地もしくは住宅団地の周辺に立地している地区のこと

** 国道などの主要道路の沿線を中心に立地している地区のこと

（『データブック・オブ・ザ・ワールド2019』より作成）

	ア	イ	ウ
①	総合スーパー	百貨店	コンビニエンスストア
②	総合スーパー	コンビニエンスストア	百貨店
③	百貨店	総合スーパー	コンビニエンスストア
④	百貨店	コンビニエンスストア	総合スーパー
⑤	コンビニエンスストア	総合スーパー	百貨店
⑥	コンビニエンスストア	百貨店	総合スーパー

2　A君は，クラスメイトとともに，総合的な探究の時間で，まちづくりについて学習しています。まちの活性化のためには，多くの人に立ち寄ってもらえるようにしなければなりません。A君が，クラスメイトと議論したときのメモを読んで，（1）・（2）の問いに答えなさい。

A君の班のメモ

まちの活性化のために

目的（何のために模擬店を出す？）
- 現在，商店街が衰退しシャッター街が増えている。
- さらに，まちも衰退しつつある。
- だから，多くの人に立ち寄ってもらえるような場所をつくり利益をあげることでまちづくりの資金が得られ，活性化につながる。
- そういうお店をまず自分たちで作ってみたい。

手段
- X駅地域の地図（図）をもとに戦略を立てる。

具体的な内容

出店するなら・・・。
- 人が多く住んでいるところ
- 競合店舗がないところ
- 駅から降りて歩く人が多いところ
- 駐車場が確保できないので，国道のような交通量の多いところは×

小計

〔問題一〕

問1
あ ツウカン
い 耕し
う 境遇
え 封建

問2
A
B
C

問3

問4

問5

問6

問7
⑤
⑥

問8
⑦
⑨

問9

問10

問11

120

100

小計

〔問題二〕

問1
あ カクシン
い ハイ
う 芽生え
え 奮い

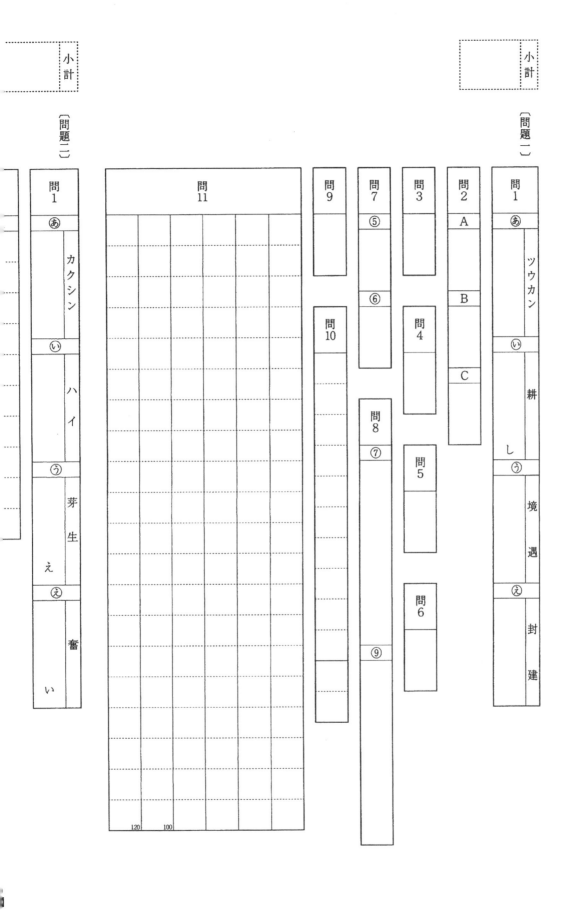

〔3〕

(1)	A		B	
	C			
(2)				
(3)				

〔4〕

(1)	秒後
(2)	cm^2
(3)	
(4)	cm^2

〔5〕

(1)	通り
(2)	
(3)	通り

※100点満点
(配点非公表)

得点			

〔4〕

問1	(1)	(2)	(3)	(4)	(5)	(6)
問2	%					

〔5〕

問1	作用	問2		問3		問4	
問5	(1)	(2)					

〔6〕

問1		問2	
問3		問4	
問5			

〔7〕

問1	極	問2			
問3		問4		問5	

〔8〕

問1		問2		問3	

※50点満点
(配点非公表)

得　点	

〔4〕

1	(1)	(2)
2	(1)	(2) 年　月　日
3	(1)	(2)
4	15	
5		

〔5〕

1	ア	イ	ウ
	エ	オ	カ
	キ		
2			

※50点満点
(配点非公表)

得　点	

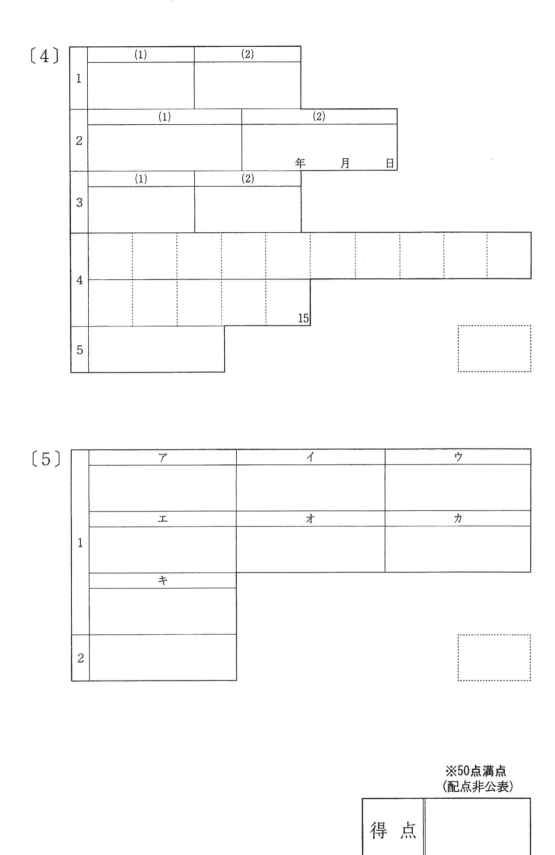

A日程

令和3年度　中学社会　解答用紙

受験番号
氏　　名

〔1〕

1	九州	関東	2	
3		4		
5				

6	(1)	(2)	(3)	(4)	(

〔2〕

1		2	(1)	(2)
3	24			

〔3〕

1	(ア)	2	(イ)	3	(ウ)
4	(エ)	5	(オ)	6	(カ)
7	(キ)	8	(ク)	9	(ケ)
10					

2021(R3) 東明館中
教英出版

A日程

令和3年度 中学理科 解答用紙

受験番号

氏 名

〔1〕

問1

問2

問3

問4

問5 A

B

〔2〕

問1 °F

問2 L

問3

問4 物質 kg

問5

問6

〔3〕

問1

問2 (1) (2)

問3

問4

A日程

令和3年度　中学算数　解答用紙

受験番号

氏　名

〔1〕

(1)	
(2)	
(3)	
(4)	
(5)	
(6)	km^2
(7)	m
(8)	円
(9)	
(10)	

〔2〕

(1)	°
(2)	°
(3)	cm^2
(4)	個

問3

問4

問5

問6

という意味

問7

〔問題三〕

問1

1

2

3

4

問2

1 (1) (2)

2 (1) (2)

3 (1) (2)

小計

A日程

令和三年度 中学国語 解答用紙

受験番号

氏名

※100点満点
（配点非公表）

得点

(1) 図３の範囲内に，模擬《もぎ》店の立地場所をするならどの場所にしますか，メモと図４・図５の資料を参考にして，最も あてはまる場所を，次の①～⑧から１つ選び，番号で答えなさい。

図３

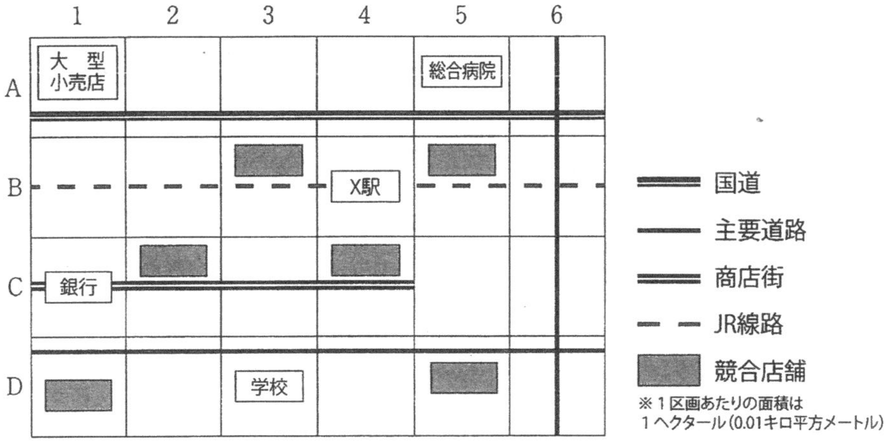

図４

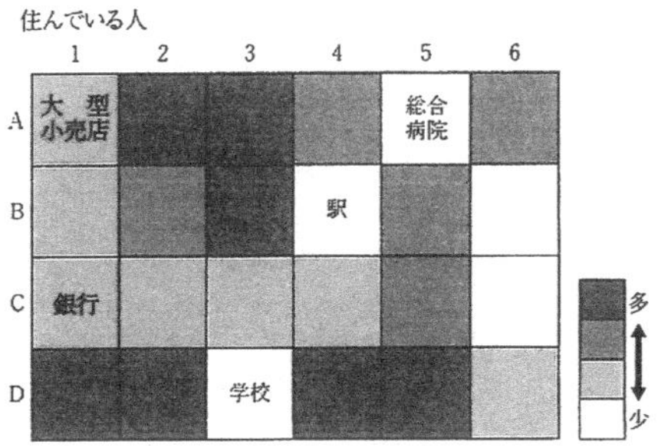

図５

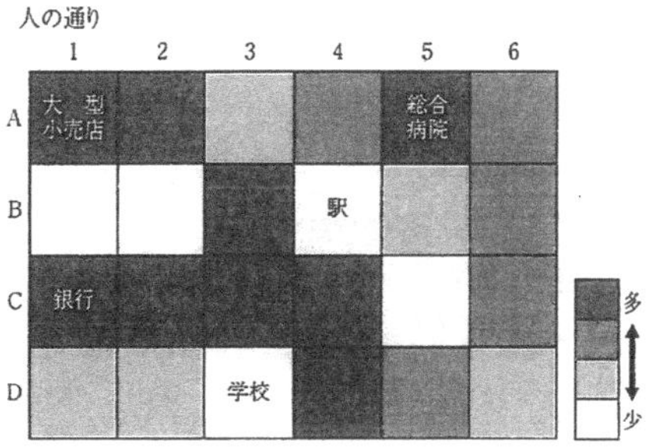

① A２
② B３
③ B５
④ C５
⑤ C６
⑥ D２
⑦ D４
⑧ D５

(2) メモ中の下線部について，シャッター街が増加する原因として，最もあてはまるものを，次の①～④から１つ選び，番号で答えなさい。

① 駐車場を備えた大型小売店の出現により，自家用車を利用する人が減ったため。
② 車を利用した社会が進んだことによって，中心市街地の人口増加と高齢化が進んだため。
③ 一括で，全てをそろえることができるスーパーマーケットが，進出したため。
④ 商店街では，質の良い商品が売られておらず，手に入らないものが増えたため。

3 日本の諸課題として，人口問題があげられます。次の表２は，基山町の1980年から2010年までの総人口と各年齢層の人口を示したものです。基山町では，ある課題解決のため，次の図６・図７のような事業を行おうと試みています。このような事業を行おうとする目的（何のために）を，20字程度で答えなさい。

表２

	1980年	1990年	2000年	2010年
総人口	11501人	14455人	19176人	17837人
０～14歳	2839人	3139人	3475人	2354人
15～64歳	7447人	9303人	12567人	11452人
65歳以上	1215人	2013人	3134人	3979人

（https://resas.go.jp/#/13/13101より作成）

図６

図７

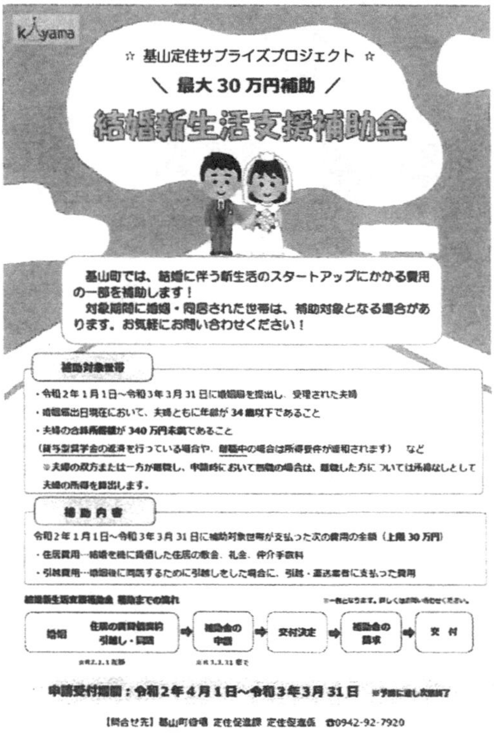

（基山町 HP より作成）

〔3〕 花子さんは，歴史上に残る言葉を調べてみました。1～10の問いに答えなさい。

A 「日《ひ》出《い》ずるところの天子，書を日没するところの天子に至す。つつがなきや」

訳:太陽の昇る国の天子から，太陽の沈む国の天子に手紙を送ります。お元気ですか。

調べてわかったこと:（　ア　）が中国（隋）に（　イ　）を派遣しました。その時の文書に書かれてある言葉だそうです。中国皇帝はひどく怒りましたが，結局日本に返礼の使いを送ったそうです。その理由は，当時隋は，隣国の（　ウ　）と仲が悪く，日本がその隣国と仲良くなることを防ぐためだったそうです。

1 （　ア　）にあてはまる人物名を漢字で答えなさい。

2 （　イ　）にあてはまる人物名を漢字で答えなさい。

3 （　ウ　）にあてはまる国名を次の①～④から1つ選び，番号で答えなさい。

① 高句麗　② 新羅　③ 百済　④ 高麗

B 「平家にあらずんばひとにあらず」

訳：平家一門でなければ，人でない。

調べてわかったこと：一門のリーダーである（　エ　）が公卿《くげ》（貴族）として最高の官職である（　オ　）に就任したころ，一門の人が言い放った言葉だそうです。一門が高い官職を独占したことにより，おごり高ぶったのでしょう。

4 （　エ　）にあてはまる人物名を漢字で答えなさい。

5 （　オ　）にあてはまる官職名を次の①～④から1つ選び，番号で答えなさい。

① 左大臣　② 右大臣　③ 征夷大将軍　④ 太政大臣

C 「敵は本能寺にあり」

訳：本当の敵は，本能寺にいるぞ。

調べてわかったこと：織田信長の家臣である（　カ　）が，中国地方を攻めるため，進軍途中で言い放った言葉だそうです。なぜ，裏切ったのかよくわかっていないそうですが，いずれにせよ信長の家臣のひとりである（　キ　）に（　ク　）で敗北してしまいました。

6 （　カ　）にあてはまる人物名を漢字で書きなさい。

7 （　キ　）にあてはまる人物名を漢字で書きなさい。

8 （　ク　）にあてはまるものを次の①～④から１つ選び，番号で答えなさい。

① 賤ケ岳の戦い　② 山崎の戦い　③ 長篠合戦　④ 姉川の戦い

D 「生きて虜囚《りょしゅう》の辱《はずかし》めを受けず」

訳：生きながらえたとしも捕虜としての屈辱を受けない。

調べてわかったこと：この言葉は，（　ケ　）が首相になる直前の1941年１月に発表した『戦陣訓』の言葉だそうです。国際的には捕虜になることは，罪ではなかったそうですが，日本の場合，多くの軍人･市民がこの言葉にしばられ，a<u>全員死ぬこと</u>もあったそうです。

9 （　ケ　）にあてはまる人物名を漢字で書きなさい。

10 下線部ａについて，軍人が総攻撃で全員死ぬことを，当事何といっていましたか，漢字２字で答えなさい。

〔4〕 次の文を読んで，1～5の問いに答えなさい。

「日本のあゆみ」を勉強してきたみなさんへ

ここでちょっと，日本のあゆみをふり返ってみましょう。

歴史の表面上にあらわれた人々が，集団をひきいて，戦ったり，きまりをつくったりしてきたことが思い出されるでしょう。しかし，そこには，農民をはじめとして，歴史の表面にあらわれない多くの人々がいつもいました。こうした人々が，毎日のくらしを守り，a苦労して税をおさめながら，国をささえてきました。

そのあゆみには，楽しかったことも，苦しかったこともありました。

なかでも，わすれることができないのは，第２次世界大戦ではないでしょうか。戦争，空しゅう，そして原爆によって，日本の多くの人命が失われ，また，日本軍の侵略によって，外国の多くの人命がうばわれました。

戦争が終わり，日本は焼け野原のなかから再出発しました。国民は，b新しい憲法の考えを中心にして努力を重ね，世界の人々もおどろくほどの発展をとげました。しかしいっぽうでは，自然破壊が進み，c公害の問題がおこって，生命やくらしをおびやかしています。今では，環境の保全は，日本だけでなく，世界全体の大きな問題になっています。

また，憲法の尊重する基本的人権も，まだ十分に実現されているとはいえません。今でも，歴史で学習したようなd差別に苦しんでいる人々がいます。国際社会での日本の役割や，e貿易のあり方についても，多くの問題があります。

みなさんも，これらの問題の解決に努力してください。それが，日本をより平和で民主的な社会にすることになっていくのではないでしょうか。

（出典：大阪書籍『小学社会６年上』より作成）

1 下線部aについて，次の（1）・（2）の問いに答えなさい。

(1) 奈良時代，地方の特産物を朝廷に納めた税を何といいますか，漢字１字で答えなさい。

(2) 江戸時代，藩や幕府に米で納めていた税を何といいますか，漢字で答えなさい。

2　下線部ｂについて，次の（１）・（２）の問いに答えなさい。

(1)　この憲法の名称を漢字で答えなさい。

(2)　この憲法が施行された年月日を答えなさい。

3　下線部ｃについて，次の（１）・（２）の問いに答えなさい。

(1)　公害病で苦しむ被害者もあらわれましたが，熊本県で発生した公害病を何といいますか，漢字で答えなさい。

(2)　この問題の対策として，1971年に設置された省庁（役所）を何といいますか，漢字で答えなさい。

4　下線部ｄについて，在日韓国・朝鮮人問題があります。なぜ，戦後，在日韓国・朝鮮人の人が日本に居住するようになったのでしょうか，その理由を15字以内で説明しなさい。

5　下線部ｅについて，円の価値が外国通貨との比較で，価値が上昇することを何といいますか，答えなさい。

〔５〕 次の文を読んで，１・２の問いに答えなさい。

日本は，国の権力を三つに分け，それぞれ独立した機関が国の政治を担当しています。このことを（　ア　）といいます。立法権を持つのは（　イ　），行政権を持つのは（　ウ　），司法権を持つのは裁判所です。
裁判所は，最高裁判所と，それ以外の裁判所である（　エ　）に分かれます。（　エ　）には，高等裁判所・（　オ　）裁判所・家庭裁判所・簡易裁判所の４種類があります。裁判は，大きく分けると次の二つの裁判があります。個人や企業などの間の争いについての裁判を（　カ　）裁判といい，犯罪行為について，有罪か無罪を決定する裁判を（　キ　）裁判といいます。

1　（　ア　）～（　キ　）にあてはまる語句を答えなさい。

2　司法制度改革として，2009年から始まった制度名を答えなさい。この制度は，国民が裁判官と一緒に裁判に参加し，被告人の有罪・無罪や刑罰の内容を決める制度です。

2021(R3) 東明館中
K 教英出版